# 日本当代外语教育改革研究

牟宜武　著

·北京·

## 内 容 提 要

本书就日本当代外语教育改革开展了相关研究，系统分析了日本当代外语教育改革的社会背景、政策内容、改革特色、实施成效和经验借鉴，具有系统性、新颖性和实践性的特点。本书可以作为外语教育、国别研究、语言政策等专业的高年级本科生和研究生的科研参考书，可供相关专业的科研人员、教学人员及关心外语教育的读者使用，同时也可供教育管理部门的工作者参考。

图书在版编目（CIP）数据

日本当代外语教育改革研究 / 牟宜武著. -- 北京 : 中国水利水电出版社, 2022.6
ISBN 978-7-5226-0744-3

Ⅰ. ①日… Ⅱ. ①牟… Ⅲ. ①外语教学－教学研究－日本 Ⅳ. ①H09

中国版本图书馆CIP数据核字(2022)第133750号

| 书　　名 | 日本当代外语教育改革研究<br>RIBEN DANGDAI WAIYU JIAOYU GAIGE YANJIU |
| --- | --- |
| 作　　者 | 牟宜武　著 |
| 出版发行 | 中国水利水电出版社<br>（北京市海淀区玉渊潭南路1号D座　100038）<br>网址：www.waterpub.com.cn<br>E-mail：sales@mwr.gov.cn<br>电话：(010) 68545888（营销中心） |
| 经　　售 | 北京科水图书销售有限公司<br>电话：(010) 68545874、63202643<br>全国各地新华书店和相关出版物销售网点 |
| 排　　版 | 中国水利水电出版社微机排版中心 |
| 印　　刷 | 清淞永业（天津）印刷有限公司 |
| 规　　格 | 170mm×240mm　16开本　14.5印张　230千字 |
| 版　　次 | 2022年6月第1版　2022年6月第1次印刷 |
| 定　　价 | **75.00** 元 |

# 前 言

英语教育属于外语教育的重要组成，要在一个非英语国家里建立并开展完善的英语教育，常常涉及由政府发起的、自上而下的语言规划。“语言规划”这一术语，其英文名称为“language planning”，既可以指语言规划实践，又可以指语言规划学科[1]。语言规划常被视作为社会语言学的一个下属分支学科，但从国内外的研究文献来看，语言规划在其含义上，也与语言工程、语言开发、语言管理、语言规范等概念的含义非常近似。从术语的起源来看，学者豪根[2]在阐述挪威从丹麦独立后在制定新的标准国语规划时，使用了“语言规划”这一术语，从而开启了语言规划的研究。在豪根看来，语言规划是指“一种准备规范的正词法、语法和词典的活动，为处于非同质言语社区的写作者和说话者提供指导。”[3]。费什曼[4]则从组织层面对语言规划进行了界定，认为语言规划就是“对语言问题解决方案的有组织的追求，特别是在国家层面”。

语言规划的根本是为了实现一定的目标。从国内外的语言规划活动来看，语言规划的目标主要归结为两类：①与语言相关的目标；②由政治、经济所驱动的目标。具体而言，与语言相关的目标可包括：语言纯洁、语言再生、语言改革、语言标准化、语言传播、词汇现代化、术语统一、文体简化、语际交流、语言保持、辅助码标准化等；由政治、经济所驱动的目标可包括：国家统一、民族团结、

---

[1] 王辉．语言规划研究50年［J］．北华大学学报（社会科学版），2013（6）：16－22.

[2][3] Haugen E. Planning for a standard language in modern Norway［J］．Anthropological Linguistics，1959，1（3）：8－21.

[4] Fishman J. Language modernization and planning in comparison with other types of national modernization and planning［A］．In J. Fishman（ed.），Advances in Language Planning［C］．The Hague：Mouton，1974.

经济发展等。语言规划的目标之所以受到如此重视，是因为作为一门问题驱动的学科，语言规划本身即是目标导向的活动。应该指出的是，语言规划的目标从来都不是单一的，有些目标甚至会相互矛盾。语言规划总的目标是解决语言问题，但语言规划行为本身也会引发语言问题和语言冲突[1]。

事实上，语言规划是一个极为复杂的过程，因为在语言规划的过程中，通常并不是某一单个因素在发挥作用，而是多种因素共同在发挥作用。语言规划在近几十年里吸引了学术界越来越多的关注。从类别上来看，语言规划主要包括：本体规划（corpus planning）、地位规划（status planning）和声望规划（prestige planning）等[2]。具体而言，本体规划是指语言及语言内部的规划，例如，语言编码、语法化和词汇化，本体规划其目的旨在发展一种语言或多种语言，使之规范化、现代化，以便在社会上熟练地使用；地位规划则反映社会问题和关注点，是规划语言的外部因素，其包括语言选择和语言实施，改变一种或多种语言在社会中的作用。

在本体规划和地位规划之外，还可以加入另外一个维度，即声望规划。声望规划是指任何一种语言规划都必须具有声望，从而保证获得语言规划者和预计会使用这种语言的人的支持。更具体而言，声望规划还涉及两种具体类型：①是与语言规划的产生而相关的声望；②是与语言规划的接受而相关的声望。从语言规划所发生的层级来看，语言规划主要产生于政府活动、机构活动、群体活动和个人活动等四个不同的层级中。这些层级反映了不同的声望，代表了不同组织影响的效率，因此，语言的声望规划对语言规划的成败产生了至关重要的影响。不仅如此，声望规划实质上也是与语言形象相关的规划，因为声望规划至少包含三种不同的意义：①声望可以用来反映身份；②声望可以用来描述语言政策的实施方法；③声望与规划者自身及规划者所规划的社区有关。可见，声望规划反映出

---

[1] 王辉．语言规划研究50年［J］．北华大学学报（社会科学版），2013（6）：16－22.

[2] Kaplan R，Baldauf R. Language Planning：from Practice to Theory［M］．Multilingual Matters，1997.

学界已经意识到社会心理因素对语言规划有着重要影响。

对语言教育进行规划，是实施语言政策最重要的基础。语言教育规划对一种语言在国内外的传播、该语言使用量的保持、该语言转换的影响具有很大的帮助。就其类属来看，语言教育规划可以划分为第一语言教育规划、第二语言教育规划、外语教育规划。从规划行为的主体来看，卡普兰和巴尔迪夫[❶]在其著作《语言规划：从实践到理论》中指出，语言教育规划与教育部门有关，教育部门需要知道需要什么样的语言，需要达到什么样的目标，以及如何教和学这些语言。

从具体的阶段和政策来看，语言教育规划包括目标政策、课程政策、人事政策、教材政策和评价政策[❷]。在目标政策方面，主要是讨论语言教育应该获得什么样的教育，包括个人目标以及整个语言社区甚至是政府目标。在课程政策方面，首要的问题是分配给语言教学的课程空间，因为学年有限，课程内容也相应受限。通常而言，如果课程中增加了内容，往往就需要牺牲课程中已经存在的某些内容。此外，课程政策还涉及到什么时候开始语言教学，在多长时间内进行，以及应该以何种强度进行。在人事政策方面，主要涉及三个问题：①教师来源问题；②教师培训问题；③教师奖励问题。在教材政策方面，主要涉及两个问题：①教学中应当使用什么样的教学材料；②教学中应当使用什么样的方法来进行语言教学。在评价政策方面，主要涉及两个层次体系：①对教育总体政策的宏观评价；②考试制度。

自明治维新以后，日本就已经开展了英语教育，旨在向欧美国家学习先进的科学技术，但是在第二次世界大战前以及第二次世界大战期间，英语在日本被视为敌国语言，从而使英语教育遭到全面禁止。第二次世界大战后，日本学校逐渐恢复英语教育，英语教育也进入了明治维新以来的第二个兴盛期。日本政府更加重视国民的英语教育，并加大对英语教育进行改革的力度，从而使日本进入了

---

❶❷ Kaplan R, Baldauf R. Language Planning: from Practice to Theory [M]. Multilingual Matters, 1997.

大量吸收美国文化的时期，实现第三次腾飞的时期，教育也因此呈现出蓬勃发展的态势。由于这一时期日本经济复苏，企业迅速发展，高水平的外语人才紧缺，外语教育的规划与实施也就成为经济发展的迫切需要。

经济的发展使日本政府日臻意识到提升英语教育水平的重要性。对此，日本政府开始采取措施，提升日本国民的整体英语水平。在联合国教科文组织倡导下，日本积极开展国际教育，并于1953年正式加入了联合国教科文组织实施的“联合学校项目”，旨在通过学校的各种教育策略和教育活动，把日本国民培养成为既具备国际视野，又深谙日本传统文化，既具备民族感情，又具备国际精神，既能在国际社会中尊重对方的立场，又能独立地表达自己的见解的国际公民。

日本的外语教育规划主要由文部科学省负责。文部科学省（the ministry of education，culture，sports，science and technology，以下简称文科省）于1871年成立。在职责方面，文科省主要负责制定与课程内容和设计、教师资源、教师培训和学科方法相关的决策。在1947年，文科省制定并颁布了《学习指导要领一般篇（试行方案）》（*The Course of Study*）。其中，文科省在强调英语学习重要性的同时，还对日本中学阶段的英语教育目标提出了明确要求，具体为：①用英语进行思维是学好英语的关键所在；②要重视对英语的听、说、读、写能力的培养；③英语国家的风俗和生活习惯是学习英语的必备知识。

文科省在1947年还颁布了《学校教育法》。在《学校教育法》中，文科省制定了日本各学段的学制，也就是所称的“6－3－3－4”学制。具体而言，小学的学制为六年，初中的学制为三年，高中的学制为三年，大学的学制为四年。《学校教育法》还制定了教师必须遵循的准则以及教学方法。随着《学习指导要领》以及《学校教育法》的颁布，英语成为一门正式学科，作为选修课列入到课程体系之中。

进入20世纪50年代中期，日本经济快速发展，迅速发展成为仅次于美国的世界第二经济大国。经济的发展推动了日本高中升学率以及英语教育在日本的进一步发展。在1954年，一半以上的初中毕业生升入高中。尽管在法律上并没有规定英语是必修课，但事实上英语是学生升入高中的一项要求。在这一时期，小学通常不开设任何外语课程，在从初中三年级（9年级）到高中三年级这个义务教育阶段里，并不开设英语以外的其他外语课程。因此，初中生和高中生（99%以上）主要以英语作为外语科目。

在1955年，文科省还颁布了一系列针对教科书的法案，对日本当时的教科书以及教科书的固化进行了批判，并提出了在新形势下的英语教育目标，具体为：①外语学习要重视对理解和表达能力的培养；②对语言意识的培养要进一步加强；③外语学习要为培养理解国际社会的能力打下基础。在1956年，对英语的重视又出现了新的态势，日本几乎所有高中的入学考试都以英语作为外语科目。

在1956—1978年期间，日本经济增长速度相当于美国的27倍，经济的迅速增长使得日本在国际上的地位得到极大提升。针对这种形势的变化，日本政府开始要求从“保持民族身份和国家繁荣”这个角度来考虑课程改革。在1957年，日本政府提出《科学技术振兴教育方案》，在中学教育中开始重视理科教育。在1958年，文科省颁布了新的《学习指导要领》，明确要求学校在节日悬挂国旗、唱国歌，并且通过法律来约束。《学习指导要领》还规定，在课程安排上需要增加德育课程，旨在加强对年青一代的爱国主义的教育。这些方案的实施，使得在中学教育中英语的教学课时有所减少。

在1974年，日本政府在《加强教育、文化、艺术和科学的国际交流》政策报告中强调，要努力培养日本国民在国际社会受到信任和尊敬的品性，把加强外国语教育、国际相互理解的教育、加强对外国人的日语教育，以及对海外日本学童和归国学童的教育作为优先发展项目。在该报告中，日本政府还特别指出，日本国民的外语能力极其薄弱，它正在成为日本与国际社会开展国际交流的一大障碍，在学校的教育课程中，必须要加强对外语的教育。

自20世纪80年代中期以来，日本推动实施科技兴国的政策，促进了日本经济的更大发展，日本经济实力变得更为强大。在这样的背景下，日本渴求在国际社会上进一步提高地位，因此，英语教育被置于空前重要的地位。在1985年，日本政府在《各学科共同改善方针》的课程审议报告中强调，在日本的国际化进程中，要加深对本国文化与传统的理解，要加深对世界的历史与文化的理解，要努力培养日本学生的外语能力，并要把外语作为中学必修课程。对此，文科省在1989年颁布的《学习指导要领》中对外语教学强调三点：①要适应国际化的发展，进一步培养交际能力；②要培养积极、主动地进行交际的态度；③要激发学生对外国及本国语言、文化的兴趣，加深对国际社会的理解。

进入新世纪以来，世界日益进入全球化时代，日本政府相应出台了一系列自上而下、以实用性为导向，提高全体国民英语水平的外语政策[1]。这些政策从根本上讲，是为了应对全球化而培养具有“国际化”视野人才的国家政策。在全球化时代的当下，“我国正从本土型国家向国际型国家转变，需要大批具备国际化素养的人才，他们不仅必须具备扎实的专业科学知识，还必须具备较高的外语能力”[2]。《国家中长期教育改革和发展规划纲要（2010—2020年）》在第21章中也明确提出了“培养各种外语人才”的重要任务，这不仅涉及社会各界对外语教育的认知和态度，还关乎国家的“软实力”和“走出去”战略的实施。然而，“培养各种外语人才”需要一系列具体而科学的外语发展规划方案。尽管我国以英语为主的外语教育在规模上已居全球首位，但与之俱来的问题也不胜枚举。其中，制约全局的首要问题是缺乏成套的外语教育政策以及有关外语政策的研究[3]，这也反映出我国在外语教育规划方面存在的不足。

“他山之石，可以攻玉”，日本新世纪以来推行的外语教育政策，

---

❶ Hato Y. Problems in top - down goal setting in second language education: A case study of the “Action Plan to Cultivate ‘Japanese with English Abilities’ ” [J]. JALT Journal, 2005, 27 (1): 33 - 52.

❷ 沈骑．全球化背景下我国外语教育政策研究框架建构［J］．外国语，2011（1）：70－77.

❸ 张正东．中国外语教育政策漫谈——我国外语教育的国情特点［J］．基础教育外语教学研究，2005（12）：16－21.

是根据新世纪的时代背景、内外政策来制定、调整与施行，充分体现了实用主义倾向。日本当代外语教育改革，其成功的经验值得我国借鉴，而其存在的问题，亦是我国在制定外语教育政策时应该吸取的教训。正如束定芳教授所言，“外语教学涉及的方面包括一个国家的语言政策，涉及国家安全和经济发展，涉及国家的国际形象，更涉及亿万学生的前途和命运，涉及社会和千万家庭在时间、精力和金钱上的巨大投入”❶。对国内外的外语教育政策的规划与实践进行研究，推出符合我国国情的有效改革举措，在全球化的当下具有重要的战略意义。

本书在撰写过程中，兰州交通大学外国语学院2020级英语专业研究生季泽端、万菊、张秋昕、先明莎、李文清、吕雅雯、王丹、韩美等同学也帮助进行了部分资料的收集和整理，在此深表谢意！

本书的出版受到“兰州交通大学‘百名青年优秀人才培养计划’基金资助”，以及“兰州交通大学‘本科教学改革项目’基金资助”(JG202111)，在此表示衷心的感谢！

**牟宜武**

兰州交通大学

2022年5月

❶ 束定芳．中国外语战略研究［M］．上海：上海外语教育出版社，2012.

# 目　　录

前言

第一章　“英语村”的理念与实践 …… 1

一、英语村的发展与演化 …… 1

二、东京英语村的构想 …… 3

三、东京英语村的特色 …… 7

四、教学方案 …… 22

五、外籍教师在英语村的教学 …… 28

第二章　提升英语交际能力的行动计划 …… 32

一、提升英语交际能力的时代诉求 …… 32

二、《行动计划》的政策内容 …… 35

三、《行动计划》的实施成效与社会争议 …… 45

四、后续深化改革 …… 52

第三章　全英语学位课程 …… 58

一、全英语学位课程与高等教育国际化 …… 58

二、全英语学位课程在日本与欧洲的发展 …… 60

三、日本全英语学位课程的实施方案 …… 66

第四章　英语教材 …… 73

一、英语教材的编写发展史 …… 73

二、新世纪英语教材的改革动向 …… 76

三、日本教材的编写发行流程 …… 83

四、*Sunshine English Course* 教材的编写特色 …… 84

第五章　外籍教师教学与文化外交 …… 101

一、外籍教师教学与日本的文化外交 …… 101

二、JET 项目概况 …… 104

三、选拔过程 …… 105
四、工作岗位 …… 106
五、福利待遇 …… 114
六、项目特色 …… 114
七、合作教学案例示范 …… 121
八、职业培训 …… 140
九、同窗会的建设 …… 144
十、项目成效 …… 145
**第六章 “全球人力资源工程”与 CLIL 教学 …… 147**
一、CLIL 教学 …… 147
二、日本“全球人力资源工程”的实施背景 …… 151
三、“全球人力资源工程”的实施方案 …… 153
四、CLIL 教学的典型案例 …… 175
五、“全球人力资源工程”的评估结果 …… 177
**第七章 对于中国外语教育的规划借鉴 …… 181**
一、英语村规划借鉴 …… 181
二、提升交际能力规划借鉴 …… 186
三、全英语学位课程规划借鉴 …… 200
四、教材文化规划借鉴 …… 208
五、外籍教师教学规划借鉴 …… 212
六、CLIL 教学规划借鉴 …… 214

# 第一章 “英语村”的理念与实践

## 一、英语村的发展与演化

“英语村”，是指以情境教学概念，建构模拟真实的英语学习环境，借以引导学童在该情境中，使用英语进行听、说的学习活动，以达到学习目的[1]。在加拿大第二语言学习即运用沉浸式双语教学的影响之下，世界上首座英语村于2001年7月在西班牙的Valadelavilla正式运营，英语村里不允许使用西班牙语，英语成为英语村里的“官方”语言，旨在打造全英语使用环境，推动学习者以自然的方式习得语言，消除学习者对使用英语进行交际的恐惧。

随着21世纪的到来，以英语和现代信息技术为主要指征的全球化席卷世界各个角落，随之，英语成为全球每个公民皆需具备的能力。对于严重依靠国际贸易的一些东业国家如日本、韩国等非英语系国家而言，不得不对英语教育进行强力改革，从传统的倚重培养读写能力以吸收西方的先进科学技术转向听说与读写并重，从而应对全球化培养国际化人才。但是，在这些国家里，由于缺乏使用英语的社会环境，需要另辟蹊径，从而克服学校课堂教学中对听说教学的不足。

在加拿大沉浸式教学以及西班牙英语村的启示下，韩国率先开启了亚洲英语村的建设，以鼓励韩国民众走向世界舞台，增强韩国的国家竞争力。在工业界和韩国政府的鼎力支持之下，韩国的首座英语村即首尔英语村（Seoul English Village）于2004年11月正式运营，而占地277000平方米、耗资906亿韩元、2006年4月正式运营的坡州英语村（Paju English Village）可同时容纳670名学员，成为全球最大的英语村。除此之外，韩

[1] 张静云．国民小学英语村情境建置与学生学习动机之个案研究［J］．教育理论与实践学刊，2012（12）：83－113．

国比较有名的英语村还有安山英语村（Ansan English Village）、城南英语村（Seongnam English Town）、杨平英语村（Yangpyeong Camp）。从形态上来看，韩国的英语村（表 1）均属于固定英语村，即英语村的设置场所固定，学习者前往英语村进行学习和体验。韩国建设英语村的热潮引起了旨在推动全球化人才建设的日本政府的高度关注，尤其是在举办东京奥运会和残奥会的推动下，日本着手在东京开建英语村。

**表 1　韩国英语村之概览**[1]

| 项目 | 安山英语村 | 首尔英语村 | 城南英语村 | 坡州英语村 | 杨平英语村 |
| --- | --- | --- | --- | --- | --- |
| 地点 | 京畿道的郊区 | 邻近 Suyu 车站 | 城南地区，首尔南方 | 京畿道坡州市 | 京畿道省 |
| 开业时间 | 2004 年 8 月 23 日，为韩国首座英语村 | 2004 年 11 月 | 2005 年 12 月 29 日落成，2006 年 1 月 16 日营运 | 2006 年 4 月 3 日 | 2008 年 4 月 14 日 |
| 投资金额 | 89 亿韩元 | N. A. | N. A. | 906 亿韩元 | N. A. |
| 游学方式 | 一周（六天五夜）课程；家庭式周末课程；四周沉浸式英语课程 | 五天课程；六天五夜课程；两天一夜课程；一日课程；假期育乐营；菁英课程 | 周间课程；周末课程 | 一日课程；一周课程；两周课程 | 青少年课程（一日、两日、五日）；成人课程（一日、两日、五日与两周） |
| 游学费用 | 80000 韩元，约 86 美元；135000 韩元，约 100 美元 | 幼稚园一周 15000 韩元；小学一天 30000 韩元；中学一天 55000 韩元 | 120000 韩元；50000 韩元 |  | N. A. |
| 游学对象 | 八年级学生 | 幼稚园、小学、中学三年级 | 六年级学生 | 国小高年级及国中生 | 青少年与成人 |

[1] 柯佩铃．苗栗县行动英语村发展之研究［D］．花莲：台湾东华大学，2016.

续表

| 项目 | 安山英语村 | 首尔英语村 | 城南英语村 | 坡州英语村 | 杨平英语村 |
|---|---|---|---|---|---|
| 教学情境特色 | 由废弃社工人员训练中心改建，环境及教室采用鲜艳颜色营造活泼的气息 | 庄园式建筑<br>城市区（日常生活场景）；学校区（学生学习课程）；娱乐区（娱乐活动部分）；户外区（户外设施部分） | 建筑物由旧有的公务人员训练中心校舍改建而成；三栋教学大楼以及 29 个情境教室 | 街道与建筑皆仿照伦敦小镇，有英美建筑风格；为全世界最大的英语学习主题乐园 | 以弗吉尼亚州建筑风格为概念，为美式风格的建筑 |
| 课程特色与目标 | 全语言沉浸式的英语学习环境，包含戏剧、音乐、娱乐及科学领域课程，提升英语学习兴趣为主要目的 | 以自然、人类与教育为核心价值，学习尊重与爱护环境，学习自我管理、领导与合作，建立起以品格教育为中心的英语村。重视课程的实用与功能性，期许学生能开口说英语 | 以三阶段（营前-营中-营后）的课程规划达到有效的英语学习，目标是希望补充国民教育的不足，提升学生的竞争力 | 课程包含戏剧、音乐、科学、广播；教育理念与目的与安山英语村完全相同，引起学生学习动机，建立在 3E（Experience，Entertainment，Education：经验、娱乐、教育）的理想进行全英语教学 | 以公办民营的经营方式运作，以知识、道德、健康为三大目的，提升口说能力，注重文化交流与领导经验的培训 |

## 二、东京英语村的构想

### （一）提出

在 21 世纪初叶，经济活动日益国际化，国际社会掀起了一股争夺全球化人才的风潮。对此，匮乏全球化人才的日本政府感受到了巨大的危机[1]。

[1] Matsuhata K，et al. A practical research on fostering “global human resources” part 1—through conducting “Okayama English Village” events [J]. Chugokugakuen Journal，2013 (12)：1-7.

日本政府在2011年6月22日发布的《基于全球化的人力资源开发报告》中指出：“如果任由当前情势发展下去，日本将在中长期里失去推动经济增长的人力资源。因此，日本将会失去重新振兴的机会。在当今快速变化的时代里以及业已全球化的世界经济中，金砖国家和VISTA国家正在快速崛起，而日本却可能逐渐衰退。”[1]。显然，日本政府意识到了培养全球化人才是当务之急。为了改变这种局面，《为推动全球化开发人力资源委员会的报告》认为需要相关机构共同努力培养日本下一代国民，其指出：“重要的是，各相关方，包括中学和大学、企业、政府，以及家长和监护人，需要采取具体行动，使日本社会作为一个整体共同致力于促进今天的年青一代的成长。”

东京作为日本的首都以及最大的都市区，面对2020年的东京奥运会，在培养全球化人才方面更加急迫，需要在日本发挥引领性的作用——“放眼2020年东京奥运会以及东京都未来的发展，东京都志在打造一个生活习惯、文化、价值观等多元化发展，人权得到尊重，人人都能切身感受到幸福，能让人们想要一直生活下去的‘世界第一都市——东京’。为了实现这一目标，教育领域正在着手培养能活跃于国际社会的全球性人才。”日本政府认为，全球化人才必须具备三个方面的素养：①语言交际能力；②自我指引、乐观、有挑战精神、合作、灵活、有责任和使命感；③理解外国文化，同时保持日本人的身份。由此，英语交际能力，是全球化人才的首要素养，根本原因在于它已成为世界各国共同沟通的语言[2]。

然而，培养日本国民的英语交际能力，却是一个十分棘手的任务。日本政府历来采用托福考试和全国英语检定考试来评估日本学生的英语水平。但是，在2014年参加托福考试的169个国家和地区中，日本位列第138位；在2014年参加托福考试的亚洲30个国家和地区中（表2），日本位列第27位，而会话能力则排在最后一位；在2014年11月的全国英语检定考试中，全国公立初三达到三级水平的学生比例仅为34.7%，高三达到二级

[1] TCPHRGD (The Council on Promotion of Human Resource for Globalization Development). An Interim Report of the Council on Promotion of Human Resource for Globalization Development [R]. 2011.

[2] 陈秋兰．英语为国际通用语对英语教与学的意义［J］．人文与社会科学简讯，2014，16（1）：127－131.

水平的学生比例仅为31.9%，均没有实现文部科学省所设置的50%的目标❶。其主要原因在于日本缺乏使用英语进行真实交际的社会环境。继而，需要采取新措施，为日本下一代国民创造近距离感受国际化的英语学习环境，为培养全球化人才服务。对于要发挥率领性作用的东京，其在2015年提出："教育是城市发展的基础。孩子们肩负着未来，在教育方面，为了给孩子们提供可以近距离感受国际化的环境，正在讨论开设使用英语生活的东京英语村，以加快国际化人才的培育。"❷ 自此，东京英语村的建设便正式提上日程。

**表2　亚洲各国的TOEFL成绩对比［平成26年（2014年）］**

| 国家 | 总分（120分） | 阅读（30分） | 听力（30分） | 会话（30分） | 写作（30分） |
|---|---|---|---|---|---|
| 印度 | 91 | 22 | 23 | 23 | 23 |
| 韩国 | 84 | 22 | 21 | 20 | 21 |
| 中国 | 77 | 20 | 18 | 19 | 20 |
| 日本 | 70 | 18 | 17 | 17 | 18 |

## （二）基本理念

对于英语村的打造（图1），日本政府秉持了四个方面的理念。❸

（1）"习惯使用"英语的场所。第一个理念是要将英语村打造为日本学生"习惯使用"英语的场所。全球性人才对于日本开展全球战略至关重要。英语能力是全球性人才的必备素养之一，从而使全球性人才能够参与全球事务，活跃于世界舞台。因而，英语村的打造，不仅要培养学生英语听、说、读、写的能力，还要培养学生对使用英语进行交流的积极态度。英语村要不同于传统的教室，而是一个通过英语生活、社会活动等模拟体验，培养学生"习惯使用英语"的场所。

（2）"锻炼"英语的场所。第二个理念是要将英语村打造为日本学

❶❸ 参见"東京版英語村開設について＜報告＞"。

❷ 参见东京都知事"2015年第一次都议会例行会议上的施政方针演说"。

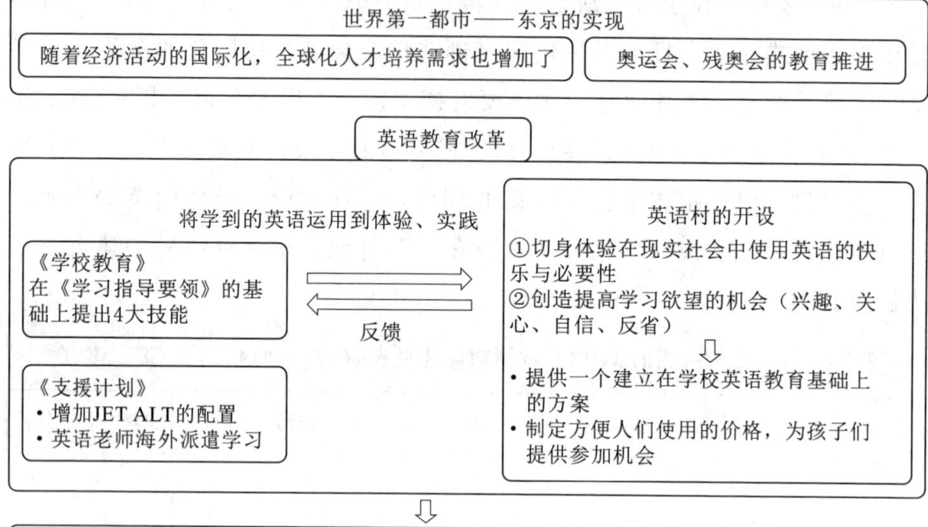


图 1 东京英语村的构想理念

生“锻炼”英语的场所。通过在英语生活、社会活动的体验实践中，学生能够弄清楚自己的英语水平现状和真实生活所需要的英语水平之间的差异，在各种锻炼和尝试中，树立起想要活跃于世界舞台的欲望和挑战精神。因此，英语村应该是一个挑战各种英语体验、锻炼英语能力的场所。

（3）“交流”的场所。第三个理念是要将英语村打造为日本学生与外国人“交流”的场所。作为国际化大都市，东京拥有的外国人越来越多。但是，在跨文化交流中，不仅要懂得外国文化与传统，还要懂得本国的文化与传统，认识到文化、传统的多样性和差异性。因此，英语村应该是一个在加深日本国民对日本传统与文化以及外国文化的理解的同时，让日本学生与各国友人交流、学习知识与进行体验性学习的场所。

（4）“创造机会”的场所。第四个理念是要将英语村打造成为日本学生“创造机会”的场所。由于缺乏使用英语进行真实交流的环境，日本学生主要在学校里学习和使用英语。英语村为学生提供了使用英语进行交流的新机会。通过将学校的英语教育和英语村的体验相结合，英语村能够向学校提供英语学习和使用反馈，从而进一步提高学生在学校里英语学习效果。因此，英语村应该是一个日本学生将之视作为英语学习的新契机，让他们觉得“学习英语是件快乐的事情”“还想更多地说英语”“还想学更多英语”并借此提高他们的日常英语学习欲望、“创造机会”的场所。

## 三、东京英语村的特色

### （一）全英语环境

东京英语村的建设方案采用了竞标的方式。东京市教委收到了三份建设方案，经过评估，最后采纳了五家公司（Gakken Holdings，Ichishin Holdings，Edurelca，The English Language Education Council，Hakuchodo）提交的联合建设方案。这五家公司共同成立一家新公司来运营东京英语村。选用该方案原因主要在于这五家公司主要负责教师培训、学生补习、教材编写、沉浸式学校运营等，在英语教育方面具有丰富的经验。东京英语村位于东京都江东区青海 2 - 432 的时代大厦，共占地三层。一楼为接待大厅，二楼和三楼为教学设施。其中，二楼的教学设施主要为开展“吸引区”教学项目（attraction area programs）服务，该区域包括机场片区（机舱、饭店、纪念品商店）、酒店片区（酒店、百货店、诊所）、旅行片区（旅行社、快餐店、药店）、校园片区（办公室、书店、咖啡馆）；三楼的教学设施主要为开展“积极沉浸式”教学项目（active immersion programs）服务。

东京英语村的官方名称为东京全球门户（Tokyo global gateway，TGG），意在让英语村成为提升东京这座门户城市的市民的国际沟通能力。东京英语村采用了公私合营的方式，英语村由 TGG 集团进行运营，但东京市教委对于英语村开展的一些具体教学项目进行一定的监管。对于东京英语村的建设费用，东京市教委担负英语村装饰费用的一半以及英语村场地的租赁费用[1]，从而确保东京英语村的入村费用保持在较低的范围，学

[1] Mori A，Takizawa Y. A public - private partnership for English education：Tokyo Global Gateway，a new approach [J]. グローバル人材育成教育研究，2019 (2)：35 - 43.

生都能够承担。与此同时，东京市政府允许英语村适度盈利，从外部获取赞助等，以维持东京英语村的持续运营。按照东京市政府的规划，东京英语村要至少维持运营 15～20 年。

传统上，英语村是一座将西方文化和英语教学相融合的大型英语教育综合体，由一系列西方式样的建筑、店铺等组成。在英语村里，通常由外教扮演各色“村民”[1]，学习者入村后，需要将自己定义为操英语者[2]，因为英语村里畅行的是“No English, No Service!”东京英语村也不例外。

东京英语村于 2018 年 9 月 6 日正式向社会开放，可同时接纳 900 名学生。东京英语村的官方语言为英语，由两大教学区域组成：①情境体验区（attraction area）；②主题沉浸区（active immersion）。为了打造全英语环境，东京英语村从英美等国家聘请外教长年驻扎在英语村里，这些外教主要承载两种身份：①“代理人”（agents），主要在情境体验区里承担角色扮演、为学生的英语对话搭建“脚手架”；②为“专家”（specialists），主要在主题沉浸区里承担语言与内容融合教学。

### （二）打造情境体验区，开展体验教学

体验学习源自自然主义与经验教育等思潮，主张生活与学习结合为一。所谓体验学习，即在学习活动中整合学生身、心、灵的健全发展，由做中学过程满足学生的好奇心、询问和解决问题的需要[3]。在日本，日常生活中学生很难有机会使用英语，接触外国人。尽管有少数学生可以选择前往国外留学和体验寄宿家庭生活，但巨大的经济压力使大多数学生望而却步。由于没有实用的英语环境，学生不知如何运用国际资讯，无法将英语生活化成为影响英语能力的主因[4]。对此，打造英语村，在日本国内创造出与国外一样的环境，其低廉的价格使大多数日本学生不用出国就能使用英语

---

❶ 牟宜武．全球化时代背景下的韩国当代英语教育改革行动——以交际为导向［J］．外语教学理论与实践，2018（1）：90－98.

❷ Morris S. Learners' experiences of language anxiety during an English village course［J］. The Journal of Kanda University of International Studies，2018（30）：373－396.

❸ 薛雅慈．打造新式的学习天空：体验学习的理念与另类学校的实践［J］．另类教育期刊，2011（3）：93－126.

❹ 罗秋祝．屏东县垦丁英语村建置之研究——以海洋教育、慢食文化为主轴［D］．屏东：台湾屏东教育大学，2009.

作为交流语言，模拟体验外国生活，学生在了解自己的英语水平的同时，能很好地适应和使用英语交流❶。由此，东京英语村专门设置了情境体验区，开展体验教学，使学习者能够尽管身在日本却能够原汁原味地体验在英语国家的实际生活。

东京英语村的情境体验区由 4 大片区组成，分别是机场片区、酒店片区、旅行片区、校园片区。其中，机场片区设置了机舱、饭店、纪念品商店 3 个情境区，学习者体验使用英语登机、在饭店点餐进餐、在纪念品商店里购物等；酒店片区设置了酒店、百货店、诊所 3 个情境区，学习者体验酒店入住与退房、在百货店里购物及退换货、在诊所就诊等；旅行片区设置了旅行社、快餐店、药店 3 个情境区，学习者体验在旅行社里咨询旅行事项、在快餐店里购买食物和饮料、在药店里购买药物等；校园片区设置了办公室、书店、咖啡馆 3 个情境区，学习者体验在学校办公室里咨询课程学习、在书店里购买教材和文具、在咖啡馆里购买饮品等。在英语村生活化的情境中，学习者只能使用英语体验“国外”的日常生活。为了使情境更加真实，东京英语村聘请外教在各情境区里扮演“空乘”“店员”“服务员”“办公室人员”等角色。通过与这些“村民”的真实交流，学习者不仅体验了国外的生活，还习得了语言，并激发了前往国外旅游和学习的欲望。

日本大型企业对英语村鼎力支持。东京英语村各情景区并不是简单地仿造，而是在日本大型企业的支持下尽可能使情境“原汁原味”，让体验者仿若置身于“海外”。以机场区的打造为例，其得到了全日本航空公司（ANA）的大量支援❷，全日本航空公司提供了真实的座椅、饮料、餐车等，并为英语村的机舱服务人员提供了系统的客服培训，而英语村纪念品商店里售卖的商品则由全日本航空公司商贸部负责。

口语是语言的基础，而其中语言的结构、句型更是会话能力的基础。东京英语村对情境区的教学进行了精心策划，旨在利用语言结构和时空情境的关联性，将词汇和文法在合适的意义情境下进行介绍，鼓励学生通过

❶ Lee J. Globalization and Language Education：English Village in South Korea [J]. Language Research，2011，47 (1)：123-149.

❷ 信息来源：ANA announces contributions to country-wide effort to teach practical English towards 2020.

情境来归纳并理解出正确的意义与使用方法，这可以从下面这段东京英语村里的“Quick Bite”快餐厅里的对话找到佐证。对话中的这名学生需要完成中级水平的任务，在对话里，他运用了“What kinds do you have?”“Would you add ...”等结构以及“a double cheeseburger” “ketchup”“regular”等词汇，较好地完成了任务。

Teacher（T）：Hello! Welcome to Quick Bite! Can I help you?

Student（S）：Can I have a hamburger and some French fries?

T：We have many types of hamburgers.

S：What kinds do you have?

T：We have single burgers，double burgers，double cheeseburgers and “natto” burgers.

S：Can I have a double cheeseburger，please?

T：Sure! What would you like on it?

S：What do you have?

T：We have onions，ketchup，mustard and chocolate.

S：Would you add some ketchup?

T：OK，and onions，too?

S：No，thank you.

T：What size would you like? We have two types：regular size and “cheese size.”

S：Ha－ha. Regular，please.

T：Today，we are offering a free drink. What would you like?

S：Do you have melon soda?

T：OK，here you are. Have a nice day! See you!

东京英语村主要向小学、初中、高中学段的学生开放，设置了三种程度（初级、中级、高级）的语言任务（表3），各学段学生依据自己的英语水平去完成相应的任务。

机场片区的语言情境运用分为机舱情境、饭店情境、纪念品店情境。在机舱情境中，会涉及候机室、海关检查、登机、机舱上安全说明，下飞机的出关、安检等。机舱情境教学中设置了两种语言水平程度的任务，即

表 3　　英语村教学概览

| 情境区 | 学段 | 课程水平 | | | 情境区 | 学段 | 课程水平 | | |
|---|---|---|---|---|---|---|---|---|---|
| | | 初级 | 中级 | 高级 | | | 初级 | 中级 | 高级 |
| 机场片区 | 小学 | √ | √ | | 旅行片区 | 小学 | √ | √ | |
| | 初中 | √ | √ | | | 初中 | √ | √ | |
| | 高中 | √ | √ | | | 高中 | √ | √ | |
| 酒店片区 | 小学 | √ | √ | | 校园片区 | 小学 | | | |
| | 初中 | √ | √ | | | 初中 | | √ | √ |
| | 高中 | √ | √ | | | 高中 | | √ | √ |

初级任务和中级任务，学习者在完成任务的过程中实现对相应程度的英语的运用。初级任务指学习者使用“. . . , please.”或“I want . . .”等语言结构来表达自己获取杂志、食物、毛毯等的需求；中级任务指学习者使用“Can I have . . . ?”或“Because . . .”“I want . . .”“Could you recommend any places?”等语言结构对自己所需进行礼貌性的询问；高级任务指学习者使用“I'd like to . . . .”“In that case, could I——?”等语言结构来处理变换座位、飞机延误不能转机等情况。在饭店情境中，初级任务指学习者使用“. . . , please.”或“I want . . .”等语言结构来点自己所需要的食物；中级任务指学习者使用“Can I have . . . ?”或“Can you make it with/without——?”等语言结构来传达自己对食材的具体要求；高级任务指学习者使用“Do you have any dishes without . . . ?”“Excuse me. This is not what we ordered.”等语言结构来表达对某些特定食材的回避以及处理食物与自己所点不相符等情况。在纪念品商店情境中，初级任务指学习者使用“Do you have . . . ?”或“A large one, please.”这类语言结构来表达自己对所购物品的尺寸、颜色等的需要；中级任务指学习者使用“I'll take two of these.”或“Could you please gift - wrap it?”等语言结构来表达自己对所购物品的数量及包装要求；高级任务指学习者使用较高层次的语言结构就更换物品、税金缴纳等情况进行处理。

旅行片区包括旅行社情境、快餐店情境、药店情境。在旅行社情境中，初级任务需要学习者使用“We want to ....”或“By bus [train].”来表达旅游地点及交通手段；中级任务需要学习者使用“My friends and I want to ... to do/see/try ....”对旅行做详细的计划；高级任务需要学习者使用“I've already booked a tour to ... but ....”或“Would it be possible to ...?”等对旅行中的交通手段及停留时间做更改。在快餐店情境中，初级任务需要学习者使用“... please.”或“No ... please.”来表达对食物及饮料的需求；中级任务需要学习者使用“I'll have ... but no ..., please.”或“Can I get ... without ...?”来表达对所点食物的详细要求；高级任务需要学习者使用“This is not what I ordered.”来处理食物的退换。在药店情境中，初级任务需要学习者使用“Can I get ....”或“Do you have ...?”等表达所需的药物；中级任务需要学习者使用“I have a stomache.”来传达身体症状；高级任务需要学习者使用“It contains ....”或“I'm allergic to ...”来表达对药物的特定需求。

酒店片区的语言情境运用分为酒店情境、诊所情境、百货店情境。在酒店情境中，初级水平者可以使用“Two beds，please.”或“Ocean view，please”来表达自己对入住房间的要求；中级水平者可以使用“Could you tell me ...?”或“I would like ...”来礼貌性表达询问退房及续住等方面的情况；高级水平者可以使用“It seems that ....”或“Would it be possible ...?”等来处理所遇到的房间噪声、空调等问题。在诊所情境中，初级水平者可以使用“I hurt my ankle.”或“I have a stomache.”来表达受伤或身体不适；中级水平者可以使用“I started feeling sick after lunch.”或“I prefer tablets，please.”来表达饭后身体感到不舒服或回答医生开处方的一些询问；高级水平者可以使用“I have to ...”“Do you have any medicine that will not make me sleepy.”来表达更换药物等情况。在百货店情境中，初级水平者可以使用“A sponge and paper towels，please.”或“I want potato chips and ice cream.”这类语言来表达对日用品的物品、数量等的需要；中级水平者可以使用“Could I get a bottle of BBQ sauce and ten paper plates?”来传达为举办聚会所需要购买的食品、日用品等情形；高级水平者可以使用“Is this still valid?”或“Could I get a refund?”来表达购物时对优惠券（coupon）的使用以及发生退换货的情形。

校园片区的语言情境分为办公室情境、书店情境、咖啡馆情境。这三个体验情境的设置旨在让学习者体验在海外学校学习时，在办公室、书店、咖啡馆等场所里的一些需要处理的事务，如在办公室里咨询课程学习、在书店里购买教材和文具、在咖啡馆里购买饮品等。在每个体验情境中，学习者可以体验到两个层次的语言水平的运用。在办公室情境中，中级水平者可以使用“I'm interested in ....”或“It's ..., right?”来表达参加夏令营的申请以及日程的确认；高级水平者可以询问校内兼职以及值班班次等。在书店情境中，中级水平者可以使用“I want to get a textbook for ....”购买上课教材及文具；高级水平者可以使用“I registered for ... but ....”或者“Could I get a refund?”来处理因课程取消而需要退教材的情形。在咖啡馆情境中，中级水平者可以使用“I'd like to have it with ....”来具体下单；高级水平者可以使用“I bought this ... yesterday, but I realized ....”或“Could you ... ?”来对先前所购买的食物进行状况说明并进行退换。

### （三）设置主题沉浸课程，实现语言与内容的融合

随着全球化时代的到来，孩子们不能再以过去的知识来面对未来的世界，他们必须具备全球视野，认识世界经济、全球变暖、本土文化等议题，理解地域相互依存的关系，成为全球公民。对此，东京英语村在初期设置了 17 门课程，分别是：声音制作（sound effects）、照片摄影（still animation movie）、形状设计（shapes and designs）、方向指引（giving directions）、程序编制（programming）、未来规划（future planning）、韵律舞蹈（rhythm and dance）、新闻制作（original news program）、茶道仪式（tea ceremony）、戏剧表演（performing arts）、东京推介（attractions of Tokyo）、市场营销（marketing）、金融投资（finance and investment）、可持续发展（the 17 sustainable development goals）、生态责任（ecological responsibility）、环境保护（environmental sustainability）、海外学习（overseas study program）。

这 17 门课程围绕 4 大主题，即社会与生活、科学与未来、文化与艺术、经济与环境，依托内容言语统合型学习（content and language integrated learning）教学法[1]开展主题沉浸教学（表 4），旨在让学习者自然接触英语，降低外界干扰，全身心投入，在“做中学”中习得知识。每门主题课程均设置了明晰的学习目标、学习内容、沉浸流程、语言任务。

**表 4　　　　英语沉浸课程**

| 课程名称 | 学段 | 课程水平 | | | 时长/分钟 | 课程名称 | 学段 | 课程水平 | | | 时长/分钟 |
|---|---|---|---|---|---|---|---|---|---|---|---|
| | | 初级 | 中级 | 高级 | | | | 初级 | 中级 | 高级 | |
| 声音制作 | 小学 | √ | √ | | 60 | 戏剧表演 | 小学 | | √ | | 60 |
| | 初中 | √ | √ | | | | 初中 | | √ | √ | |
| | 高中 | | √ | | | | 高中 | | √ | √ | |
| 照片摄影 | 小学 | √ | √ | | 60 | 东京推介 | 小学 | | √ | | 60/120 |
| | 初中 | √ | √ | | | | 初中 | | √ | √ | |
| | 高中 | | √ | | | | 高中 | | √ | √ | |
| 形状设计 | 小学 | √ | √ | | 60 | 市场营销 | 小学 | | | | 60/120 |
| | 初中 | √ | √ | | | | 初中 | | √ | √ | |
| | 高中 | | √ | | | | 高中 | | √ | √ | |
| 方向指引 | 小学 | √ | √ | | 60 | 金融投资 | 小学 | | | | 60/120 |
| | 初中 | √ | √ | | | | 初中 | | √ | √ | |
| | 高中 | | √ | | | | 高中 | | √ | √ | |
| 程序编制 | 小学 | √ | √ | | 60 | 可持续发展 | 小学 | | | | 60/120 |
| | 初中 | √ | √ | √ | | | 初中 | | √ | √ | |
| | 高中 | | √ | √ | | | 高中 | | √ | √ | |
| 未来规划 | 小学 | √ | √ | | 60 | 生态责任 | 小学 | | | | 60 |
| | 初中 | √ | √ | √ | | | 初中 | | √ | √ | |
| | 高中 | | √ | √ | | | 高中 | | √ | √ | |

[1] 长尾素子．英語体験プログラムは何を育成するのか——東京都英語村 TOKYO global getway の試み [J]．ウェブマガジン『留学交流』，2019 (7)：22－31.

续表

| 课程名称 | 学段 | 课程水平 | | | 时长/分钟 | 课程名称 | 学段 | 课程水平 | | | 时长/分钟 |
|---|---|---|---|---|---|---|---|---|---|---|---|
| | | 初级 | 中级 | 高级 | | | | 初级 | 中级 | 高级 | |
| 韵律舞蹈 | 小学 | √ | √ | | 60 | 环境保护 | 小学 | | | | 60 |
| | 初中 | √ | √ | √ | | | 初中 | | √ | √ | |
| | 高中 | | √ | √ | | | 高中 | | √ | √ | |
| 新闻制作 | 小学 | | √ | | 60 | 海外学习 | 小学 | | | | 60/120 |
| | 初中 | | √ | √ | | | 初中 | | √ | √ | |
| | 高中 | | √ | √ | | | 高中 | | √ | √ | |
| 茶道仪式 | 小学 | | √ | | 120 | | | | | | |
| | 初中 | | √ | √ | | | | | | | |
| | 高中 | | √ | √ | | | | | | | |

(1) 社会与生活。东京英语村打造了“声音制作”“照片摄影”“形状设计”“方向指引”四门社会与生活主题沉浸课程，其中，在“声音制作”课程里，学习者以给定的场景，使用身边声音素材如脚步声、雨声等，制作相应的声效，进而培养想象力；在“照片摄影”课程里，学习者拍摄系列照片并制作成与主题相符合的影像；在“形状设计”课程里，学习者进行桥的形状、强度的设计与制作；在“方向指引”课程里，学习者进行理想城镇的设计，并进行引路介绍。

四门课程均设置了初级任务和中级任务，教学时长均为 60 分钟，小学、初中生可以选择初级、中级任务，高中生只能选择中级任务。以“形状设计”课程为例（表 5），完成初级任务时（TMBE 2018）[1]，学习者学习和运用表示形状、颜色和工具的单词（如 square，triangle，cube）以及表达确认情况和同意对方意见的句型（如 What shape? /What color? /How many sticks? /I like it. /It's nice.）；完成中级任务时，学习者学习和运用

[1] TMBE（Tokyo Metropolitan Board of Education）. Tokyo Global Gateway: Program Catalog（2018—2019）[S]. 2018.

表示强度、重量的单词（如 weight，height）以及关注细节（如 Which one is the best? /How many items do you need? /What is next? /How much does this weigh?）。

表 5　　“形状设计”课程

| 时间 | 流程 | 内　容 |
| --- | --- | --- |
| 5 分钟 | 热身活动 | 打招呼和做自我介绍；介绍制作桥的时候，需要把什么样的图案组合上才能完成 |
| 15 分钟 | 小组讨论 | 学习关于桥的制作的形状和颜色，表示重量和长度的单位的单词，使用照片和幻灯片以测试的形式学习桥的构造和设计的方法。确定实际操作中会使用到的道具和物品，考虑需要把它们怎么组合起来才能把桥制作出来 |
| 30 分钟 | 小组合作 | 每个小组都要确定制作方法，讨论怎样才能制作出具有一定强度的桥，小组根据原图制作桥梁 |
| 10 分钟 | 成品展示 | 每个小组都要做关于自己制作的桥的制作方法和关键点的介绍。之后，使用砝码测试这座桥能够承受多大的重量，并进行桥梁强度的竞赛。讨论那些强度良好的桥的特点，并由专家进行总结 |

东京英语村并不是吸引中小学生到英语村里进行游玩，而是“以学生为中心”，采用“热身活动—小组讨论—小组合作—成品展示”的沉浸教学流程，实现英语沉浸学习。同样以“形状设计”课程为例（表 5），其任务完成需要经历四个流程：流程 1 为“热身活动”，时长为 5 分钟，学习者对如何组合图案进行介绍；流程 2 为“小组讨论”，时长为 15 分钟，学习者讨论桥的构造和设计的方法，确定实际操作中会使用到的道具和物品；流程 3 为“小组合作”，时长为 30 分钟，小组成员一道合作，确定最终制作方法，并制作出具有一定强度的桥；流程 4 为“成品展示”，时长为 10 分钟，每个小组介绍自己制作的桥的方法，使用砝码测试桥梁的承重，并进行小组比赛，之后对强度良好的桥的特点进行总结。

“形状设计”课程有效实现了内容与语言的融合，学习者最终实现三个学习目标：①计算桥的强度，考虑骨架的长度和宽度，学习制作一座坚固的桥；②形状、颜色、重量，用料数量等制作桥的时候必须要用到的表达和单位的单词；③和小组成员一起推进桥梁制作进程的同时，理解并使用必要的提问方法以及确认制作进程的方法。

（2）科学与未来。“程序编制”“未来规划”分别涉及给机器人编程、未来职业的规划，均设置了初级、中级、高级任务。其中，小学生可以参加初级、中级任务，初中生可以参加初级、中级、高级任务，高中生可以参加中级、高级任务。在“程序编制”课程里，学习者计算方向、距离、速度，通过编程操纵机器人，培养学习者的逻辑思维能力；在“未来规划”课程里，学习者分析自己的兴趣、强项、梦想，制作个人发展卡片，规划自己的未来职业，并培养自我宣传的能力。

两门主题课程里，“程序编制”属于科学类主题课程，通过“程序编制”（表6）课程的学习，学习者拟实现三个目标：①学习生活中的一些编程，能够进行逻辑性思考；②理解并使用为了操作机器人，学习和掌握一些必要的表达方向、距离、速度的单词；③将自己的意见添加理由之后有逻辑性地表达出来。为了实现这些课程学习目标，“程序编制”课程设计了四个沉浸流程：流程1为“热身活动”，时长为5分钟，学习者向其他同学介绍生活中的一些机器人；流程2为“小组讨论”，时长为15分钟，学习者使用自己身边的例子，表述因为编程才使得日常生活变得更加便利并解决了许多实际问题；流程3为“小组合作”，时长为30分钟，小组成员一道合作，使用编程软件以及工作表，边记录边操作机器人，讨论怎么做才能让机器人如设想的那样进行运动；流程4为“成品展示”，时长为10分钟，以小组为单位，介绍为了操作机器人所使用的手法和对策。

**表6　“程序编制”课程**

| 时间 | 流程 | 内容 |
| --- | --- | --- |
| 5分钟 | 热身活动 | 小组或者队友之间互相介绍自己身边的一些机器人，并在全班面前进行分享 |
| 15分钟 | 小组讨论 | 使用自己身边的例子，学习因为编程才使得我们的生活变得更加便利，许多问题也得到了解决 |

续表

| 时间 | 流程 | 内　　容 |
| --- | --- | --- |
| 30 分钟 | 小组合作 | 使用编程软件以及工作表，边记录边操作机器人。讨论让它去哪儿，让它怎么运动的问题，小组之间展开竞速赛。考虑应该怎么做才能让机器人如自己所想的那样进行运动 |
| 10 分钟 | 成品展示 | 以小组为单位，介绍自己为了操作机器人使用了什么样的手法，并介绍自己都做了哪些对策 |

在沉浸流程中，学习者将英语学习和编程学习结合起来，实现内容与语言的融合。在“程序编制课程”中（TMBE 2018），执行初级任务时，学习者学习和运用表示物品形状的单词（如 square，rectangle，triangle）、让机器人运动的一些编程语句（如 centimeters，degrees）和指示用语（如 How far? /How many degrees?）；执行中级任务时，学习者学习和运用表示物品形状的单词（如 sensor，object）和表指示的句型（如 We need to program .../Click on ...）以及编程语句（如 What settings? /What number should we set?）；执行高级任务时，学习者学习和运用句型（如 What ... do we add? /What do we change?）测试自己设计的程序并进行意见交流。

（3）文化与艺术。“韵律舞蹈”“新闻制作”“茶道仪式”“戏剧表演”“东京推介”五门课程属于文化艺术类，只设置了中级、高级学习任务，没有设置初级任务。在“韵律舞蹈”课程里，学习者进行舞蹈创作及演出；在“新闻制作”课程中，学习者学习新闻节目的构成、新闻稿的书写，使用专业器材摄制并担当新闻主播进行天气预报、实时新闻报道；在“茶道仪式”课程中，学习者学习日本茶文化的深厚历史、茶室的装饰并体验茶道、策划茶会，培养招待客人的意识和能力；在“戏剧表演”课程中，学习者根据给定的剧本，学习说台词的时候的声调起伏和间断停歇，深刻体会登场人物的内心活动，并以小组为单位进行表演；在“东京推介”课程中，以“向来到东京的外国客人介绍东京”作为主题介绍景点和美食。

这些课程中，“茶道仪式”最能代表日本的传统文化。设置“茶道仪式”课程（表 7），旨在让学习者：①学习茶的品尝方法以及制作方法，了解茶道的基本知识；②理解并使用表现茶具以及动作的单词；③策划茶会的同时，传达自己的意见以及接受对方的意见。为了实现这些课程学习目标，“茶道仪式”设置了五个沉浸流程：流程 1 为“热身活动”，时长为 15 分钟，学习者进入茶室，学习引起别人注意的表现手法；流程 2 为“主题演说”，时长为 25 分钟，学习者边进行实际的操作，边学习茶的品尝方法以及行为方法；流程 3 为“小组讨论”，时长为 35 分钟，茶道专家向学习者进行一一说明并由助手进行演示，经过小组讨论进行意见交换后，以测试的形式确定茶道礼仪行为；流程 4 为“小组合作”，时长为 35 分钟，合作进行茶会的筹备；流程 5 为“成品展示”，时长为 10 分钟，每个小组展示所策划的茶会。“茶道仪式”课程的任务指示如下：

**表 7　　“茶道仪式”课程**

| 时间 | 流程 | 内　　容 |
|---|---|---|
| 15 分钟 | 热身活动 | 在进行问候之后，进入到茶室。学习引起别人注意的表现手法 |
| 25 分钟 | 主题演说 | 边进行实际的操作，边学习茶的品尝方法以及行为方法，更深刻地理解茶室的装修；边通过讨论交换意见，边用测试的形式进行内容的确认 |
| 35 分钟 | 小组讨论（茶道体验） | 专家向学生们一一说明并由助手进行演示，学生们进行品茶。之后，为了确定采用讨论的形式进行意见交换并以测试的形式进行动作及行为的确定 |
| 35 分钟 | 小组合作 | 成员一道合作，进行茶会的筹备 |
| 10 分钟 | 成品展示 | 每个小组都要发表自己小组考虑后策划的茶会 |

Have you ever been to a Japanese tea ceremony?Do you know what this thing is called? It's a “chashaku.” In English, that means “tea scoop.” This is a bowl, and this is a “chasen.” That's “tea whisk” in English. This is a “natsume.” In English, that's “tea caddy.” And this is matcha powder.

First, pick up your tea caddy a tea scoop. Hold the tea caddy like this and scoop up some matcha powder. We are going to place three scoops into the tea bowl. Then, write a hiragana “tsu” on the matcha powder before adding some hot water.

We are going to pour hot water on it three times. One. Two. Three. Do you remember the tea whisk? Put it into the tea and whisk for 50 seconds.

Now, write a hiragana “no” on the matcha. Put the tea caddy back in its place. Now, you can go ahead and drink the tea.

“茶道仪式”设置了中级、高级任务（TMBE 2018）[1]，执行中级任务时，学习者学习和使用动词（如 bow，hold，place，turn）和名词（如 fan，hanging scroll，tea whisk，sliding door）、表示顺序（如 first，second）等语言表达、学习茶会中的行为举止、使用句型（如 Who do you want to invite? /What flower do you like?）交流意见；执行高级任务时，学习者学习使用假定的表现手法（如：If I were to hold a tea party，.../Who would you invite...?）说明想要策划的茶会、使用征询对方意见的句型（如 What do you think about...?）、对对方的理由提问（如 Why would you like...?）。

（4）经济与环境。“市场营销”“金融投资”“可持续发展”“生态责任”“环境保护”“海外学习”这六门课程主要涉及经济与环境主题。“市场营销”由英语村与商务企业合作开发，学习者学习定位销售（targeting），并认识自身的消费和经济活动；“金融投资”课程则与金融媒体企业合作开发，学习者对企业的投资进行评价，思考“如果是自己的话该如何投资”，并对投资成效进行展示，培养逻辑思考能力；“可持续发展”是与国际开发协助机构合作开发，学习者学习可持续发展的系列目标，培养作为世界公民的责任意识；“生态责任”是与广告公司合作开发，以买东西为主题，培养学习者践行责任的意识；“环境保护”是与环保组织合作开发，通过学习造纸的方法并以不同立场的当事人的主张为依据，从各种各样的角度考虑环境问题和节能问题，培养解决问题的能力。“海外学习”则与澳大利亚昆士兰州教育局共同策划，让日本学生体验来自昆士兰州教师所使用的参与性的授课方法。

在这些课程中，“可持续发展”是最能代表日本政府培养日本国民全球公民意识的一门课程，该课程旨在实现三个目标：①接触、了解可持续发

[1] TMBE（Tokyo Metropolitan Board of Education）. Tokyo Global Gateway: Program Catalog（2018—2019）[S]. 2018.

展的制定目标，知晓世界各国与日本所共同面临的问题；②从图片中推测出相关内容，并进行描述，能够明确传达自己的观点；③听取别人的各种意见，并使用相应的语言来表达赞同与反对。为了实现课程学习目标，“可持续发展”设置了五个沉浸流程（表 8），流程 1 为“热身活动”，时长为 5 分钟，学习者以结对子的形式叙述自己国家所面临的社会问题，了解世界各国面临的问题；流程 2 为“小组讨论”，时长为 20 分钟，学习者对可持续发展进行学习，了解开发问题的复杂性和发达国家的现状；流程 3 为“小组合作”，时长为 20 分钟，小组成员一道对发展中国家的照片以及写有 17 个可持续发展目标的卡片进行观察，并进行意见交换和匹配；流程 4 为“成品展示”，时长为 10 分钟，小组陈述并展示照片与内容的匹配；流程 5 为“总结”，时长为 5 分钟。

**表 8　　　　“可持续发展”课程**

| 时间 | 活动 | 示　　例 |
| --- | --- | --- |
| 5 分钟 | 热身活动 | 相互问候并进行自我介绍；以结对子（两人一组）和小组的形式叙述自己国家所面临的社会问题，了解世界各国面临的问题，并相互进行交流 |
| 20 分钟 | 小组讨论 | 对可持续发展进行学习，了解开发问题的复杂性和发达国家的现状，并进行加深理解 |
| 20 分钟 | 小组合作 | 以小组为单位，对发展中国家的照片以及写有 17 个可持续发展目标的卡片、拍照片的人和场所进行观察，相互讨论并进行意见交换和匹配 |
| 10 分钟 | 成品展示 | 在小组及全班面前，展示照片与内容的匹配 |
| 5 分钟 | 总结 | 总结可持续发展在日本的实现程度，理解日本在这些课题上的立场，并作为自己所面临的问题予以思考 |

经济与环境主题类课程不对小学生开放，只针对初中生、高中生设置中级和高级任务。以“可持续发展”课程为例（TMBE 2018）[1]，执行中级任务时，学习者运用与可持续发展课题相关联的中级词汇（如 population、

[1] TMBE（Tokyo Metropolitan Board of Education）. Tokyo Global Gateway: Program Catalog（2018—2019）[S]. 2018.

growth、rights)、使用 could、might 等进行推测（如 This photo might match this goal because...)、使用句型（如 I agree. /I'm not sure.）进行讨论；执行高级任务时，学习者运用高级词汇（如 poverty、equality、solution...)、使用句型（如 As you can see.../We learned that...）进行陈述。

## 四、教学方案

### （一）与学校教育的融合

东京英语村的主要对象包括三类：小学 5～6 年级学生，初中生，高中生。把针对对象限定在小学 5～6 年级学生作为起点，原因在于东京英语村不是一个从零基础开始教授学生英语的场所，而是各学段学生在英语村里，活用在学校课堂里所学的英语知识，借助在英语村里的模拟体验和社会实践活动，提高英语交际能力。由此，进入英语村学习的学生需要具备一定的英语基本知识。

东京英语村的开展，围绕以下教学方案开展教学。[1]

（1）根据学习阶段制订方案。东京英语村针对的学生包括小学、初中、高中三个学段（表 9），根据《学习指导要领》，小学、初中、高中三个学段的英语目标不相同，因此，东京英语村也应针对小学、初中、高中各个学段的目标开展因材施教，设置不同的教学方案，从而与学校英语教育相结合。

（2）制订加强学生们对本国传统、文化以及国际社会的多样性的理解的方案。作为全球化人才，不仅要掌握日常生活或工作中的英语沟通能力，还要保持一种理解、尊重他国多元化立场、文化的姿态，同时还应具备展现日本人开阔的心胸，传达日本传统、文化的本领。因此，英语村还应该制订出一些方案，通过接触多国文化，宣扬各自立场等来培养大家丰富的国际感以及作为一个日本人的自觉性和自豪感。

（3）体验性、实践性方案。英语村不是教授英语的地方，而是一个让

---

[1] 参见“東京版英語村開設について＜報告＞”.

大家能切身体验使用英语的快乐与必要性的地方。因此，英语村应该提供一些体验性、实践性的方案，让大家将学到的英语积极使用起来，体验、理解日本与他国的传统与文化，模拟体验英语环境下的生活以及社会活动。

**表 9　　全球化成才培养体系与英语村的方案**

<table>
<tr><th>学段</th><th>英语能力</th><th>丰富的国际感</th><th>作为日本人的自觉性与自豪感</th></tr>
<tr><td rowspan="2">小学</td><td>对英语感兴趣、习惯使用英语、亲近英语</td><td>接触与亲近外国人和外国文化</td><td>接触和体验传统与文化</td></tr>
<tr><td colspan="3">英语村　一边享受一边体验英语<br>（例）体验纯英语环境的日常生活（如购物、吃饭、旅行）；<br>与外国人一起活动（如一起玩要、打游戏、做运动）</td></tr>
<tr><td rowspan="2">初中</td><td>保持自信与积极性、相互理解</td><td>理解其多样性与差异性</td><td>理解传统与文化的背景与意义</td></tr>
<tr><td colspan="3">英语村　用英语表达各自想法，并让对方理解自己的想法，体验社会活动与生活<br>（例）用英语进行角色扮演（如职业或自愿者体验、带领参观）<br>与外国人合作（如制作料理、传统、文化活动）</td></tr>
<tr><td rowspan="2">高中</td><td>表达自己的想法、最终达成意见一致</td><td>尊重他人的同时主张自己的立场</td><td>弘扬传统与文化、行动带有自觉性与自豪感</td></tr>
<tr><td colspan="3">英语村　用英语表述、讨论<br>（例）用英语演讲、演示（主题例子：日本、外国的传统、文化等）<br>英语讨论、企划、方案（主题例子：环境问题．企业的海外战略）</td></tr>
</table>

总体来看，英语村将全球化人才的培养与小学、初中、高中三个学段相融合，旨在培养全球化人才。

在小学阶段，要培养学生对英语感兴趣、习惯使用英语、亲近英语的能力，不仅接触与亲近外国人和外国文化，还要接触和体验传统与文化，继而，英语村要为小学生提供一个一边享受、一边体验英语的环境。例如，通过购物、吃饭、旅行等方式，体验纯英语环境的日常生活；通过与外国人一起玩要、打游戏、做运动等，与外国人一起活动。

在初中阶段，要培养学生保持自信与积极性、相互理解的英语能力，理解本国与外国在传统与文化方面的多样性和差异性，继而，英语村要为初中生提供一个用英语表达各自想法并让对方理解自己的想法、体验社会活动与生活的环境。例如，在英语村里进行角色扮演；通过制作料理或其他传统活动，与外国人合作。

在高中阶段，要培养学生表达自己的想法并能最终达成一致意见的英语能力，在尊重他人的同时主张自己的立场，弘扬传统与文化，继而，英语村要为高中生提供一个用英语发表、讨论的环境。例如，可以就日本、外国的传统和文化进行英语演讲或演示；可以就环境问题、企业的海外战略用英语进行讨论、企划或制订方案。

### （二）课程举隅

（1）小学生课程。

教学目的：不断地、多多地、快乐地用英语！

在机场和酒店，店铺餐厅用英语享受购物吧。学习舞蹈的时候用英语去理解身体部位和动作的单词，有很多快乐激动人心的课程。

主要课程（不同小组体验的课程不同）：

1）操作：一边操作机器人一边学习操作机器人时用到的表示方向、速度、距离等词汇。

2）制作牢固的桥：理解关于形状、颜色、数字、单位等词汇的同时，制作桥并小组间竞争。

3）舞蹈：在使用身体部位和方向，动作等词汇的同时思考小组原创的舞蹈表现姿势。

4）酒店角：准备了酒店、诊所、食品杂货店三个课程。练习海外旅游时用到的英语口语。

5）航空角：准备了飞机、餐厅、礼品店三个课程。体验海外旅行需要用到的口语对话。

（2）初中生课程 1。

目的：尽情使用英语，获得对英语的自信！

通过体验海外旅行和“效果音”等小组讨论，可以体验平时学习到的英语在实际中发挥的作用。这是为想更多的用英语的中学生量身定做的课程。

主要课程（不同小组体验的课程不同）：

1）效果音：学习表达效果音的英语和日语的不同，通过各种各样的材料的组合制造出声音。

2）拍摄作品：理解表示基本动作的词汇和成语的同时拍摄制作作品。

3）介绍理想的城市：学习表示指路的句子，向他人介绍自己设计的城市是一座怎样的城市。

4）酒店角：准备了酒店、诊所、杂货店三个课程。实践练习海外旅行需要用到的英语口语。

5）航空角：准备了飞机、餐厅、礼品店三个课程。体验海外旅行需要用到的口语对话。

（3）初中生课程 2。

目的：用英语传达思想。操作，创作事物！

通过体验“程序设计”可以掌握用英语表达自己观点、思想的能力。这是非常适合想体验更高级的英语口语的中学生课程。

主要课程（不同小组体验的课程不同）：

1）未来卡：能够用英语传达自己的兴趣和特长，以及将来的梦想。

2）程序设计（高级）：能够掌握操作机器人时需要的英语词汇，在学习表现词汇的同时实践设计机器人程序。

3）旅行角：准备了药店、快餐店、旅行代理店三个课程。在真实的环境中和店员进行交流。

4）航空角：准备了飞机、餐厅、礼品店三个课程。体验海外旅行需要用到的口语对话。

（4）高中生课程。

目的：用英语交流，学会辩论。

以集体指导为基础，掌握“辩论”和“演讲”的技巧。围绕环境问题和科学技术，学习用英语思考用英语表达意见。特别推荐给将来用英语工作或者想要留学的高中生！

主要课程（不同小组体验的课程不同）：

1）制作新闻节目：分派“导演”和“新闻解说员”等任务，用英语制作原创的新闻节目。

2）SDGs：可持续的开发目标。这是与国际开发协助机构联合开发的课程。思考关于地球的课题，以解决问题为目标进行讨论。

3）体验留学：这是与澳大利亚昆士兰州的合作计划。由昆士兰州的教师授课，体验当地特色的授课。

4）海外学习：布置在海外的学生生活场景，这是仿佛置身海外能够体验身临其境的课程。

### （三）参与方式

为了更好地发挥东京英语村的教学成效，东京英语村采用以下几种方式向社会开放。[1]

（1）通过“学校活动”参加。英语村的第一种开放方式为通过“学校活动”参加。英语村要取得预期的学习效果，需要与东京都内地区的小学、初中和高中开展密切合作。一年里有很长一段时间学生都在学校里上学，在上学期间学生无法自行前往英语村的情况下，学校可以抽出一定的时间，组织学生集体前往英语村，以“学校活动”的这种方式让在校生参加英语村的学习和体验。

（2）“个人”“小组”方式参加。英语村的第二种开放方式为“个人”“小组”方式参加。在一些情况下，有些学生无法以“学校活动”的方式参加或有些学生虽已经以“学校活动”的方式参加了英语村但还想要再次参加，在这些情况下，英语村提供了参加的另一种选择，即学生可以利用平时上完课后的晚间或周末、节假日、长期休假日等时段以“个人”或“小组”名义的方式参加。

（3）日归型（往返型）。为了充分利用英语村，让更多的学生前往英语村体验和学习，英语村主要采用日归型的开放模式（表 10）。其设置的课程主要包括两种：快速体验课程（例如：4 小时课程）和悠闲型体验课程（例如：8 小时课程）。两种课程均能保证学生在当天进行英语的体验和学习后，返还校园或回家。

---

[1] 参见“東京版英語村開設について＜報告＞”.

表 10　　日归型课程

<table>
<tr><td colspan="2">日归型（4 小时课程、8 小时课程）</td></tr>
<tr><td>以学校活动名义参加</td><td>以个人名义参加</td></tr>
<tr><td rowspan="3">平日白天（除去长期休息日等，约 160 天）</td><td>平日夜晚</td></tr>
<tr><td>周末、节假日</td></tr>
<tr><td>长期休息日等</td></tr>
</table>

（4）住宿型。英语村的设置还要满足需要在英语村进行较长时间体验和学习的学生的需要，以进行更好的学习和强化练习，尤其是初中生和高中生，他们对于英语学习有着更高的要求。继而，对于初中生和高中生，可以在 2 天 1 夜和 3 天 2 夜的住宿型课程中进行选择，英语村从而为学生提供了一个伴随住宿的滞留型方案的开放模式（表 11）。

表 11　　住宿型课程

<table>
<tr><td colspan="2">住宿型（2 天 1 夜/3 天 2 夜课程）</td></tr>
<tr><td>以学校活动名义参加</td><td>以个人名义参加</td></tr>
<tr><td colspan="2">周末（2 天 1 夜）、长期休息日（3 天 2 夜）</td></tr>
</table>

从课程的时长来看（表 12），东京英语村的课程类型可以划分为 5 种类型，分别是：1 日课程、半日课程（1－2）、半日课程（2－3）、半日课程（4－5）、宿泊课程。其中，一日课程共 4 个小时，分为 4 个学段，包括学段 1（9：45—10：45）、学段 2（11：00—12：00）、学段 3（13：00—14：00）、学段 4（14：15—15：15）；半日课程共 2 个小时，又分为三个小类，第一小类包括包括学段 1（9：45—10：45）和学段 2（11：00—12：00），第二小类包括学段 2（11：00—12：00）和学段 3（13：00—14：00），第三小类包括学段 4（14：15—15：15）和 5（15：30—16：30）；宿泊课程则又分为两个小类，第一小类为周末（2 天 1 夜），第二小类为长期休息日（3 天 2 夜），无论是 2 天 1 夜还是 3 天 2 夜，宿泊课程的白天课程共 6 个小时，包括学段 1（9：45—10：45）、学段 2（11：00—12：00）、学段 3（13：00—14：00）、学段 4（14：15—15：15）、学段

6（17：45—19：45）。

表 12　　教学课程时段安排

| 课程类别 | 日归型课程（4 小时/2 小时） | | | | 住宿型课程（2 天 1 夜/3 天 2 夜） |
|---|---|---|---|---|---|
| | 1 日课程 | 半日课程Ⅰ | 半日课程Ⅱ | 半日课程Ⅲ | |
| 入场时间 | 8：30 | 8：30 | 9：45 | 13：00 | 8：45 |
| 解散时间 | 16：00 | 12：30 | 14：30 | 17：00 | 要确认 |
| 学段 1（9：45—10：45） | √ | √ | | | √ |
| 学段 2（11：00—12：00） | √ | √ | √ | | √ |
| 午餐（12：00—13：00） | √ | | | | √ |
| 学段 3（13：00—14：00） | √ | | √ | | √ |
| 学段 4（14：15—15：15） | √ | | | √ | √ |
| 学段 5（15：30—16：30） | | | | √ | |
| 学段 6（17：45—19：45） | | | | | √ |

## 五、外籍教师在英语村的教学

东京英语村教师的招聘由英语教育理事会（the english language education council）负责。英语教育理事会成立于 1956 年，当时其名称为英语语言探索委员会（the English language exploratory committee），由数名顶尖企业的领导和英语教育领域的专家组成，其主要功能为英语教育的研究及学习。在 1963 年，由文部省组建为非营利的英语教育理事会。英语教育理事会的财政支持来自于美国政府和日本政府，致力于推动国际理解、英语语言教育、跨文化交际。从英语教育理事会的机构功能来看，由该机构来负责招聘和管理外籍英语教师具有多重效应，这也反映出东京英语村项目具有多重的战略价值。东京英语村主要招聘三种类型的英语教师（表 13），分别是全职教师、兼职教师（需承担，CLIL）、兼职教师（不需承担 CLIL）。

对于签约期限，三种教师岗位都采用了短期签约的方式，即合同期限为 1 年，最多再续签 4 次，总合同期限不超过 5 年。事实上，不仅是英语村项目，其他涉及外籍教师的项目如 JET 项目，其对外籍教师的签约期限均采用短期签约的模式。对于大多数非英语系国家而言，更多倾向于与外籍教师签长期合约，因为随着工作期限的增长，他们会愈发变得有工作经验。但是，日本却没有采用这种常规的模式。究其原因在于，日本一直推

**表 13　　英语村外籍教师的岗位与薪酬**

| 岗位 | 签约期限 | 岗位职责 | 任职条件 | 工作时长 | 薪水 | 福利 |
|---|---|---|---|---|---|---|
| 全职教师 | 合同期限为 1 年，可以再续签 4 次，总期限不超过 5 年。 | ①对在各周末、节假日和留宿性教学项目中的英语和其他课程开展教学。<br>②对日常生活对话场景的角色扮演提供指导。<br>③对语言与内容相融合的教学（CLIL）提供指导。<br>④对教学项目进行改进，并制作学习材料和手册。<br>⑤对兼职教师提供培训、指导和管理。<br>⑥与上述有关的其他职责。<br>⑦有机会利用舞蹈、烹饪、编程、茶道仪式方面的技能和知识进行教学 | ①有相应的工作签证。<br>②有在英语教育领域 2 年以上工作经历者优先；<br>③有 CELTA，CertTESOL 和其他英语教学证书者优先。<br>④有简单日语对话技能者优先 | ①周一至周天，早上 8 点至晚上 9 点，轮班制。<br>②每天工作 8.25 小时，含 60 分钟休息时间。<br>③一周工作五天，包含周末与国家假日。<br>④带薪式休假。<br>⑤有时需要在英语村里留宿 | 依据教师的教学资历，每月薪水在 300000 日元（约 2000 美元）至 340000 日元（约 3000 美元）之间 | ①提供交通补贴。<br>②提供健康和养老保险。<br>③带薪式休假 |

续表

| 岗位 | 签约期限 | 岗位职责 | 任职条件 | 工作时长 | 薪水 | 福利 |
|---|---|---|---|---|---|---|
| 兼职教师［开展语言与内容相融合的教学（CLIL）］ | 合同期限为1年，可以再续签4次，总期限不超过5年 | ①陪伴学生参加各周末、节假日和留宿性英语村教学项目的学习。②参加角色扮演。③为英语会话提供搭建支架 | ①有相应的工作签证。②有在英语教育领域工作经历者优先。③具有与英语母语者相同的英语水平 | ①周一至周天，早上8点至晚上9点。②每周工作时长不超过29.5小时 | 每小时2400日元（约21.29美元） | ①提供交通补贴。②带薪式休假 |
| 兼职教师（不开展语言与内容相融合的教学） | 合同期限为1年，可以再续签4次，总期限不超过5年 | ①陪伴学生参加各周末、节假日和留宿性英语村教学项目的学习。②参加角色扮演。③为英语会话提供搭建支架 | ①有相应的工作签证。②有在英语教育领域工作经历者优先。③具有与英语母语者相同的英语水平 | ①周一至周天，早上8点至晚上9点，轮班制。②每周工作时长不超过29.5小时 | 每小时2000日元（约17.75美元） | ①提供交通补贴。②带薪式休假 |

行日本内部的国际化，其方式之一是将外国人“引入”到日本，短期签约能促进外国人的流动性，从而使更多的外国人进入日本，了解日本。

在岗位职责方面，全职教师主要承担英语村的各项目的教学、角色扮演、语言与内容融合式教学，并制作相关教学材料，对其他兼职教师进行培训和管理。兼职教师又包括两类，第一类需要承担语言与内容融合式教学、角色扮演、为英语会话提供搭建支架；第二类则不需要承担语言与内容融合式教学，但需要承担角色扮演、为英语会话提供搭建支架的教学任务。

鉴于对全职教师的教学任务高于兼职教师，全职教师的任职条件、薪水、福利都要远高于兼职教师。例如，在任职条件方面，对于全职教师，最好具备两年以上的英语教学经历，而兼职教师有一定英语教学经历即可；在薪水方面，全职教师自然薪酬较为丰富，为月薪2000～3000美元；在福利方面，尽管全职教师和兼职教师均可以享受交通补贴和带薪式休假，但全职教师还有健康保险和养老保险而兼职教师却没有。总体来看，东京英语村对聘用的外籍教师采用了高薪水、高福利的措施，旨在吸引优秀外籍英语教师赴东京英语村任职。实际上，亚洲各国，例如中国、日本、韩国，都对外籍英语教师极为需求，并形成竞争。在这种情形下，东京英语村采用的高薪水、高福利的措施对于提高自身争夺外籍英语教师的竞争力具有重大的意义。

# 第二章　提升英语交际能力的行动计划*

## 一、提升英语交际能力的时代诉求

尽管自第二次世界大战结束后日本恢复外语教育以来，在日本政府的各类官方文件中其通常的提法是“外语教育”，但在本质上，“外语”在日本更多是“英语”的同义词，英语教育的开展以及国民对英语的习得被视为是日本取得进步的关键❶。同样，在中小学《学习指导要领》中，通常的提法也是“外语”，但大多数学校实际上教授的外语一直就是“英语”，因为英语是高中入学考试以及大学入学考试的主要科目。

外语教育中，以英语教育占据绝对主要地位，这对于日本而言并不难理解。长期以来，日本官方和民间均认为，提高国民英语水平有利于增强国家在全球经济中的竞争力。因此，日本政府皆从政策、制度上对英语教育给予大力支持。对于英语教育的具体施行，文科省早在 1947 年就制定了《学习指导要领》（*the Course of Study Guidelines*），对包含英语在内的各课程予以指导❷。《学习指导要领》并不是一直维持不变，而是大约每隔 10 年文科省就会再次修订。在 1980 年代，日本的经济发展创造了新的历史，对外贸易空前活跃，需要大批具有外语交际能力的人才奔赴海外工作❸。针对这种新态势，文科省在 1989 年修订《学习指导要领》时，首次将培养学生的外语交际能力纳入其中。对此，《学习指导要领》提出：

---

* 本章有少部分内容发表在《外语教学理论与实践》2016 年第 2 期。

❶ Kubota R. The impact of globalization on language teaching in Japan [A]. In D. Block & D. Cameron (Eds.), Globalization and Language Teaching [C]. New York: Routledge, 2002.

❷ Okuno H. A critical discussion on the Action Plan to Cultivate “Japanese with English Abilities” [J]. The Journal of Asia TEFL, 2007 (4): 133 - 158.

❸ Tahira M. Behind MEXT's new *Course of Study Guidelines* [J]. The Language Teacher, 2012, 36 (3): 3 - 8.

"要培养学生基本的外语表达能力，培育学生以积极的态度尝试用外语进行交际，使学生对外语语言和文化产生兴趣"[1]。十年后即1999年，文科省在新修订的《学习指导要领》中进一步强调培养外语交际能力的重要性。对此，《学习指导要领》提出："要培养学生具备基本的外语听说交际能力，培育学生以积极的态度尝试用外语进行交际，深化学生的外语语言和文化知识"。

尽管日本文科省自20世纪80年代以来就对外语交际能力的培养不断修订和深化，日本学生从初一至大学二年级共计花费至少8年的时间用于英语学习，但日本学生的英语听说能力却并不理想。对于英语能力的评估，日本政府以及日本学界通常采用托福考试进行参照。以1997—1998年度的托福考试结果为例，在亚洲的26个国家和地区中，日本的考生成绩排列倒数第一位[2]。参与国际会议的日本人员通常需要译员，否则无法开展交流活动，而日本外交官也常常备受"3－S"（silent，sleeping & smiling）的指责[3]。这些问题的出现与英语技能在日本的教育系统之外缺少运用有关，其大体上可归结于两个方面的原因。

其一，日语作为母语，在日本拥有庞大的国内市场。在各个领域，运用母语的比例远远大于英语。例如日本的娱乐产业都是本土制造，很少会用到英语。即使是在学术领域，英语技能也不是必要的，因为日本大学的研究者主要依靠日语发表研究成果。

其二，受传统就业体系的影响。在日本，很多大型国有及私立公司并不看重学生是否具备海外留学经验，而更看重学生的性格和毕业学校，继而，在临近毕业时会先聘用毕业生然后进行培训。

面对全球化的加快推进，英语作为国际交流的通用语言，是融入全球化的有力工具，英语也已是全球社会的一部分。但是，日本国民对于英语的掌握可能不足以使日本面对国际竞争。由于日本国民普遍不能有效地与

---

[1] Uchibori C. English education in Japan：An analysis of the Guidelines for Junior High Schools［J］. 東京女子大学言語文化研究，2014（23）：16－35.

[2] McKenzie R. The Social Psychology of English as a Global Language［M］. Springer Science Business Media，2010.

[3] Aspinall R. International Education Policy in Japan in an Age of Globalisation and Risk［M］. Global Oriental，2013.

外国人进行交际，导致“外国人无法对日本产生适当的评价”[1]，并阻碍日本参与到全球化中，危及到日本的国家竞争力。并且，日本的英语交流环境改善以及日本永久居住权和归化制度的改善，有利于吸引国外优秀的人才来日本，从而形成多样化的日本社会，保持英语在社会上的活跃度，让日本社会走向国际化。正是这些复杂情况使得对日本的当代外语教育进行改革成为紧迫任务。对此，前日本首相小渊惠三在2000年时指出：“生活在21世纪的公民都应该具备使用英语这门世界语进行交际的能力”[2]，日本政府也在2000年1月成立了“英语教学改革恳谈会”，决定对英语教育进行激进改革。经过13次会议，日本政府在2003年颁布了《提升日本国民英语交际能力的行动计划》（下称《行动计划》），成为日本政府提高国民整体英语交际能力的国家行动，也是日本在新世纪开启外语教育改革的纲领性文件。

日本政府在《行动计划》的序言里指出：

“英语作为一种通用的国际语言，在连接不同母语的人方面起着核心作用。对于21世纪的儿童来说，英语作为一种国际通用语言的交际能力的培养是必不可少的。另外，英语能力对于将我国与世界联系起来、获得世界的理解和信任、加强我们的国际影响力和进一步发展我们的国家都是非常重要的。然而，目前，由于缺乏足够的能力，许多日本人在与外国人的交流中受到限制，他们的想法或意见也没有得到适当的评价。日本人为了学习英语，首先应该提高他们用日语清楚地表达他们自己的想法。”[3]

上述内容充分反映出，《行动计划》在官方层面上承认了英语对于日本的重要性，提高英语能力影响到日本与世界的联系，影响到日本在全球的参与，影响到日本的国际影响力，也影响到日本与国际社会之间知识和信息的交流与传播。“英语交际能力是国际理解和合作之必需，是日本在国际上扮演更加积极的角色之必需，是接受和传播知识和信息之必需”[4]，英语交际能力的提高成为日本政府的一项国家行动。

---

❶❸❹　MEXT.「英語が使える日本人」の育成のための行計画［S］. 2003.（April－17－2013）

❷　Uchibori C. English education in Japan：An analysis of the Guidelines for Junior High Schools［J］. 東京女子大学言語文化研究，2014（23）：16－35.

## 二、《行动计划》的政策内容

### （一）总体目标

正如时任文科省大臣的远山墩子所言，《行动计划》的根本目标是“在5年内建立培养‘日本人英语能力’的体系”。《行动计划》为此制定了明确的目标和方向，也即在2003—2008年的五年期内，日本英语教育的改进以及政府为实现这些目标而应采取的措施。需要指出的是，《行动计划》所要达到的总体目标，并不是针对部分人群，而是针对全体日本国民所要达到的目标。

（1）所有日本国民应具备的英语能力：“在初中和高中毕业时，毕业生可以用英语交流”，具体为：①初中毕业后，学生可以就问候、回答或与日常生活有关的话题等方面进行基本的交流（毕业生的英语能力应是英语检定考试三级水平）。②高中毕业后，学生可以就日常生活等话题进行正常的交流（毕业生的英语能力应是英语检定考试二级或准二级水平）。

（2）专业领域或活跃于国际社会的人士所应具备的英语能力：“大学毕业后，毕业生可以在工作中使用英语”，具体为：每个大学应从培养能在工作中使用英语的人才的角度制定目标。

从《行动计划》制定的目标可以看出，随着全球化进程的加快，英语学习的目标需要适时作出调整。因此，在初步学习阶段中注重听说交际能力的同时，培养“听、说”的综合交际能力也十分重要，而“阅读”和“写作”也同样需要从“英语作为交流的手段”的角度来培养“具有英语能力的日本国民”。对于出于专业或研究等工作需要使用英语的人士，在基本英语能力的基础上还需要获得在其专业或工作领域所需要的英语能力。对于日本国民英语水平的衡量，则需要采用与国际通行标准相称的测试，而英语检定考试（是经文科省授权，由“日本英语检定协会”主办的一种注重交际能力的水平考试，包括七级，一级为最高水平）、托福、托业等考试则被《行动计划》纳入其中。

## （二）具体行动

《行动计划》目标的达成，需要通过教学，获得基本和实用的沟通能力，使全体公众能够用英语进行日常交谈和信息交流。为了在学校教育中培养这种能力，有必要在各级学校建立统一的教学体系，其涉及：改进英语课、提高英语教师教学能力、提高英语学习的动力、改进学校和大学入学申请人的选拔评价体系、支持小学英语会话活动、提高日语能力、促进实践研究（表1）。通过建立统一的教学体系以及各级学校之间的合作，将稳步促进学生在各个阶段学习所需的英语。

（1）改进英语课。其目标是：①大部分英语课将以英语进行，并将引入让学生可以使用英语进行交流的活动；②积极采用小组教学和按能力分流的方式来教初中、高中英语班学生；③在当地社区内建立英语教育学校。

为了让学生能够“使用英语”，不仅需要掌握语法和词汇知识，还必须具备实际交际的能力。因此，在英语课堂教学中，以语法和翻译为主的教学或以教师为中心的课堂教学不被推崇，而使用英语重复活动作为一种教学方式，学生的词汇和语法能够得到提高，“听”“说”“读”“写”中的交流能力可以得到培养。对此，教师需要经常以英语进行授课，减少对日语的使用[1]，并建立让学生能够使用英语相互交流的情景。在这种教学方式下，学生可以体验到使用英语进行表达、理解他人的满足感，感受到学习英语的喜悦。教师也可以设计出创造性的教学方法，使学生对学习英语的重要性和必要性感兴趣，学生的视野也得以拓宽，例如，“课堂上可以积极采用小组教学的形式”，即，将每个班级划分为2个小组，增加互动交流的机会。英语教学方法改革所取得的成功经验，还将在其他学校进行推广。

为了实现改进教学方法要达到的目标，还将在“新课标的推进”“促进创新英语教育”“促进教学方法和教材的改进”“积极提供与改进英语教育有关的信息”“促进分享优秀的英语课堂实践范例”等方面采取更多措施，具体行动如下：

在“新课标的推进”方面，其一是《新课标》的实施，其二是促进以

---

[1] Yoshida K，Yanase K. Invitation to English Lessons Making Use of Japanese［M］. Tokyo：Taishukan－shoten，2003.

标准为基础的评价。2002 年以来开始实施的《新课标》，强调所有学生都必须具备基本的实际交际能力，包括进行日常交谈的能力和用外语交流基本信息的能力。对于初中阶段而言，重点是培养“听”和“说”的交际能力；对于高中阶段而言，重点是将“听”“说”“读”“写”四项技能结合起来，在课程内容中要注重实践交际能力的培养，并加深对语言和文化的理解，树立积极的交际态度。“促进以标准为基础的评价”则要求制定评价标准和改进评价方法的参考材料、教学手册等，进一步推动以标准为基础的评价工作的建立。

在“促进创新英语教育”方面，采取多方面的措施。首先，对超级英语高中（Super English Language High School）课程进行一定的推广。在超级英语高中里，英语是所有科目的授课语言，学生沉浸在全英语的学习环境中，学习各个课程。在 2002 年，有 16 所高中加入超级英语高中的项目里；在 2003 年，有 20 所高中加入；在 2005 年，有 100 所高中加入；在 2007 年，有 110 所高中加入。文科省将把这些超级高中的教学方案及其改革成果进行推广。其次，推广以研究为目的的试验学校制度。通过该系统或试点学校，将继续发展小学、初中、高中英语教育的课程和教学方法等领域。再次，推进“支持特色大学教育的规划”，该方案于 2003 年实施。从各种建议中，选择优秀的、有特色的课程来促进大学教育的改进，包括英语教育的改进，这些课程将被用于未来大学教育的改进。此外，推广参加以英文讲授的特别课程，鼓励日本学生参加大学里为外国学生特别开设的英语授课课程。

在“促进教学方法和教材的改进”方面，采取两个方面的措施：①对教学中的人数数量可进行一定调整，允许开展大约 20 人的小组教学，并根据英语等学科的能力分流学生，以便能够有针对性地实现详细化、个性化教学；②要促进教科书和教材的创新。教材中需要考虑通过重复实际使用英语的活动来获得语言能力，并考虑到实际的语言情况和功能。

在“积极提供与改进英语教育有关的信息”方面，采取两个方面的措施：①对各学校有关英语教育的方法进行调查，包括英语教学、小组教学、英语课堂时数和创新教学实例等，形成关于英语教育改进情况的报告；②调查高校英语教育学历设置现状，提出进一步改进高校英语教育的途径。

在“促进分享优秀的英语课堂实践范例”方面，采取两个方面的措施：①出版一本与英语教育有关的创新方法手册，将一系列创新英语教学的范例进行公布，并通过培训和其他手段传播；②促进具有独特意义的英语课堂实践的分享，也即，通过教育资源信息中心或国家教育政策研究所，促进“超级英语高中”项目的成果共享，并促进不同英语课堂的课堂实践交流，推动对课程设计进行改革。

(2) 提高英语教师教学能力。其目标是：①所有英语教师都将要掌握所需英语技能（英语检定考试准一级，托福 550 分以上，或托业 730 以上），并能通过重复使用英语的活动来进行课堂教学，培养交际能力；②以当地社区一级的带领教师为中心，加强社区英语能力的提高；③以英语为母语者每周给初中/高中上至少一次英语课；④充分利用生活在当地社区的精通英语的人员。

要培养学生的英语交际能力，英语教师必须具备一定的英语能力和教学能力，才能通过重复使用英语作为交流手段的活动以及以英语授课的课程，培养“听”“说”“读”“写”的沟通能力。因此，对英语教师应具备的英语水平，需要在国家层面作出统一规定。同时，以英语为母语者（即外籍教师）作为教师，可以为学生提供学习生活英语和熟悉英语和文化的宝贵机会，并且在教学过程中让外籍教师去理解学生的英语，会增加学生学习英语的乐趣和动机[1]。此外，要加强英语教育，与曾在海外生活、工作等原因而精通英语的社会人士进行合作也非常重要，因为学生可以从他们身上直接体会到学习英语的必要性。为了切实提高教师水平，采取以下具体行动。

在“聘用和评价教师”方面，采取两个方面的措施：①改进教师的聘用制度。在聘用英语教师时，主管部门会进行听力、英语会话等技能测试，也可以采用英语检定考试、托福考试、托业考试等成绩，更加注重对英语交流能力的考察；②改进对教师的评价制度。在评价英语教师时，不仅要考察教师的英语教学能力，还要考察教师的教学意愿、教学积极性等。

在“促进对英语教师的强化培训”方面，采取为期五年的强化培训计划，使所有英语教师在 2003—2007 年的五年内都能接受培训，旨在提高教

---

[1] Hashimoto K. Cultivating “Japanese who can use English”: problems and contradictions in government policy [J]. Asian Studies Review, 2009 (33): 21 - 42.

师培养学生实际交际能力的能力。

在“促进地方社区带领教师的培养”方面，采取三个方面的具体措施：①开展“教学导领”课程，旨在培养一批卓越教师（2003 年目标为 1000 人），成为当地社区在英语教学方面的带领人，促进当地社区英语教育的发展。②丰富英语教师的海外培训，通过国家教师发展中心，为初、高中英语教师提供海外培训，强化英语教师的教学能力和英语能力，2003 年的目标为参加 1 年期海外培训的教师 15 名，参加 6 个月海外培训的教师 85 名，参加 2 个月海外培训的教师 200 名。③教师利用无薪休假制度，到海外完成研究生学业。鼓励具有较高学习热情、英语能力和教学能力的初、高中英语教师，使用无薪休假制度，前往国外研究生院开展英语教育学习。

在“充分利用以英语为母语者”方面，采取三个方面的具体措施：①促进对语言助理教师的使用。将语言助理教师的最长聘用期从 3 年延长到 5 年，语言助理教师也可以单独在课堂上授课。②促进聘用优秀教师为全职教师。增加对初中教师的配额，目标是在三年内新聘用 300 名全职教师。③促进聘用精通英语的当地人员。

（3）提高英语学习的动力。其目标是：①每年有一万名高中生出国留学；②课外使用英语的机会将会增加；③国际交流得到进一步发展，通过使用英语与世界交流等手段。

在日本，学生在日常生活中接触英语的机会很少，许多学生在日常生活中很难应用在课堂上所学英语内容。然而，要培养学生的英语交际能力，就必须提供学生使用英语进行大量、真实交际的机会。因此，如何提高学生的英语学习与运用的动力，是日本政府与教育界面临的一个突出问题。有鉴于此，要创造与运用各种机会，使学生意识到获得英语交际能力的重要性，加深对不同文化和生活方式的了解，并在使用英语时获得一种成就感。在“提高学生学习动力”的具体行动方面，主要从以下四个方面推进。

在“促进国际理解教育”方面，采取两个方面的具体措施：①新课程目标的实现。在 2002 年开始实施的新课程中，国际理解是跨课程“综合学习期”的重要学习活动之一。国际理解教育不仅适用于英语课，而且适用于所有学科，其目的旨在扩大学生的视野，对不同文化的理解，培养与不同文化的人生活在一起的能力。②出版一本关于促进国际理解的教学实例手册。在2003年印发一本指导手册，说明如何在初中和高中的各个课程里开展有效的国际理解教育。

在“拓展海外留学机会”方面，采取两个方面的具体措施：①促进学生出国留学，其目标是每年有一万名高中生出国留学，为高中生的海外交流和学习提供资助，并提供海外留学信息。文科省把中学生海外留学制度化，中学生去海外留学，每年认定为30个学分，回到日本后可用于升学或毕业。②促进大学生出国留学，推动高校利用大学间的国际交流协议等手段，为日本大学生提供短期海外学习，并提供海外留学信息。

在“增加使用英语的机会”方面，采取三个方面的具体措施：①推广使用当地人员和其他人员的办法，即计划利用精通英语的社会人士、从海外引进的语言助理教师、其他社会人力资源，促进以学校为中心建设英语对话所及开展演讲比赛等。②推广长期的外语体验活动，即针对五年级和六年级学生开展培养适应国际化的学童项目，并通过与母语为英语的人一起在夏令营等体验活动中培养他们的英语沟通能力。③出版一本独特方法实例手册，即印发一本指导手册，介绍和推广如英语对话室、夏令营、英语广播等英语创新教学方法。

在“促进国际交流”方面，采取两个方面的具体措施：①促进提供信息以进行国际交流的活动，即作为上述向高中生提供海外教育相关信息的方案的一部分，鼓励开展活动，提供信息，以促进姐妹学校的加入和学校之间的交流活动。②创建网页用英语介绍学校，即通过国家教育资源信息中心提供的系统，鼓励和介绍每所学校的英文主页，提高以英语传播信息的能力，并促进利用信息技术开展国际交流。

（4）改进学校和大学入学申请人的选拔评价体系。其目标是：①沟通能力，包括听和说，将得到适当的评估；②鼓励大学和高中的入学考试采用听力测试或外部考试。

为了培养英语交际能力，必须对交际能力进行适当的评价，尤其是鉴于在日本日常生活中学生很少有机会每天接触英语，导致成绩和入学考试往往是最终的目标。对此，对入学申请人的选拔评价方法将对教学方法、学习动机和学习欲望的改善有重要影响。在“学校和大学入学申请人选拔评价体系的改进”的具体行动方面，主要从以下两个方面推进。

在“入学申请人选拔评价的改进”方面，采取三个方面的措施：①改进各大学的入学申请人的甄选工作。根据各所大学制定的英语能力目标，对入学申请人的英语能力进行检定，特别是从强调交际能力的角度出发，运用听力测试等手段。②改进高中入学申请人的甄选工作。对入学申请人的英语能力进行检定，如采用英语口试。③促进在大学和中学入学考试中使用社会性考试，如进一步使用英语检定考试、托福考试、托业考试等。

在“对公司就业考试的思考”方面，推动公司和其他组织重视具备适合于工作目的的英语能力，例如文科省在聘用新员工时，会特别考虑其所具备的英语能力。

（5）支持小学英语会话活动。其目标是：在综合学习期间开展英语会话活动的小学，大约 1/3 的课程将由外籍教师、精通英语的人员、初中英语教师等进行教学。

根据 2002 年实施的新课程，日本小学里的外语会话可以在新推行的“综合学习”期间作为国际理解教育的一部分进行。在“综合学习时期”的英语会话活动中，应避免“以教师为中心”的填鸭式教学，而应开展适合小学生的体验式学习活动，让小学生以愉快的方式接触外语会话，熟悉外国文化和生活方式，培养积极的沟通能力。在“支持小学英语会话活动”的具体行动方面，主要从以下三个方面推进。

在“改进教学方法”方面，采取三个方面的措施：①出版一本促进小学英语对话活动手册，内容包括有效的教学方法、课堂实践等；②关于英语会话活动情况的现况报告，即针对有关小学英语会话活动的情况及内容，进行调查及公布，从而有助于进一步改善英语对话活动的方法；③推广以研究为目的的试验学校制度，开发与小学英语教育有关的教学方法。

在“提高教学能力和教学体系”方面，采取四个方面的措施：①加强对负责英语会话活动的教师的培训，即通过国家教师发展中心，加强对教师的培训，这些教师将成为推广英语会话活动的教学导领者；②促进对有丰富经验的语言助理教师的引入和配置，即通过 JET 计划及特殊兼职教师制度，推动语言助理教师在小学中的配置；③使用精通英语的当地人员，如适当运用兼职教师、在海外有过学习或工作经历并且精通英语的社会人员、外国学生等；④促进初中和高中教师参与小学英语会话活动，即依据新修订的“教育人员证书法”，拥有初中教师资格证书者可以负责小学教学，从而加强小学和初中之间的联系，以及更好的支持小学英语会话活动的开展。

在“小学英语教育方法研究”方面，采取三个方面的措施：①小学课程的研究与开发，即在以研究为目的试验学校制度下，继续研究与开发与小学英语教育有关的课程；②小学英语会话活动现状的确定与分析，即对小学有关英语会话活动执行情况进行详细调查和分析；③关于未来小学英语教育方法的研究，即在试点学校进行教学研究、关于儿童语言习得特点的研究、收集和分析外国小学教学实例等。

（6）提高日语能力。其目标是：培养英语交际能力，培养正确表达和准确理解日语的能力，日语是所有智力活动的基础，为开展跨文化交际打下基础。

在日本政府看来，英语的习得与学生的母语日语能力有很大关系。外语与母语之间并不是二元对立的关系，培养英语交际能力，也需要培养作为所有知识活动基础的母语即日语的能力，英语教学要建立在学生日语能力的提高之上[1]。因此，只有培养学生正确表达和准确理解日语的能力，提高日语交际能力，才能培养英语交际能力。此外，为了培养具有社会意识的日本国民，使他们成为国际社会的一员，必须提高学生的思维能力，培养学生的表达能力和语感，加深他们对日语的兴趣，培养尊重日语的态度。在“提高日语能力”的具体行动方面，主要从以下六个方面推进。

在“新课程目标的实现”方面，新课程中强调根据交际的目的、情况以及与之交谈的对象，培养适当表达和准确理解日语的能力，在尊重他人观点和思维方式的同时，也强调了自己的观点和思维方式。

在“实施示范计划提高日语学习水平”方面，与家庭和社区联系起来，建立改进儿童日语学习的高级学校，指定处理实用研究的示范领域，并促进改进日语学习的综合办法。

在“未来时代所需的日语能力”方面，要求发表一份关于“未来时代所需日语能力”的报告，并根据社会各界的对该报告的意见，继续就日语教育进行讨论，并制订相应的改进办法。

---

[1] 李天鹰．日本英语教育改革的行动计划［J］．外国教育研究，2003，30（11）：61－63.

在“促进儿童阅读活动”方面，要通过推广“晨读”等活动，培养学生对阅读的正面态度，养成良好的阅读习惯。

在“提高语言意识”方面，“一项体验思考‘语言’的计划”在家庭和社区实施，从而提供对语言意识方面的思考机会，如适当的词汇使用和言语表达，使用的场合以及交谈对象等，从而提高语言意识。

在“提高日语教学水平的实施”方面，实施关于教学方法和提高教师教学技能的培训，培训对象为小学、初中和高中的教师，以及日语教育的教学顾问。

(7) 促进实践研究。其目标为：①全面开展初中、大学英语教育实践研究，促进英语教育的发展；②关于初中和高中英语能力水平的研究。

通过加强英语教学的实践和研究，有助于进一步对日本的外语教育进行检讨和改革。因此，在以学习课程为基础，详细说明初中和高中英语水平的要求的同时，通过对英语教学实际情况的调查，对需要改进教学方法的领域进行了具体的研究。还要分析英语检定考试、托福考试、托业考试等外部水平考试对英语能力的测评，借此找出这些水平与所需英语能力之间的关系，并研究利用这类考试作为入学考试的政策制定。在“促进实践研究”的具体行动方面，主要从以下四个方面推进。

在“关于初中、高中英语教育和教师培训方案的研究”方面，着重从反思有效的教学方法培养英语实际交际能力的角度出发，收集日本国内外英语教育的相关研究和基础数据，在此基础上，建立以提高教学能力、培养学生英语实际交际能力为目标的强化训练模式和方案。

在“英语教师英语能力目标的研究”方面，着重开展针对英语教师的研究，分析英语的性质和英语教师所需的教学能力，并分析英语检定考试、托福考试、托业考试等水平考试的特点，研究英语教师所需的英语能力与外部能力考试之间的关系。同时，也通过上述有关有效教学方法的研究，培养英语教师的实际沟通能力。

在“大学英语教育研究”方面，着重从培养“大学毕业后能使用英语的人才”的角度出发，对各种具体模式的实例进行研究，这些模式涉及学科内容的改进、大学之间合作体系的构建、教师培训方式等。

在“国外英语教育方法研究”方面，着重关注亚洲国家，收集这些国家英语教育现状的报告，涉及其教学方法、教材、评价方式和教师培训方法等[1]。

**表 1　　提升英语交际能力的国家行动[2]**

<table>
<tr><th rowspan="2">总体目标</th><th colspan="2">具体行动措施</th></tr>
<tr><th>措施类别</th><th>具体目标</th></tr>
<tr><td rowspan="8">《行动计划》所要达到的总体目标，并不是针对部分人群，而是针对全体日本国民所要达到的目标：<br>（1）所有日本国民应具备的英语能力：“在初中和高中毕业时，毕业生可以用英语交流”，具体为：①初中毕业后，学生可以就问候、回答或与日常生活有关的话题等方面进行基本的交流（毕业生的英语能力应是英语检定考试三级水平）；②高中毕业后，学生可以就日常生活等话题进行正常的交流（毕业生的英语能力应是英语检定考试二级或准二级水平）。<br>（2）专业领域或活跃于国际社会的人士所应具备的英语能力：“大学毕业后，毕业生可以在工作中使用英语”，具体为：每个大学应从培养能在工作中使用英语的人才的角度制定目标。</td><td>改进英语课</td><td>①大部分英语课将以英语进行，并将引入让学生可以使用英语进行交流的活动；②积极采用小组教学和按能力分流的方式来教初中、高中英语班学生；③在当地社区内建立英语教育学校。</td></tr>
<tr><td>提高英语教师教学能力</td><td>①所有英语教师都将要掌握所需英语技能（英语检定考试准一级，托福 550 分以上，或托业 730 以上），并能通过重复使用英语的活动来进行课堂教学，培养交际能力；②以当地社区一级的带领教师为中心，加强社区英语能力的提高；③以英语为母语者每周给初中/高中上至少一次英语课；④充分利用生活在当地社区的精通英语的人员。</td></tr>
<tr><td>提高英语学习的动力</td><td>①每年有一万名高中生出国留学；②课外使用英语的机会将会增加；③国际交流得到进一步发展，通过使用英语与世界交流等手段。</td></tr>
<tr><td>改进学校和大学入学申请人的选拔评价体系</td><td>①沟通能力，包括听和说，将得到适当的评估；②鼓励大学和高中的入学考试采用听力测试或外部考试。</td></tr>
<tr><td>支持小学英语会话活动</td><td>在综合学习期间开展英语会话活动的小学，大约 1/3 的课程将由外籍教师、精通英语的人员、初中英语教师等进行教学。</td></tr>
<tr><td>提高日语能力</td><td>为了培养英语交际能力，将培养正确表达和准确理解日语的能力，日语是所有智力活动的基础，为开展跨文化交际打下基础。</td></tr>
<tr><td>促进实践研究</td><td>①全面开展初中、大学英语教育实践研究，促进英语教育的发展；②关于初中和高中英语能力水平的研究。</td></tr>
</table>

[1] Tanabe Y. What the 2003 MEXT Action Plan proposes to teachers of English [J]. The Language Teacher, 2004, 28 (3): 3-8.

[2] MEXT.「英語が使える日本人」の育成のための行計画 [S]. 2003. (April-17-2013)

# 三、《行动计划》的实施成效与社会争议

## (一)《行动计划》的实施成效

在日本，英语是作为外语进行教学，缺乏培养学生英语交际能力的先天环境。为了培养日本国民的交际能力，《行动计划》从7个方面提出一系列行动计划，其最大特色是“以实用性为导向”。《行动计划》篇幅计15页，共7000英文词，“交际”一词共出现了41次，突出了英语用于交际的工具性质，因此，《行动计划》其实就是一部日本“本土化”“重铸化”的“交际教学法”[1]，它是一项“务实”的英语教育战略，以实用性为导向，旨在通过培养日本全体国民的英语交际能力，增强日本在全球的国际竞争力。其次，《行动计划》不是针对精英阶层，而是针对日本全体国民，其烙上了以政府为主导的“自上而下”的改革模式特色，一方面，政府组建专家委员会召开会议确立改革目标和改革方案，各都、道、府、县积极实施；另一方面，政府“自上而下”的主导使小学、初中、高中、大学的英语教育改革呈现纵向连贯性，将各个学段有效衔接，确保改革的顺利进行。《行动计划》取得的主要成效如下。

(1) 交际能力的测试纳入考试范围。《行动计划》的实施有力地推动了英语考试的改革，各类英语考试逐渐将交际能力纳入其中，从而对日本的英语教育发挥了“反拨”效应。作为国家认定的检验日本国民英语水平的全国英语检定考试于2004年开始纳入口语考试。自2006年起，日本英语高考也开始对听力进行测试，随后，日本的研究人员发现，绝大多数教师认为高考已不再是推广交际教学法的障碍[2]，并且，在2008年的英语高考试题中，语法知识测试题所占比例已经下降到20%，同时，这些语法测试

---

[1] Takizawa K. The communicative language teaching paradigm and key competencies [J]. Hakuoh Journal of the Faculty of Education, 2008, 2 (1): 183-199.

[2] Nishino T. Japanese secondary school teachers' beliefs and practices regarding communicative language teaching: An exploratory survey [J]. JALT Journal, 2008, 30 (1): 27-51.

题的解答仍然需要具备一定的交际知识❶。日本的研究人员还发现，有近半的中学在入学英语考试中开展了口语测试❷。

(2) 推动了英语交际活动的开展。《行动计划》的各项措施还极大地推动了日本的初高中在课余开展各类活动，并大力引入外籍教师，为日本国民使用英语进行真实交际创造条件。文部科学省在 2011 年 8 月至 10 月期间对全国初高中的英语教学进行了一次大规模的调查，结果显示，40.3%的初中和 22.4%的高中开展了英语演讲比赛和英语辩论赛，4%的初中和 11.8%的高中还开展了英语营；全国初中外籍教师的聘用总量达到了 7890 名，高中外籍教师的聘用总量达到了 2379 名❸。

(3) 国民英语交际能力得到提升。《行动计划》的实施也提高了日本师生的英语交际水平。文部科学省的调查结果显示，在 2011 年，全国有 25.5%的初中生在学业结束时达到了全国英语检定考试三级水平，30.4%的高中生在学业结束时达到了全国英语检定考试二级水平；全国有 36.8%的初中英语教师和 71.6%的高中英语教师达到了全国英语检定考试准一级水平❹。当然，这些数据离完全达到《行动计划》制定的目标指数还有一定的差距，但一项外语战略的实施效果往往需要数十年的时间才得以显现。

### (二)《行动计划》的不足

尽管《行动计划》的实施对推动日本的英语教育改革产生了巨大的影响，但《行动计划》的制定主要是为日本的国家经济发展战略服务，而且其制定的战略目标自身也存在一定不足，并引发了一些社会争议。

(1) 不足之一：《行动计划》制定的战略目标存在以考试为导向来定义英语教育的目标的问题。“对于所有日本人来说，必须以通过 STEP、TOEFL 和 TOEIC 等考试为目标指标来证明达到与平均世界标准相称的英

---

❶ Guest M. A comparative analysis of the Japanese university entrance Senta Shiken based on a 25-year gap [J]. JALT Journal, 2008, 30 (1): 85-104.

❷ Aspinall R. Using the paradigm of “small culture” to explain policy failure in the case of foreign language education in Japan [J]. Japan Forum, 2006, 18 (2): 255-274.

❸❹ MEXT. Survey results of public junior high schools and combined junior high and high schools [R]. 2012. (July-8-2014)

语水平[1]。《行动计划》在其目标中采用了全国英语检定考试以及一些特定的外部测试来评定学生的英语水平，但并没有解释这些测试的结果与每个学校水平所要求的熟练程度之间的关系”[2]。由于《行动计划》以通过考试为目标，各个学校在实际的教学实践中也要随之调整到以通过指定考试为目标，这会造成学生只是在学习如何通过考试，而不能保证英语学习者真正的能力。“鉴于《行动计划》是以宽泛、粗略的形式描述目标英语水平，学生和教师很可能认为在这些测试中取得成功是主要目标。这种官方认可的明确标准将被用于评估教师、学校和教育地区，并带来关于学生考试结果的竞争。”[3]

（2）不足之二：缺乏基于经验数据的可行性评估标准。从心理语言学的角度来看，决定应该学习什么（如《行动计划》）与规定应该教什么存在本质上的不同。大量实证研究表明，二语的发展主要由学生的内部机制来控制，而不能通过教学来控制。教师可以严格按照教学目标向学生呈现教学内容，但学习外语的学生不一定按照教师期待的那样发展。因此，为了合理地设定特定学生的成就目标，需要经验数据作为预测在特定条件下和现有学习时间内可达到的成就目标的基础。然而，《行动计划》所制定的目标缺乏经验数据。正是由于缺乏经验数据来客观地评估这些目标的可行性，只能通过参考从日本以外获得的信息来间接评估其可行性。

（3）不足之三：现行教学时间难以保障目标的达成。“由于日本的英语学习者在日常生活中很少接触英语，同时在社会上英语学习的普及度也很难评估，因此《行动计划》所制定的战略目标的可行性基本上都是通过课堂教学进行评估。”[4]但是，不同的年段，甚至是不同的学校，所需要的课程教学时间都是不一样的。根据文部科学省，初中外语科目的教学时间是三年，每年 35 周，每周三次，每次 50 分钟，每年约 90 小时。高中的外语科目的教学时间由学校自主选择和安排，普通高中三年大约 470～650 小

---

❶❹ MEXT. Kotogakko gakushu shido yoryo，gaikokugo－hen（The course of study foreign languages for upper secondary school）[S]. Tokyo：Kairyudo Shuppan，1999.

❷ MEXT. Regarding the establishment of an action plan to cultivate “Japanese with English abilities” [S]. 2003. Retrieved August 12，2003.

❸ Hato Y. Problems in Top－Down Goal Setting in Second Language Education：A Case Study of the “Action Plan to Cultivate Japanese with English Abilities [J]. JALT Journal，2005，27（1）：33－51.

时，而职业性或技术性高中三年只有290个小时。由此可见，不同年龄段的学生因为基础不同，而不同的学校因为性质以及重视程度不同，其选择的课程时间都是不同的。显然，《行动计划》忽略了个体差异，只是简单地制定了相同的目标。

### （三）《行动计划》的社会争议

除上述存在的不足之外，《行动计划》颁布后，也引发了社会与学界的争议，这些争议主要涉及到对语言生态、教学实践、综合能力等方面，具体如下：

（1）社会争议之一：英语霸权 vs. 语言生态。

《行动计划》推动了日本英语教育的发展，但推行一种语种的教学巩固了英语在日本外语教育里的霸权地位，这危及到语言生态，也使日本的“自我身份”遭到蚕食。由于将地方语言和文化边缘化容易引发政治纷争，维系本土语言和文化的主导地位对于维护政治稳定具有重要意义，因而，学习英语应置于维系日本本土文化的框架之下[1]。对此，日本政府采取的策略是，对英语教材的编写和授课内容进行监控，确保日本本土文化而不是英美文化占据主导地位，即“将英语主要作为一种交际工具来学习，弱化英语文化的教学”[2]。

此外，《行动计划》这一政策还导致，在交流时，无论对方是英语本族语者还是非本族语者，日本国民都只能使用英语作为交流媒介。然而，统计数据显示[3]，2010年居住在日本的外来移民中，中国裔（共计687156名）占据第一位，为32.2％；韩国和朝鲜裔（共计565989名）占据第二位，为26.5％；巴西裔（共计230552名）占据第三位，为10.8％；菲律宾裔（共计210181名）占据第四位，为9.8％；秘鲁裔（共计54636名）占据第五位，为2.6％；美国裔（共计50667名）占据第六位，为2.4％；

---

❶ Hashimoto K. Cultivating “Japanese who can use English”：Problems and contradictions in government policy [J]. Asian Studies Review，2009，33（1）：21－42.

❷ Majhanovich S. English as a tool of neo－colonialism and globalization in Asian contexts [A]. In Y. Hebert & A. Abdi（eds.），Critical Perspectives on International Education [C]. Sense Publishers，2013：249－261.

❸ Sakamoto M. Moving towards effective English language teaching in Japan：issues and challenges [J]. Journal of Multilingual and Multicultural Development，2012（4）：409－420.

其他裔（共计334970名），为15.7%。尽管这些数据表明中国裔和韩国裔占日本外来人口的前两名，但文部科学省的统计显示，在2005年，仅有4%的高中开设了韩语课，开设汉语课的高中也只有11%，并且，韩语和汉语在这些高中里是作为第二外语开设，第一外语依然是英语❶。对此，除了开设英语课程外，还应多开设汉语、韩语等其他课程，因为全世界讲汉语的人数是讲英语人数的两倍，而韩国和朝鲜是日本的邻国，具有重要的地缘战略意义❷。

（2）社会争议之二：预期目标 vs. 教学大纲。

日本中学阶段依据《学习指导要领》开展教学，每十年修订一次。《行动计划》于2003年实施，但当时日本中学遵循的是1999年制定的《学习指导要领》，因而《行动计划》所设定的预期目标与现行的《学习指导要领》必定会有所脱节。依据《行动计划》，初中生在毕业时要达到全国英语检定考试三级的水平，高中生在毕业时要达到二级的水平。然而，要通过三级考试，初中生需要具备2100个英语词汇，而初中阶段的《学习指导要领》只涉及900个英语词汇；同样，要通过二级考试，高中生需要具备5100个英语词汇，而高中阶段的《学习指导要领》只涉及1300个英语新词汇❸。对此，文部科学省在2009年修订《学习指导要领》时，将初中阶段的词汇量从900上升至1200，将高中阶段的词汇量从1300上升至1800❹。在交际性语言课堂中有很多交际性活动，如游戏、角色扮演、小组讨论、结对练习等，这些交际性活动需要占用大量的教学时间。在语言教育专家卡罗尔❺看来，影响学习者语言水平习得的一个主要因素是所投入的教学时间。文部科学省也对此及时进行了调整。在2009年修订《学习指导要领》时，文部科学省将中学阶段每年的英语教学总时数从105小时提高到140小时，并规定所增加的时数要用于开展交际性活动教学。

---

❶ Hatori R. A policy on language education in Japan：Beyond nationalism and lingualism [J]. Second Language Studies，2005，23 (2)：45－69.

❷❸ Okuno H. A critical discussion on the Action Plan to Cultivate "Japanese with English Abilities" [J]. The Journal of Asia TEFL，2007，4 (4)：133－158.

❹ Tahira M. Behind MEXT's new *Course of Study Guidelines* [J]. The Language Teacher，2012，36 (3)：3－8.

❺ Carroll J. The Teaching of French as a Foreign Language in Eight Countries [M]. New York：Wiley，1975.

(3) 社会争议之三：交际能力 vs. 综合能力。

英语教育的改革要避免从一个极端走向另一个极端，在培养学生交际能力的过程中，尤其要避免“交际能力等同于会话”的陷阱。事实上，要学习一门外语，听、说、读、写四种技能均十分重要。然而，在采取措施改善学生英语交际能力时，常常将“提高交际能力”简单地归为“英语会话”，而语法、阅读等往往会受到忽视或弱化，这种做法也可能会引发灾难性的后果[1]。

培养交际能力并不意味着完全排除语法教学，而是必须具备一定的语法知识。一方面，没有语法很难将词汇组织在一起，形成有意义的语句，这正如在不懂运动规则的情况下无法真正参加体育运动是同一道理；另一方面，英语和日语是两种差异十分巨大的语言，如果不学习语法，不具备一定的语法知识，学生很难跨越弥补英、日两种语言之间的巨大鸿沟，而系统进行语法知识的学习，则会成为学习者习得目标语的助推器，加快英语学习的进程。

英语交际能力的培养需要以语法和词汇作为基础，但是语法和词汇并不是天然就具备，尤其是对于处于非本族语环境中的外语学习者。对此，阅读为语法和词汇的培养提供了辽阔的场域，学习者在大量的阅读学习中，逐渐习得语法和词汇，进而为其他技能如写作、听力等打下基础，通过知识的储备，学习者可以更好地进行讲述与表达，英语交际能力得到增强。

如果不具备读、写、听、说的综合技能，学习者不太可能真正具备进行有意义交流的能力。尽管在一些简单的日常生活场景中，如购物、点餐等，学习者只需记住一些惯用表达就可以满足交际需求，但是要在交际对话中，理解对方所讲话语并富有逻辑、具有说服力地回应对方展开深入交流，则需要读、写、听、说的综合技能。因此，提高学习者的英语交际能力要处理好培养学习者的英语综合能力的问题。

日本文部省也认识到了“交际能力 vs. 综合能力”的这一现实命题，对此，日本政府将交际能力的培养融入于综合技能的教学中。在 2009 年修订《学习指导要领》时，文部科学省将高中阶段的英语课程设置进行了改

---

[1] Kumiko T. Chronic reforms and the crisis in English education [N]. 2018.

革，把原来的六门英语课程，即 English 1（综合技能 1）、English 2（综合技能 2）、Oral Communication 1（听说技能 1）、Oral Communication 2（听说技能 2）、Reading（阅读）、Writing（写作），改革组合为七门英语课程（Glasgow，2012）[1]。这七门课程分别是：Basic English Communication（基础英语）、Communication English 1（综合技能 1）、Communication English 2（综合技能 2）、Communication English 3（综合技能 3）、English Expression 1（口语与写作 1）、English Expression 2（口语与写作 2）、English Conversation（听说技能）。改革前后的英语课程设置（表 2）可以看出，在改革后，阅读（Reading）、写作（Writing）这类针对单一技能的课程被删减，而增设了一些针对综合技能培养的课程，如"综合技能 1""综合技能 2"等，改革后的课程更加注重通过各种交际活动综合培养学生整体技能的平衡发展。

**表 2　　《学习指导要领》的课程修订[2]**

| 课程名称 | 教　学　目　标 | 开设年级 | 学分 |
|---|---|---|---|
| Basic English Communication | 培养学生的基本技能，如听力、口语、阅读和写作，同时培养学生对运用英语语言进行交际持有积极的态度。<br>本课程是初中与高中的一门衔接性课程 | 10 | 2 |
| Communication English 1<br>Communication English 2<br>Communication English 3 | 培养学生的基本技能，如准确理解和恰当表达信息、观点等（使学生能够在社会生活中运用这些能力），同时培养学生对运用英语语言进行交际持有积极的态度。<br>通过四种技能的融合，培养学生的批判性思维。<br>将语法与意义为导向的学习相融合。<br>通过阅读和写作，培养学生的语篇结构知识 | 10<br>11<br>12 | 3<br>4<br>4 |

[1] Glasgow G. Implementing language education policy to "conduct classes in English" in Japanese senior high schools [A]. In A. Stewart & N. Sonda (eds.), JALT 2011 Conference Proceedings [C]. Tokyo: JALT, 2012.

[2] Underwood P. The course of study for senior high school English: recent developments, implementation to date, and considerations for future research [J]. Journal of Humanities and Social Sciences, 2013, 30: 115-145.

续表

| 课程名称 | 教学目标 | 开设年级 | 学分 |
|---|---|---|---|
| English Expression 1<br>English Expression 2 | 培养学生评估事实、观点的能力，如从多种视角；培养学生通过推理以及一系列的表达去提高交际能力，同时培养学生对运用英语语言进行交际持有积极的态度。<br>培养学生在真实的社会场景中培养学生的口语和写作等语言产出能力。<br>培养学生的演讲、陈述和辩论能力。<br>培养学生讲英语的语音特色 | 10<br>11 | 2<br>4 |
| English Conversation | 培养学生就日常话题进行对话的能力，同时培养学生对运用英语语言进行交际持有积极的态度。<br>会话策略。<br>可满足海外旅游所需的英语能力 | 任何年级 | 2 |

## 四、后续深化改革

《行动计划》是由日本政府主导的力图改变英语教育中“以考试为导向”，转向“以交际为导向”的一场前所未有的改革。对《行动计划》执行情况的评估表明，该计划取得了一定的成效，但没有充分满足学生和英语教师在英语能力和其他技能方面的要求。为了真正培养日本国民的英语能力，尤其是英语交际能力，还必须对日本英语教育的任务和政策进行进一步修改。正如日本政府指出的那样：“在如今竞争与共存的全球化时代里，具备英语等外语交际能力将赋予下一代更多的机会，也将增强日本的国际竞争力”[1]。在此背景下，日本政府于2011年又颁布了《发展英语国际沟通能力的五项建议》(下称《五项建议》)，对日本国民英语能力的培养继续进行深化改革。

需要指出的是，尽管除英语外还有许多外语在交际方面也很重要，但

---

[1] MEXT. 国際共通語としての英語力向上のための5つの提言と具体的施策［S］. 2011. (April－17－2013)

英语目前是国际交流中使用的最主要语言，提高日本国民的英语能力既是日本教育领域的重大课题，也是日本工业和其他领域的一项重要任务。因此，《五项建议》的重点在于如何在广泛的合作与支持下，进一步提高日本国民的英语语言技能。显然，《五项建议》的推出并不是要否认或废弃《行动计划》，而是《行动计划》的姊妹篇，即在沿袭《行动计划》制定的战略目标和行动计划基础上，增添新的建议弥补《行动计划》存在的不足，以期再次通过5年（2011—2016）的实施充分实现《行动计划》所制定的战略目标。

（1）建议一：对各学段学生的英语水平进行测评。

《行动计划》拟定的战略目标没有完全实现，原因之一在于在高考的巨大压力下，学生对参加测评英语交际能力的全国英语检定考试热情不足，而是积极应对高考英语科目的考试[1]。对此，《五项建议》要求："政府、教育局、学校应积极采用全国英语检定考试对各学段学生的英语水平进行测评"。具体评测措施主要包括：

1）政府以及教育局和学校应积极使用STEP、GTEC和其他外部认证考试评估和鉴定学生所需的英语能力。

2）政府应考虑以"Can - Do清单"的形式建立国家学习成就目标，同时考虑外国施行的方法。

3）初中和高中应以"Can - Do清单"的形式建立和宣传学习成就目标，并监督成效。政府和教育局应向学校提供必要的参考资料和其他支助，以建立和利用学习成就目标。

《发展英语国际沟通能力的五项建议》对于英语的评测标准不仅参照标准化英语水平考试如STEP、GTEC等，还制定、参照"Can - do清单"的形式，将初中和高中学生的英语交际能力也纳入考查范围，不仅考查学生应具备的日常生活英语交际能力，还考查学生用英语解释观点、进行有理据的辩驳、开展各种谈判的英语交际能力。究其原因，是因为尽管许多学校都按照《学习指导要领》进行授课，但有不少学校主要采用语法翻译法进行教学，或在为高中或大学的升学考试作准备。因此，如果初高中学校

---

[1] MEXT. 国際共通語としての英語力向上のための5つの提言と具体的施策［S］. 2011.（April - 17 - 2013）

采用“Can－Do清单”的形式设置具体的学习成绩目标，使学生达到英语能力要求，对于教学技能和基于《学习指导要领》内容的评估方法更易改良与改进。

(2) 建议二：激发学生意识到英语是参与全球社会的必备能力，增强英语学习动机。

尽管全球化给日本的高校和企业带来了前所未有的英语需求，但是中小学学段的学生很少有机会认识到学习英语的必要性，学生的英语学习动机不足。文科省[1]的调查结果显示，30％左右的初三学生认为他们跟不上英语课堂教学，与其他科目相比，比例较高。此外，虽然超过60％的初一学生喜欢学习英语，但这一比例随着时间的推移，在第三年降到50％以下，与其他科目相比，这种下降幅度也很高。因此，需要采取改革措施，提升日本学生英语学习动机。《五项建议》针对提高学生学习动机的新措施主要包括：

1) 政府应向在活动中使用英语的人提供信息和其他资料，以激发学生的英语学习动机。

2) 在企业和大学的合作下，教育局和学校应努力让学生清晰地想象出他们在未来活动中如何使用英语，例如：①聆听在工作中使用英语的人；②提供机会参加实习；③在出国留学期间访问当地的日本分公司，并使用这类当地分公司的视频作为培训材料；④提供机会参加大学英语讲座。

3) 政府以及教育局和学校应通过教育促进国际理解、可持续发展以及其他形式的教育，推动与外国学校的国际英语交流。

4) 在政府、市政府、企业和其他机构的广泛支持下，教育局和学校应鼓励学生参与演讲比赛、辩论比赛和其他与英语有关的比赛。

5) 政府和教育局应支持在外国高中就读的学生，并以其他方式鼓励留学（目标是把18岁时有在国外学习或生活中长期经历的人数增至3万）。

(3) 建议三：有效利用“语言助理教师”、ICT信息技术，创造更多的英语交际机会。

20世纪80年代以来，日本政府每年斥50亿美元巨资从美、英等英语

---

[1] MEXT. 国際共通語としての英語力向上のための5つの提言と具体的施策［S］. 2011.(April－17－2013)

系国家引进大批外籍青年到日本以“语言助理教师”（Assistant Language Teacher）的身份与日本本土英语教师开展合作教学，以推动交际教学法，提高日本师生的英语交际能力。尽管《行动计划》制定了“初中和高中的英语课每周至少一次由外籍教师授课”的目标，但对“语言助理教师”的使用还不够充分。继而，《发展英语国际沟通能力的五项建议》提出对“语言助理教师”项目的开展情况进行评估，以更有效利用“语言助理教师”开展合作教学和英语课外活动；给学生创造沉浸式英语交际实践的机会，如组织与“语言助理教师”的英语营活动。此外，《行动计划》忽视了网络或移动技术的作用，对此，《五项建议》提出开展基于ICT信息技术的国际交流与合作学习、开发基于ICT信息技术的电子教材、教具及其他教学材料。针对这些问题，《五项建议》决定采取具体措施，主要包括：

1）政府应与ALTs（语言助理教师）评估当前的情况，并向学校和教育局提供资料，说明合作教学和利用ALTs进行课外活动的有效方式。教育局应采取适当措施，如修订与ALTs的就业合同。

2）教育局和学校应为学生提供接触更多实用英语的机会，例如来自私营机构的人员与ALTs的英语夏令营。

3）教育局将继续在外籍和日本人中招聘拥有丰富海外经验和优秀英语能力的英语教师（目标是雇用600名教师）。

4）政府应向教育局和学校提供关于如何有效使用ICT的材料，例如以ICT为基础的国际交流和合作学习、利用ICT材料进行个人学习和课外学习、在课堂上使用数字教科书和教具等。

5）政府应努力在英语教育中有效地利用人力资源和信息，例如创建门户网站，提供有关公司雇员和其他具有良好英语技能的当地人员的信息，提供教学材料，宣传英语模范课等。

（4）建议四：增强教师的英语水平和教学能力；战略性提升学校和社区的英语教育水平。

《五项建议》要求“对教学中涉及的陈述、辩论、讨论等交际教学展开教师培训”并“提供授课范例”，通过专业化的教师培训提高教师开展“以交际为中心”的英语教学水平。同时，《五项建议》要求“推动各地区的英语教育发展，在每个地区建设英语教育核心学校”“培育一批用英语授课的

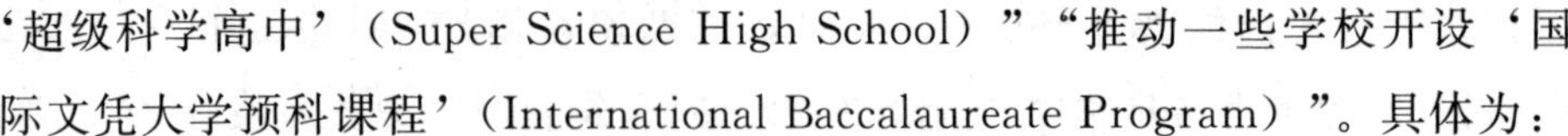


‘超级科学高中’（Super Science High School）”“推动一些学校开设‘国际文凭大学预科课程’（International Baccalaureate Program）”。具体为：

1）政府应向教育局和学校提供实施培训的有用资料，如示范性培训方案，与演示、辩论、讨论和其他教育方法有关的教材。

2）政府应在《课标学习》的基础上，为教育局和学校提供具体的授课模式和语言活动概念，包括为班级制作和分发 DVD 录音。

3）应优先考虑大学作为英语师资培养的中心。

4）政府和教育局应鼓励英语教师参加英语检定考试、托福考试、托业考试和其他外部认证考试，并应分析和公布目前英语老师的英语能力的最低要求。

5）教育局在招聘英语教师时，应要求其具有一定水平的英语技能，例如，将外部认证考试的最低评分定为先决条件。政府须监督及公布每个地方教育局的情况。

日本政府还认为，必须传播和建立个人成就，这样每位教师的努力才会获得更大产出。据一项调查显示，对一所学校的高中进行课堂改进，如英语教师的讨论、在课堂中纳入语言活动、汇编供共享使用的工作表，其表现比其他学校更好（例如，在班级中更广泛地使用英语）。重要的是，这所学校的英语教师设定共同的目标，并作为一个团队共同改进课程，这样，校长和学校其他管理部的主动性也是必不可少的。从 2002—2009 年实施的“高中超级英语”项目，虽然成效不错，但有人指出，它没有以教育局为中心，且积极的成果并没有充分推广到其他学校。产生这种积极成果的学校成为“枢纽”，将他们的成就推广到该地区的其他学校，这对于稳定实施新版《学习指导要领》很重要，对教育局力求改善整个地区的英语教育也很重要。一些市镇为改善区域英语教育做出了超前的努力，这些努力有望得到传播。此外，推广先进的方法，如从事培养英语交流技能“超级科学高中”和需要培育国际化思维或学校引进“国际文凭大学预科课程”计划，对培养全球社会标准所能接受的顶级人才十分重要。具体措施包括：

1）教育局应促使每个地区进行英语教育战略改进，包括在该地区建立英语教育核心学校，在其他学校传播核心学校的成就，战略人员安置，实施师资培训等。政府应为此提供必要的支助。（目标是在全国建立大约 250

所核心学校)。

2) 政府应推广从事培养英语交流技能“超级科学高中”和需要培育国际化思维相关的活动。

3) 政府应推广提供“国际文凭大学预科课程”计划的学校(目标是在五年内让大约200所学校参与“国际文凭大学预科课程”课程)。

(5) 建议五:对大学入学考试进行适当改革,以适应时代变化及需求。

《行动计划》制定了“中学和大学入学考试中,纳入英语听力”的行动计划,却没有将考察英语交际能力的重要指数即口语纳入其中,对此,《五项建议》提出:“推动高考试题改革,全面检测听、说、读、写能力,从而与《学习指导要领》相符;托福等社会化考试成绩也可以折算为高考英语成绩或入职所需的英语成绩”。具体措施包括:

1) 政府应鼓励制定和引入考试等形式,以综合评估听力、口语、阅读和写作技能,并与《学习指导要领》相适应。

2) 政府应从正确评价潜在学生的外语交流技能的角度出发,鼓励使用托福、托业和其他外部认证考试进行招生考试、一般入学考试和其他类型的入学考试。

# 第三章　全英语学位课程*

## 一、全英语学位课程与高等教育国际化

全英语学位课程（English as medium of instruction，EMI），是一种目的性很强的特殊学位课程。全英语学位课程要求任课教师在课程体系中全程使用英语，包括使用英语进行教学设计，使用英语制作讲义和课件，使用英语进行课堂教学，学生在课堂上也同样使用英语与教师开展互动和交流，课程涉及的作业、考试、毕业论文等也均使用英语完成。学生在完成全部的全英语学位课程之后，获得相应的学士、硕士或博士学位。本质上，日本实施全英语学位课程，其与日本政府实施“留学生 30 万人计划”息息相关。

如今，在世界各国高等教育改革与发展的历程中，全球化已成为其最重要的影响因素之一。在该背景下，日本推动其高等教育国际化的决定主要源于两大危机：一是在 20 世纪 80 年代初，日本贸易顺差优势显著，经济增长达到历史峰值，比如 1983 年日本贸易出超高达 204.5 亿美元。随后，“日本威胁论”甚嚣尘上，不过日本政府认为，这种言论的出现是因为日本国民英语交际能力普遍低下、缺乏与国际社会的交流，因此国际社会不能真正了解日本；二是全球化意味着人才在全球范围内的自由流动，所以世界各国为应对全球化，核心战略之一便是高级人才的培养与争夺。此外，日本还面临着严重的人口危机——老龄化和少子化[1]。为应对这些危机，同时还要保持日本的全球竞争力，日本政府决定在高等教育中实施

---

* 本章有少量内容发表在《外语界》2017 年第 5 期。

[1] 浩太田．「留学生 30 万人計画」と留学生の入学選考［J］．日本語教育振興協会ニュース，2009，108：3－12.

“引进来”的国际化战略——修订留学生政策，推出全英语学位课程，吸引海外留学生前往日本留学，并鼓励他们毕业后留日就业，以此充分培养和使用在此接受高等教育并能了解日本的外国人才❶。

上述背景下，日本政府于1983年便开始实施“留学生10万人计划”，期望在21世纪初完成。该政策旨在增进世界各国对日本的进一步了解，同时帮助发展中国家培养人才，从而发挥日本作为世界主要大型经济体的“国际贡献”❷。据日本官方数据统计，2003年当年赴日留学生人数已达109508名❸，至此，日本政府初步实现了“留学生10万人计划”的既定目标。然而自该年之后，赴日留学生人数增长放缓，2006年当年赴日留学生人数总量仅117927名。与欧美发达国家相比，赴日留学生不仅总数偏低，且占高等教育机构在学总人数的比例也偏低。以2006年为例，澳大利亚、英国、德国、法国、美国的留学生人数占高等教育机构在学总人数的比例分别为26.2%、25.1%、12.4%、11.8%和5.5%，而日本在2007年该比例仅为3.3%❹。显然，日本政府需要重新调整在80年代初所制定的“留学生10万人计划”。

后来，由福田康夫首相主政的日本政府于2008年8月29日颁布了“留学生30万人计划”（简称“G30计划”），该计划由六个部门协同实施——文部科学省、外务省、法务省、原生劳动省、经济产业省、国土交通省，并期望在2020年赴日留学生人数由当前的10万人增长到30万人。对于“G30计划”的制定，日本政府主要出于两个方面的宗旨：

①出于为推动日本国际化战略，需要吸纳国际优秀留学生资源。这一宗旨在“G30计划”中被清晰地得以阐释。“G30计划”指出：“作为日本国际化战略的一个重要环节，进一步向全世界开放，扩大与世界各国之间在人员、财经、物资、信息方面的交流。作为其‘全球战略’的一部分，争取计划在2020年左右接受30万名外国留学生。在接纳高层次人才的同时开展合作，着眼于国家、地区、专业领域发展的需要，从战略上获取优

❶❷ 谭君怡，周祝瑛．日本高等教育国际化与国际化人才培育——秋田国际教育大学之个案研究［J］．教育资料与研究，2014（115）：193-222.

❸ 刘原兵．全球化视域下日本留学生政策——以“留学生30万人计划”为核心的考察［J］．高教探索，2014（6）：47-51.

❹ 管斌．日本的国家教育战略与“留学生30万人计划”［J］．高教探索，2010（5）：41-45.

秀留学生，继续致力于对以亚洲为代表的其他国家做出知识性国际贡献。”

②出于改革留学生的招生体系。这一宗旨同样在“G30 计划”中被清晰地得以阐释。“G30 计划”指出：“因此，从促使外国学生产生赴日留学的想法开始，到入学考试、入学、入境，再到大学及社会接纳，直至就职等毕业、结业后的规划，日本政府将系统性实施一系列针对性政策，相关部委、机构需要综合协调、有机配合，以积极推进该计划的实施。”

## 二、全英语学位课程在日本与欧洲的发展

### （一）全英语学位课程纳为日本官方政策

根据上述的“G30 计划”，对于日本来说，由于要面临来自以英国、美国、澳大利亚、加拿大为代表的英语系国家对国际留学生的激烈争夺，要实现赴日留学生人数从 10 万人跃至 30 万人的目标将是一个巨大的挑战。此外，尽管日本与英国、美国、澳大利亚、加拿大同为发达国家，但其官方语言为日语，国际化程度远不及作为世界通用语的英语，这便是日本在争夺国际留学生时处于下风的关键因素。为了扭转这种劣势，增加日本对于国际留学生的吸引力，实现留学生人数达到 30 万人的目标，日本政府在“G30 计划”中从 5 个方面提出了 26 条具体行动措施，这些具体措施如下。

（1）方面一：吸引外国学生赴日留学，提升外国学生赴日留学动机，开展一站式服务。

通过日本文化传播及扩大日语教育，增加日本的拥护者，以吸引其关注日本及在日高校，促使其产生赴日留学的意愿。另外，通过网络对于有志于报考日本院校的留学生发布各大高校信息。在国外，驻外使馆及独立行政法人的海外办事处、大学海外据点要进行协作，提供赴日留学的相关各种信息，提供咨询服务，力争为有志于报考日本院校的外国留学生开展一站式服务。为此，拟采取五条具体措施：

1）积极发布日本文化、社会、高等教育相关信息，建立日本的国家品牌作为形象战略。

2）通过与海外高校开展合作，有效增加日语教育网点，来积极推进海

外日本教育。

3）通过发布各大高校等留学信息、举行日本留学推介会等多种方式，推进提供留学信息的相关举措。

4）与驻外使馆、独立行政法人的海外办事处、大学等海外据点开展合作，在海外提供日本留学相关的各种信息。另外，要强化向有志于报考日本院校的留学生提供咨询服务的功能，力争对日本院校报考志愿者开展一站式服务（统一性窗口）。

5）通过与赴日旅游宣传活动之间的合作，强化信息发布。

（2）方面二：改善入学考试，以及入学和入境门槛条件，放宽赴日留学条件。

从获取所需的赴日留学信息到入学许可、宿舍选定等进行体系的完善。并且，为了使外国留学生能够顺利入境日本，在关注外国留学生生源质量的同时，灵活放宽入境审查标准。为此，拟采取四条具体措施：

1）通过网络强化入学考试等涉及留学的高校的信息发布功能。

2）提升日本留学考试水平，并有效利用日语能力考试以及托福（TOFEL）、雅思（IELTS）等已有的考试平台来推进赴日前完成入学许可证的发放。另外为外国留学生提供宿舍、奖学金等，使其能够在日本安心留学，并促使其在办理手续期间、入学接受之前正式做出赴日决定。

3）在海外为积极获取留学生资源拓展日本高校在海外的据点，推进与各大学之间的共同合作。

4）贯彻落实大学的在籍管理，并简化入境时和入境后的签证期限的更新申请相关审查，缩短审查时间。

（3）方面三：推进大学全球化，营造有魅力的高校。

为了吸引留学生，营造富有魅力的高校，重点支持推进凭纯英语就可取得学位（全英语学位课程）的大学等全球化体制，完善大学接纳体制。为此，拟采取七条具体措施：

1）选定30所高校重点培养成国际化试点大学。

2）在国际化试点大学中，原则上可以凭纯英语取得学位，大幅增加纯英语课程，推进建立国际化教育研究据点。

3）通过与国外大学展开交换留学、学分互换等国际合作，以及短期留学、暑期学校等促进交流，增强学生流动性，保证课程质量等方式来提升高校的国际化魅力。

4）在专业科目上增加录用外国教师，提升教育研究水平。

5）为了推进留学生的接纳及日本学生海外留学，推动大学在9月开始入学。

6）强化接纳留学生的大学等专业性组织的体制与接受方式。

7）通过公费留学生等优先分配，财政支持倾斜分配，竞争性资金支援等方式，来重点支持积极推进全球化的高校。

（4）方面四：营造接纳环境，致力于营造能够安心并专注于学业的环境。

推进安排宿舍的举措，让留学生安心，营造让留学生可以专注于学习的接纳环境。另外推进与地方及企业等一体化的交流支援举措。为此，拟采取五条具体措施：

1）各大学与相关机构合作，包括短期留学在内，赴日后1年以内可以向留学生提供宿舍，配备大学宿舍、灵活安排民间宿舍、有效利用公共宿舍，积极推进上述各种政策。

2）改善并有效利用公费外国留学生制度、自费留学生学习奖学金。

3）地区政府、企业协调一致，进行支援交流，创设全国性的交流推进会议，以作为有关人员进行集中交流的平台。

4）为消除留学生赴日留学后的困扰，完善日语教育机构、大学等日语教育负责部门牵头的国内日语教育。

5）通过提供积极咨询等方式来促进对留学生及其家属生活支援的举措。

（5）方面五：推进留学生毕业、结业后的社会接纳。

为了让毕业生在日本社会安定并做出自己的贡献，高校当然首当其冲，还要开展校、企、产之间的合作，推进就业支持，以及高校接纳、在留期间的延长等，形成全社会接纳。为此，拟采取五条具体措施：

1）通过设立大学等专业性组织，强化对留学生的就业支持举措。

2）充分利用实习、就业卡，扩大就业咨询窗口等校、企、产之间的合作，完善就业支持及创业支持体制。

3）促进企业方面的意识改革及接受体制的完善。

4）指明可就业行业，签证资格明确化及处理弹性化，为求职活动探讨延长签证期限。

5）力求完善对归国留学生同窗会的组织支持、活动支持，落实对归国留学生的跟踪，将归国留学生作为理解日本、支持日本的人才，使其做出自身贡献，维持并强化其人际网络关系。

总体来看，日本政府在“G30计划”中从5个方面提出了26条具体行动措施，其主要从以下几个大方面着手：吸引学生赴日留学，譬如充分利用各种渠道，在海外发布日本各高校的留学信息；放宽赴日留学条件，例如可凭借托福、雅思等已有的语言考试，加快赴日前入学许可证的发放；营造接纳环境，比如向留学生配备优质宿舍、提供全额奖学金；鼓励留学生毕业后在当地就业。这些旨在吸引外国留学生的措施较以往有了明显突破。而在26条具体行动措施中，最为重磅的措施则要当属日本政府所提出的“可以凭纯英语取得学位”。“可以凭纯英语取得学位”实质就是“全英语学位课程”，这无论是对于日本的高等教育，还是对整个亚洲的高等教育，都是一个划时代的重要举措。

### （二）全英语学位课程的缘起与发展

就全英语学位课程的运用实施来看，全英语学位课程（English as medium of instruction，EMI）的起初形态就是高校以英语作为教学媒介语，即“在多数人口的第一语言不是英语的国家使用英语教授学业科目”[1]。尤其是在英语成为全球通用语以及在全球化的加速推进下，以英语作为教学媒介语已经成为大多数非英语国家高等教育领域的普遍做法。究其起源，以英语作为教学媒介语发端于20世纪50年代的欧洲，而在新世纪开启后，欧洲高校以英语作为教学媒介语的发展态势尤其迅猛，在意大利、瑞士、德国、荷兰等国家，以英语作为教学媒介语进一步衍化、提升为全英语学位课程，即学生（主要针对外国留学生）可以修读全英语学位课程，获得学位，这为学生使用全球通用语而不是当地语言而获得高校学位开辟了一

[1] Dearden，J. English as a medium of instruction – A growing global phenomenon［R］. British Council，2015.

种全新途径。

从仅部分课程以英语作为教学媒介语，发展到全部课程均以英语作为教学媒介语从而获得学位，不仅对欧洲主要国家的高等教育发展产生了深刻影响，也引起了国际语言政策研究者的广泛关注。事实上，全英语学位课程不仅仅是语言、教学方面形式的变化，更关涉到地缘、政治、经济以及观念等，对欧洲各国大学的教学生态系统产生了重大影响[1]。从欧洲全英语学位课程的历时衍化来看，全英语学位课程在欧洲的普及离不开下列因素的促动作用。

(1) 全球化对欧洲实施英语教学的促动作用。在 20 世纪 40 年代，随着以美元为中心的国际贸易体系的建立，世界贸易和经济日益呈现出全球化趋势。在 20 世纪 90 年代之后，互联网不断在全球普及，现代化的交通工具以及便捷的通信技术使得全球往来成为常态，而在其推动下，全球化的发展实现了更大的跨越。无论是在全球的贸易、科技、教育、科研等领域，还是在跨文化交流等领域，英语都占据了绝对主导地位[2]。继而，英语也自然成为越来越受学习者欢迎和重视的主要外语。这种态势产生了双面效应，一方面，使得在整个欧洲，英语成为大、中、小学各个学段里最为广泛学习的外语；而另一方面，其他外语如日语、俄语等的学习者数量处于不断下降、学习者兴趣处于不断减弱的态势。

(2)《博洛尼亚宣言》进一步推动了欧洲英语教育的发展。欧洲高等教育国际化的最大推手则当属《博洛尼亚宣言》(*Bologna Declaration*)。“尽管在一些欧洲国家中，其高等教育的国际化进程开始得更早，但归结起来，《博洛尼亚宣言》才是在泛欧洲层面上的最大发展动因。”[3]《博洛尼亚宣言》于 1999 年 6 月签署，共涉及欧洲 29 个国家，由于其签署地点位于意大利的博洛尼亚，因此，该文件也就被称为《博洛尼亚宣言》。《博洛尼亚宣言》最大的意义在于它打破欧洲各国高等教育的壁垒，在各国政府的合

---

[1] Fenton - Smith, B., Humphreys, P. & Walkinshaw, I. English Medium Instruction in Higher Education in Asia - Pacific: From Policy to Pedagogy [M]. Berlin: Springer, 2017.

[2] Carrió - Pastor, M. L. Internationalising Learning in Higher Education: The Challenges of English as a Medium of Instruction [M]. New York: The Palgrave Macmillan, 2020.

[3] Coleman, J. A. English - medium teaching in European higher education [J]. Language Teaching, 2006, 39: 1 - 14.

作倡议之下，欧洲的高等教育进行有效整合，学生、教师、研究人员等可在欧洲内部的高校间自由流动[1]。《博洛尼亚宣言》得到欧洲领导人的共识，获得了欧洲高校的支持，受到欧洲各国民众的拥护。但是，欧洲高校间的国际自由流动需要一种在教育领域里的通用语，只有这样，才能真正实现高度流动性。对此，英语得到了普遍认可，成为欧洲高校为实现学生、教师、研究人员的跨地域、跨语言流动的学习与交流的媒介语[2]。

（3）欧洲高校英语授课课程的创建与推广。在系列因素的推动下，欧洲各国纷纷采取措施，推动高校全英语学位课程的发展。虽然各国推进的时间节点、采取的力度不尽相同，但全英语学位课程不断在欧洲各国高校得到了普及。在欧洲，全英语学位课程最初被称作为外语项目，并首先在芬兰得到开展。1987 年，芬兰理工学位开启了外语项目，但是在这些项目中，除英语之外，还包含了德语、法语等。之后芬兰的其他高校开始加以效仿芬兰理工学院，但是直到 2001 年，芬兰教育部才正式将外语项目改为“用英语讲授的项目”，这从官方层面表明，在芬兰的高等教育国际化中，“外语”其本质就是指“英语”。在 2009 年，芬兰高等教育国际化战略提出，高等教育是国家一项重要的出口产品，是向世界提供的具有示范的品牌，再次系统阐述用外语进行的教学项目的意义。正是在这些政策的推动下，芬兰的英语授课课程得到迅速发展，而芬兰也对欧洲其他国家发挥了示范效应，欧洲其他国家的高校也纷纷效仿，并大力建设英语授课课程。

（4）从英语授课课程到全英语学位课程。随着 20 世纪 90 年代后期全球化的加速推进，欧洲高校又进行了新的改革——从英语授课课程走向全英语学位课程。相较于英语授课课程只针对个别或部分课程实施英语教学，全英语学位课程则直接针对国际化战略。针对全英语学位课程，研究人员曾于 2014 年开展了实证调查[3]。欧洲高校实施全英语学位课程项目，2002 年调查结果中排列前两位的原因是：“吸引国际生”“帮助本国学生适应全球化/国际化市场”；2008 年调查结果中排列前两位的原因是：“推动本国

---

[1] 徐辉．欧洲“博洛尼亚进程”的目标、内容及其影响［J］．教育研究，2010（4）：94－98.

[2] Rose H，Galloway N. Global Englishes for Language Teaching［M］．Cambridge：Cambridge University，2019.

[3] Maiworm F，Wächter B. English－Language－Taught Degree Programmes in European Higher Education：The State of Play［M］．Bonn：Lemmens，2014.

新学位项目的建立”“提升本大学在本国所有大学中的地位”；2014 年调查结果中排列前三位的原因是：“为招收外国学生扫除语言障碍”“提高本国学生的国际化能力”“提升大学的国际化形象”。总体上，欧洲高校开设的全英语学位课程，在促动学生跨国界流动的同时，推动了欧洲高校的国际化办学水平，提升了国际化形象，成为国际化战略的有力“助推器”。

## 三、日本全英语学位课程的实施方案

日本高校实施“全英语学位课程”，意味着日本要在其高等教育系统推进“英语化”。尽管如前文所述，“全英语学位课程”的实施是在国内和国际等多种因素的使然下，但总体来看，影响“全英语学位课程”最重要的国际因素当属全球学生流动性的增加。由于日本自二战后在经济上发展迅猛，成为世界的主要经济巨头之一，其对国际学生具有较强的吸引力。然而，与英国、美国、加拿大、澳大利亚等国家相比，日本在实际的国际学生的接受比率上，要明显落后。原因之一在于，对于国际学生而言，日语的语言复杂性成为横亘在这些国际学生面前的一道难以逾越的门槛，这使得日本在国际学生的接收方面处于竞争劣势。正因为如此，日本政府强调要开发全英语授课的学术课程，以使非日学生能够通过完全使用“外语”学习来获得学位。尽管理论上外语可以指多种语言如韩语、葡萄牙语等，但在具体实施的过程中，“外语”也就意味着“英语”。

全英语学位课程的引入和实施，成为吸引外国学生流向日本的关键驱动力。同时，尽管全英语学位课程主要针对外国学生，但日本本国学生也可以申请，因为在日本，年青的一代人有着获得英语语言技能、提升英语交际能力等方面的普遍需求，甚至强烈认为英语是不可或缺的一项重要工具。因此，高校开展、实施全英语学位课程，不仅可以吸引外国学生，提升日本高校的国际化，还可以吸引日本国内学生，尤其是对于那些家庭经济困难，或因为其他原因而不愿出国的学生而言，“在家”（不出日本）就能享受到优质的、国际化的全英语学位课程，无疑成为一个十分重要的途径和选择。

显然，日本高校针对国际留学生开设全英语学位课程，实施国际留学生可“仅凭英语取得学位”这一大胆、创新的政策，旨在增添与英、美等英语系国家争夺国际留学生资源的砝码，同时提升日本高等教育的国际化水平。但需要指出的是，对日本这以英语为外语而非母语的国家而言，开设以英语授课的学位课程使留学生获得学位，不仅意味着授课语言由其国语即日语转为了外语即英语，还意味着要全面英语化授课教材、授课方法、课程评估等教学体系，无疑给日本高等教育带来严峻的挑战。

面对这种挑战，日本政府采取了合理的应对措施。具体而言，日本政府不是在全国各地的高校瞬即全面展开，而是采用了先行试点（Pilot）的模式，即日本政府将首先筛选出“30 所国际化试点大学”，待这些大学实施一段时间之后，在总结、归纳、分析其经验基础上，再进行一定的推广。在日本政府向社会公布“留学生 30 万人计划”之后，日本全国共有 22 所大学向日本文部省提交了各自的大学国际化培养方案[1]，经过日本文部省的遴选，有 13 所大学最终入围日本国际化试点大学的名单。这 13 所大学分别是：东京大学、筑波大学、九州大学、东北大学、大阪大学、名古屋大学、京都大学、早稻田大学、同志社大学、立命馆大学、明治大学、上智大学、庆应大学。其中，前七所大学为公立大学，后六所为私立大学。私立大学的入选也体现了项目对公立大学、私立大学同等开放的理念，对日本公立大学、私立大学的全面开展全英语学位课程奠定了基础。尽管这 13 所大学有着各自的全英语学位课程方案，但总体来看，这些全英语学位课程在实施过程中，体现出如下共性。

全英语学位课程覆盖专业众多，尤其是以日本处于国际领先的学科领域占主导。G30 计划是一项旨在推进日本大学国际化的资助计划，对于入选了 G30 计划的这 13 所日本试点高校，日本政府进行一定额度的经费资助。资助期限为 5 年，每年的资助经费大约为 2.1 亿至 4.2 亿日元[2]，在这些专项经费的支持下，13 所试点大学为国际学生开发、提供了大量的全英语学位学位课程，全面涵盖了本科、硕士、博士等阶段。根据日本政府发布的统计数据显示，在全英语学位课程经过近 10 年的建设和培育之后，13

[1] 陈曦．日本高等教育国际化策略——以“留学生 30 万人计划”为例 [J]．比较教育研究，2010（10）：35－39．

[2] Ishikawa M. Redefining internationalization in higher education：Global 30 and the making of global universities in Japan [J]．Reimagining Japanese Education，2011，21（1）：193－223．

所试点大学的全英语学位课程数量实现了突破，其中，有 40 个本科专业、150 个硕士专业、122 个博士专业已经实行了针对外国学生的全英语学位课程。纵览这些全英语学位课程，整体上以日本在自然科学领域里占据优势地位的自然学科为主。而与之相对的是，在人文社会学科领域开设的全英语学位课程数量则明显偏少，主要开设的是日本研究、日本文化、日本经济这类了解日本社会与文化的课程。究其原因，主要在于全英语学位课程实施的根本目的是要增强日本在全球留学生中的吸引力，而日本科技发达，开设依托于自然学科的全英语学位课程有助于日本高校在国际学生中打造日本高等教育品牌、建构日本高校在国际留学生中的良好国际形象。

日本全英语学位课程倡导语言与内容相融合的教学，并在课程体系中融入全球素养教育，旨在培养具有“全球胜任力”的世界公民。由于实行全英语学位课程的学科主要集中在自然学科，因此，采用全英语教学呈现出一种截然不同的教学模式，这既给相关高校带来了机遇，同时也带来了挑战。就机遇而言，这是实施和推广 CLIL 的一个契机。日本属于岛国，在历史上一直较为封闭，与外界交流甚少，直到明治维新之后，日本才增加了与世界的接触与交流。尽管第二次世界大战后日本开始逐步加强对于英语在中小学的教育，但是日本的中小学更多是采用语法翻译法，这与日本长期以来秉持的用英语翻译西方科技文献、为日本的科技与经济发展吸收、借鉴西方而提供语言服务有关。但是，在日本各学段英语教学中普遍实施的语法翻译法，割裂了语言与内容的天然联系，也即，仅采用语言教授语言，而与学科内容如物理、化学、数学等相脱节。在大多数教育环境中，语言学习和学科知识学习普遍分离，而语言与内容融合式教学可以打破这一状态❶。学生在学习这些课程时，完全沉浸在全英语的教学环境中，英语不仅是师生互动与交流、生生互动与交流的工具，英语更是学习者学习专业学科内容的工具，而学习者在学习这些学科内容的过程中，通过使用英语完成小组任务、课堂活动、语言交际、课内外作业等，也会提高对具体语言技能的意识，在学科内容的语法、口语、写作、阅读、演讲、辩论等层面的运用能力也会得到提升。

---

❶ 杨德祥，赵永平．内容依托式教学对英语专业学生思辨能力的影响［J］．外语教学，2011（5）：61－64.

日本高校的“全英语学位课程”所吸纳的外国留学生，尽管具备一定的英语水平，但要使用全英语开展专业学科的内容教学，无论是从人才培养的规律还是从人才培养的科学性角度考虑，“全英语学位课程”的建设都需要考虑在入学后不同阶段的“全英语学位课程”自身的进阶，以及与其他课程的衔接和融合。这是因为，孤立、脱节的“全英语学位课程”显然不能确保教学体系、教学过程的系统性、持续性和完整性，而是有必要设置先修课程以及后续课程，从而保证“全英语学位课程”的前后承接，形成一个有利于“全英语学位课程”的发展环境、教学平台，并最终构建完整的“全英语学位课程”体系。

“全英语学位课程”体系其最大的特点就是语言（英语）与内容（学科）的融合教学。为了使语言内容融合教学的顺利开展，日本 13 所试点高校的大学在“全英语学位课程”教学中，十分注重教学体系的衔接与层递。以京都大学土木工程“全英语本科学位课程”的教学体系为例：大一阶段重点开设语言（包括高级英语、高级日语）交际能力课程（包括辩论、讨论、陈述、阅读与写作）、文科通识课程、理科基础课程（包括信息处理、数学、物理、化学、地球科学、概率与统计）；大二阶段除了继续开设语言交际能力课程外，重点开设专业知识课程（包括结构力学、土壤力学、水文学、规划），并将延续至大三阶段；在大四阶段，学生主要完成毕业设计。综上大一至大四阶段，实践课程贯穿始终，学生须在东京大学的海内外实习点担任国际实习生、完成设计项目并参与国际工程管理实践。从京都大学的土木工程“全英语学位课程”的教学体系中可以看出，学校不仅注重教学实践中语言（英语）与内容（学科）的融合，还十分重视课程体系与全球素养教育的结合。这是由于在全球化时代里，仅具备单一领域的知识已无法有效应对日新月异的世界形势，因此必须融入全球素养教育，培养出具有全球素养的国际化人才，方能使人才更具全球胜任力。

“全英语学位课程”有着完整的教学理念与教学操作（表 1）。具体来看，每门“全英语学位课程”的核心均可从课程目标、教学方法、课堂互动、内容/语言、课程评估五个环节得以显现——教学中“以学生为中心”，以英语作为教学语言，充分利用留学生的多元文化背景，强化留学生之间的互动与协作，致力于培养学生的全球素养，并成为具有全球胜任力的国际化人才。在教学实操方面，教师提供更多时间（约占70%）用于来自各国留学生之间的讨论和交流，在课堂教学中真正做到“以学生为中心”；在课堂互动方面，通过教师精心设计的问题、任务或项目驱动各国留学生以小组为单位进行互动和交流；在内容/语言方面，由于留学生来自不同的母语背景，通过利用英语作为世界通用语的特质，采用英语作为教学语言，并将其工具性作用与学科知识内容的教学有效地结合起来；在课程评估方面，从学科知识内容、英语语言技能、全球知识素养三个维度对学生进行考核，其中，学科知识内容的考核是课程教学评估的主体，主要评估学生对学科知识内容的投入度和参与度，例如京都大学《京都商业与文化》这门全英语学位课程的教学中，学生50%的总分通过家庭作业和课堂讨论取得，学生可通过查阅课本内容、小组交流讨论、请教老师这三种方式得出答案，从而培养学生协作解决问题的能力；对英语语言技能的考核主要偏重语言交际的流畅性和可理解性；对全球知识素养的考核则偏重跨文化意识、国际素养[1]。

**表1　“全英语学位课程”的教学理念与教学操作[1]**

| | 教学理念 | 教学操作 |
|---|---|---|
| 课程目标 | 通过留学生的多元文化背景，拓展学生的全球视野，培养学生的全球素养，成为世界公民 | 通过教学方法、课堂互动、内容/语言、课程评估等一系列教学流程实践教学理念，实现课程目标 |
| 教学方法 | 课堂教学实践中秉持“以学生为中心”的教学理念 | 课堂教学中降低教师主讲时间的比例（约占30%），将更多时间（约占70%）用于来自不同文化背景的留学生相互讨论、交流，使“以学生为中心”的教学理念贯穿整个课程 |
| 课堂互动 | 以小组为单位，遵循“推动学生互动”的教学理念，设计课程任务和项目 | 在课堂教学中，教师精心设计问题、任务或项目，鼓励留学生以小组为单位进行交流与讨论，从而收获来自不同文化背景的学生视野和观点，拓宽留学生的国际视野 |

[1] Carty P, Susser B. Global education and classroom teaching: From CBI to EMI [A]. P. Clements, A. Krause, & H. Brown. JALT 2014 Conference Proceedings [C]. Tokyo: JALT, 2015.

续表

| | 教学理念 | 教学操作 |
|---|---|---|
| 内容/语言 | 以英语作为学科知识内容的教学语言 | 由于英语是世界通用语，在课堂教学中，对于具有不同母语背景的留学生们，采用英语进行学科知识内容的教学，发挥英语的工具性特质，并将其与学科知识内容的教学有效结合 |
| 课程评估 | 从学科知识内容、英语语言技能、全球知识素养三个方面进行课程教学评估 | ①将学科知识内容的考察作为课程教学评估的主体；②在英语语言技能的考察方面，主要从英语的工具性角度评估学生的语言技能，偏重语言交际的流畅性与可理解性；③对于全球知识素养的考察，侧重学生的跨文化意识、国际素养等 |

开展语言内容融合的“全英语学位课程”教学，无论对语言教师还是对学科教师都是一个巨大的挑战。究其原因，主要在于语言教师往往不具备学科知识背景，而学科教师通常也没有进行系统的英语听说读写的高级训练。总体而言，这13所国际化试点大学所针对留学生开设的“全英语学位课程”中涉猎的主要是日本在国际上具有一定优势的自然学科，如生物工程、医学、环境工程等。在教学实践中，这些“全英语学位课程”的教学主要由专业学科教师担任，而不是由语言教师来担任。这就带来了一个现实问题——日本本土教师师资的不足。面对这一情形，日本高校每年需要从英国、美国、加拿大等国家引进一批外籍专家担任授课教师。例如，九州大学引进了26名外籍专家担任授课教师[1]，庆应大学制定了引进外籍教师的详细计划——到2020年，外籍教师所占人员比例预期高达11.7%。其余大学也纷纷采取行动，但总体来看，引入外籍教师目标基本都设定在7%～20%的范围内。

将外籍教师限定在一定范围内，有着一定的理据，因为外籍教师的比例增多，会进一步扩大“全英语学位课程”的规模和效应，这从欧洲在实施“全英语学位课程”的过程中的担忧得以窥见。本质上，欧洲大部分国家都属于英语扩展圈国家，而不是英语内圈国家或外圈国家。因此，欧洲

[1] MEXT. Project for Establishing University Network for Internationalization—Global 30—Study in Japan [EB/OL]. 2015.

多数国家都拥有历史悠久的、以本国语为基础的高等教育体系，以及传统欧洲语言的教学。因此，在欧洲实施“全英语学位课程”的过程中，欧洲高等教育领域的英语化被一些社会认识看作是对本国语和其他欧洲语言堡垒的撼动[1]。这是因为，由于英语本已成为学术界的国际语言，人们有理由担心高校的“全英语学位课程”项目会进一步巩固英语的优势，从而取代本国语在声望领域的地位，进而影响本国语在国内外的活力。对此，日本各高校实施的“全英语学位课程”其招收对象主要是外国留学生，而本土学生只占少部分或只有少数以英语作为教学媒介语的课程对日本本土学生开放。

[1] Lanvers U, Hultgren A. The Englishization of European education: Forward [J]. European Journal of Language Policy, 2018, 10 (1): 147－152.

# 第四章　英　语　教　材

## 一、英语教材的编写发展史

在江户时代的200多年的时间里，日本一直与国际社会孤立，这种闭关锁国的政策在1853年被打破，日本恢复了与西方国家的外交关系，重新回到国际社会里。当时，由于英国、美国是世界上技术和学术最发达的国家，为了实现日本的现代化，日本掀起了效仿英美的浪潮，其中包括学习英美的语言和文化，这一时期日本中学的英语教学材料主要选取了英美的一些名家的文学作品，如Carlyle，Emerson，Lamb，Hawthorne，Irving，Dickens，Shakespeare等。1916年版的 *New Crown Readers V* 里包括了Franklin' s First Entry into Philadelphia（Benjamin Franklin）、David Cooperfield and the Waiter（Charles Dickens）、An English Sunday（Arthur Cliff）、Rural Life in England（Washington Irving）。日本在这一时期里对英美文化的崇尚不仅体现在英语教材课本里，甚至语法书也同样如此，例如：

The island of Great Britain is only a small spot on the globe, but it is one of the greatest countries in the world. It had many colonies which are found all over the world. "The sun never sets on the British Empire."[1]

第二次世界大战后日本中学采用的第一本英语教材发行于1947年，其教材名称为 *Let's Learn English*，在这套教材里，所有的文化元素几乎都是Anglo－American，例如，其教材章节的名称为：*All Fools Day*，*Pippa Passes by R. Browning*，*May in England*，*London Season*，*Independ-*

[1] Hino N. EIL Education for the expanding circle：A Japanese model［M］. London：Routledge，2018.

*ence Day*, *Bed in Summer by R. L. Stevenson*, *Thanksgiving Day*, *Christmas*, *Queen Victoria*, *Home Sweet Home by J. H. Paine*, *Lincoln's Birthday*, *British Parliament*。到 20 世纪 60 年代，英语教材里的文化依然以英语本族语国家的文化为主导，尤其是美国的文化。在 1960 年，发行了新教材 *New Approach to English*，在这套教材中，美国的文化价值观占据绝对的主导地位，这可以从教材中的课文题目得以印证，一些代表性的题目包括：*A Farmhouse in Colorado*, *The First Thanksgiving Day*, *The United States*, *Abraham Lincoln*, *American Games*, *American Sayings*, *The Arrow and the Song by H. W. Longfellow*。围绕这些题目，对美国的文化进行充分介绍，例如：

The United States produces many things. Fruits and vegetables are grown in many parts of the country. A lot of wheat and corn are grown in the northern states. Cows are raised for milk in the northern states, and for meat in the southern states. Here the cowboys ride their horses to bring the animals together. These horses are rather small, fast, and strong. The cowboy's horse is his friend. (*New Approach to English* 2, 1960, 83 – 84)[1]

"以美国文化为主导"的日本中学的教材文化内容编写理念随着东京奥运会和大阪世博会的召开而发生了一些变化。东京奥运会于 1964 年召开，共有 94 个国家参加；大阪世博会于 1970 年召开，共有 77 个国家参加。两次盛会的召开使日本认识到，尽管美国的世界影响力依然占据主导，但日本国民也需要了解世界上其他国家的文化，由此，在 20 世纪 70 年代的高中阶段的《学习指导要领》里，日本政府将"native English speaking countries"更改为"foreign countries"，即学习目标变为"understanding through English the ways of living and the viewpoints of people in foreign countries"——通过英语，了解外国的生活方式和人民的观点；这一时期的初中阶段的《学习指导要领》也发生了类似的改变，由 1958 年的"Getting the students to acquire, through the learning of a foreign language, the basic understanding of the daily lives, ways of living, and viewpoints of peo-

---

[1] Hino N. EIL Education for the expanding circle: A Japanese model [M]. London: Routledge, 2018.

ple who daily use the foreign language.” 变为“Getting the students to acquire, through the learning of a foreign language, the basic understanding of the lives and viewpoints of people in foreign countries”。例如，在1968年出版的 New Prince Readers 里有一篇文章专门介绍德国：I live in a town in Germany. Our town on the Rhine is famous for its wine. My father knows how to make good wine. It is autumn now, and the time for making wine(*New Prince Readers* 2,1968,53)。

在20世纪80年代，日本政府认识到，在中学英语教育中，不仅要学习外国文化，还要注重对本国文化的教学。日本教育部（MEXT）在1989年颁布的《中学英语课程标准（修订版）》中提出：“在推进日本国际化的过程中，学校教育所扮演的最重要的角色就是要把日本国民培育成为受国际社会尊重的人。在此过程中，要让学生明白国际彼此依赖、在欣赏外国文化的同时培养对本国文化和传统欣赏的态度的重要性。”由此，教材不仅仅只是介绍美国的文化，也拓展到西方其他发达国家。到20世纪80年代，英语教材的文化更是拓展到其他非西方国家，东南亚、非洲等都在教材中被提及，例如：

Singapore became an independent country in 1965. It is a young country, and is really a“clean and green” country. You should not drop litter in the street. If you do, you have to pay five hundred dollars. Malaysia is famous for its rubber trees. Malaysia has been an independent country for about thirty years. It became independent in 1957. There are many different races in both Malaysia and Singapore—Chinese, Malayans, Indians, and others—and there have been some language wars among them. (*The New Crown English* 3,1984,23－24)

What do you know about Africa? Probably you know something about the pyramids or the great deserts. For a long time, people called Africa the “Dark Continent”, because they knew little about it. But Africa has changed a lot since the end of World War Ⅱ. It is rich in natural resources, and African people are learning to use them. We should study more about Africa and its people. (*New Horizon English Course* 3,1986,45)

There are three ways. They are kanji, hiragana, and katakana. We have 46 hiragana letters and 46 katakana letters. We must learn these 92 letters at primary school ... You have only 26 letters. We also must learn more than one thousand kanji. Kanji came to Japan form China ... You know something about the Manyoshu, don't you? The writers wrote the poems in Kanji only. Our ancestors made hiragana and katakana from kanji. Hiragana and katakana are very simple ways of writing. (*The New Crown English series* 2, 1984, 44-46)

They admired the Great Buddha in the Todaiji. "This beautiful Buddha has been here for over a thousand years," said the guide. In Nara Park they played with the deer. "Have these deer lived here for a long time?" Sadao asked. "Yes, they have," said the guide. This shrine has kept deer for over 300 years." (*Total English* 3, 1984, 9)

## 二、新世纪英语教材的改革动向

进入新世纪以来，信息技术与现代交通工具出现跨时代革新，全球交流日益增加，全球化浪潮席卷世界各地，全球日益进入“地球村”（global village）时代。本质上，地球村映衬出全球互赖、信息相通的一体性，通过技术、政治、文化、经济和生态网络，将全球不同的文化、公民和宗教紧密相连。

在地球村时代，英语已经衍变为供全球各地相互交流的一门通用语，也即“国际语言”[1]，随之，英语的所有权呈现出巨大的变化，其从传统的英语内圈国家（即把英语作为母语进行使用的国家，主要有英国、美国、加拿大、澳大利亚、新西兰）、英语外圈国家（即把英语作为第二语言进行使用的国家，主要有新加坡、印度、肯尼亚、孟加拉、菲律宾等50多个国家）拓展至英语扩圈国家（即把英语作为外语进行使用的国家，包括中国、日本、韩国、土耳其等）。在人口数量方面，使用英语的非本族语者的人数

[1] Smith L. English as an international auxiliary language [J]. PELC Journal, 1976, 7 (2): 38-43.

远远大于英语本族语者的数量（表 1）。

**表 1　　使用英语的人口数量分布**

| 国家/地区 | 人　口 | 使用人数 |
|---|---|---|
| 美属萨摩亚 | 67000 | 一语：2000<br>二语：65000 |
| 安提瓜和巴布达（C） | 68000 | 一语：66000<br>二语：2000 |
| 阿鲁巴 | 70000 | 一语：9000<br>二语：35000 |
| 澳大利亚 | 18972000 | 一语：14987000<br>二语：3500000 |
| 巴哈马（C） | 298000 | 一语：260000<br>二语：28000 |
| 孟加拉国 | 13127000 | 二语：3500000 |
| 巴巴多斯（C） | 275000 | 一语：262000<br>二语：13000 |
| 伯利兹（C） | 256000 | 一语：190000<br>二语：56000 |
| 白慕大 | 63000 | 一语：63000 |
| 博茨瓦纳 | 1586000 | 二语：630000 |
| 英属维尔京群岛（C） | 20800 | 一语：20000 |
| 文莱 | 344000 | 一语：10000<br>二语：134000 |
| 喀麦隆（C） | 15900000 | 二语：7700000 |
| 加拿大 | 31600000 | 一语：20000000<br>二语：7000000 |

续表

| 国家/地区 | 人　口 | 使用人数 |
|---|---|---|
| 开曼群岛（C） | 36000 | 一语：36000 |
| 库克群岛 | 21000 | 一语：1000<br>二语：3000 |
| 多米尼克（C） | 70000 | 一语：3000<br>二语：60000 |
| 斐济 | 850000 | 一语：6000<br>二语：170000 |
| 冈比亚（C） | 1411000 | 二语：40000 |
| 加纳（C） | 19894000 | 二语：1400000 |
| 直布罗陀 | 31000 | 一语：28000<br>二语：2000 |
| 格林纳达（C） | 100000 | 一语：100000 |
| 关岛 | 160000 | 一语：58000<br>二语：100000 |
| 圭亚那（C） | 700000 | 一语：65000<br>二语：30000 |
| 印度 | 1029991000 | 一语：350000<br>二语：200000000 |
| 爱尔兰 | 3850000 | 一语：3750000<br>二语：100000 |
| 牙买加（C） | 2665000 | 一语：2600000<br>二语：50000 |
| 肯尼亚 | 30766000 | 二语：2700000 |
| 基里巴斯 | 94000 | 二语：23000 |

续表

| 国家/地区 | 人　口 | 使用人数 |
|---|---|---|
| 莱索托 | 2177000 | 二语：500000 |
| 利比里亚（C） | 3226000 | 一语：600000<br>二语：2500000 |
| 马拉维 | 10548000 | 二语：540000 |
| 马来西亚 | 22230000 | 一语：380000<br>二语：7000000 |
| 马耳他 | 395000 | 一语：13000<br>二语：95000 |
| 马绍尔群岛 | 70000 | 二语：60000 |
| 毛里求斯 | 1190000 | 一语：2000<br>二语：200000 |
| 密克罗尼西亚 | 135000 | 一语：4000<br>二语：60000 |
| 蒙特塞拉特（C） | 4000 | 一语：4000 |
| 纳米比亚 | 1800000 | 一语：14000<br>二语：300000 |
| 瑙鲁 | 12000 | 一语：900<br>二语：10700 |
| 尼泊尔 | 25300000 | 二语：7000000 |
| 新西兰 | 3864000 | 一语：3700000<br>二语：150000 |
| 尼日利亚（C） | 126636000 | 二语：60000000 |
| 北马里亚纳（C） | 75000 | 一语：5000<br>二语：65000 |

续表

| 国家/地区 | 人　口 | 使用人数 |
| --- | --- | --- |
| 帕劳 | 19000 | 一语：500<br>二语：18000 |
| 巴布亚新几内亚（C） | 5000000 | 一语：150000<br>二语：3000000 |
| 菲律宾 | 83000000 | 一语：20000<br>二语：40000000 |
| 波多黎各 | 3937000 | 一语：100000<br>二语：1840000 |
| 卢旺达 | 7313000 | 二语：20000 |
| 圣基茨和尼维斯（C） | 43000 | 一语：43000 |
| 圣卢西亚（C） | 158000 | 一语：31000<br>二语：40000 |
| 圣文森特和格林纳丁斯（C） | 116000 | 一语：114000 |
| 萨摩亚 | 180000 | 一语：1000<br>二语：93000 |
| 塞舌尔 | 80000 | 一语：3000<br>二语：30000 |
| 塞拉利昂（C） | 5427000 | 一语：500000<br>二语：4400000 |
| 新加坡 | 4300000 | 一语：350000<br>二语：2000000 |
| 所罗门群岛（C） | 480000 | 一语：10000<br>二语：165000 |
| 南非 | 43586000 | 一语：3700000<br>二语：11000000 |

续表

| 国家/地区 | 人　口 | 使用人数 |
|---|---|---|
| 斯里兰卡 | 19400000 | 一语：10000<br>二语：1900000 |
| 苏里南（C） | 434000 | 一语：260000<br>二语：150000 |
| 斯威士兰 | 1104000 | 二语：50000 |
| 坦桑尼亚 | 36232000 | 二语：4000000 |
| 汤加 | 104000 | 二语：30000 |
| 特立尼达和多巴哥（C） | 1170000 | 一语：1145000 |
| 图瓦卢 | 11000 | 二语：800 |
| 乌干达 | 23986000 | 二语：2500000 |
| （大不列颠及北爱尔兰）<br>联合王国；英国 | 59648000 | 一语：58190000<br>二语：1500000 |
| 英国群岛（英吉利海峡） | 228000 | 一语：227000 |
| 美国 | 278059000 | 一语：215424000<br>二语：25600000 |
| 美属维尔京群岛（C） | 122000 | 一语：98000<br>二语：15000 |
| 瓦努阿图（C） | 193000 | 一语：60000<br>二语：120000 |
| 赞比亚 | 9770000 | 一语：110000<br>二语：1800000 |
| 津巴布韦 | 11365000 | 一语：250000<br>二语：5300000 |
| 其他依赖项 | 35000 | 一语：20000<br>二语：15000 |

成为国际语言的英语具有四个方面的典型特征❶：①作为国际语言的英语，既指在全球范围内用来进行国际沟通的英语，也指在某个国家本土内用于双语或多语交际的英语；②作为国际语言的英语与英语作为第一语言的国家的文化不再紧密联系；③英语作为本土意义上的国际语言，根植于英语使用者的本民族文化；④英语作为在全球意义上的国际语言，其基本功能是让各国的英语使用者互相交流彼此的观念和文化。在此背景下，由于使用英语作为共同的交流工具，各自的文化正在出现前所未有的融合。对此，研究者❷适时提出了全球化时代的文化新分类，包括目的语文化、本国文化、世界文化。学习者不仅要学习目的语国的文化知识，还要学习世界其他国家以及学习者本国的文化知识，以适应全球化时代跨文化交流彼此观念与文化的需要。在目的语文化、本国文化、世界文化的分类基础上，有研究者❸添加了对比文化、共同文化的类别，对比文化指对两个及以上国家的文化进行讨论对比，共同文化指涉及世界共同话题的文化，如全球变暖等。

需要指出的是，推动“地球村”不断演进的全球化也是一柄双刃剑，在促进全球经济快速扩张的同时，也带来了过度开发和掠夺的负面影响，例如，当今世界各国均面临环境保护、粮食生产、能源使用等复杂议题。因而，生活在“地球村”的全球公民不仅要掌握全球通用语即英语进行跨文化交流的能力，还要就全球面临的共同议题积极参与、治理和解决。这对当今的英语教育提出了新的时代要求，即需要从传统的着重跨文化知识的培养转向培养兼具英语交际能力、跨文化知识、全球意识的全球公民。

面对这种新形势，日本及时对英语教育进行了改革。作为日本中小学英语教育政策指南的《学习指导要领》（*The Course of Study*），其大约每隔 10 年进行一次修订。日本文部科学省在 2010 年颁布的《学习指导要领》

---

❶ 柏会力．英语全球化背景下我国《大学英语课程教学要求》分析及教材研究［J］．中国高教研究，2008（5）：92－93.

❷ Cortazzi M，Jin L. Cultural mirrors：Materials and methods in the EFL classroom［A］．In E. Hinkel（Ed）．Culture in Second Language Teaching［C］．Cambridge：Cambridge University Press，1999.

❸ 刘艳红，等．基于国家级规划大学英语教材语料库的教材文化研究［J］．外语界，2015（6）：85－93.

中提出："教材要有助于深化了解外国和日本的生活方式与文化，提高对语言和文化的兴趣，并培养尊重的态度；教材要有助于从一个更广阔的角度深化全球化理解，提高身处国际化社会中的学生作为日本公民的意识，培养其国际合作的精神"。

在这些政策的指引下，日本及时对中小学英语教材进行了编写改革，学术界也不断进行调查。研究显示，日本中学英语教材中的文化内容增加了更多的有关中国、韩国等亚洲国家的文化，这些国家在全球化时代对日本的经济繁荣发挥至关重要的作用[❶]；日本中学英语教材中的内容主题已经实现了多元化，但美国文化和日本文化占据文化内容的主体，从而在推动全球化的同时，保持本国的民族文化认同[❷❸]。由此，日本中学英语教材在内容编写方面探索出了一条极富日本特色的道路。

## 三、日本教材的编写发行流程

在第二次世界大战结束前，日本的教材主要由政府所编写，但在第二次世界大战结束后，日本政府发布了学校教育法，教材的编写也随之改变，不再由政府负责编写，而是由民间出版社编写后提交给官方审定和批准。教材的编写原则主要有两点：①首先要以日本负责指引中小学教学的学习指导要领为教育基准；②出版社可以加入相应的教学方法和教学理念。

教材的编写和审定到教材的实际投入使用通常需要花费三年的时间（图 1）。首先，出版社组建教材编写小组，通常由资深专家和教师组成。接着，在教材编写成稿后，文部科学省的教科书图书审定调查审议会对教材内容进行审查，并针对教材存在的不合适的内容给出反馈意见。然后，依据反馈意见，教材编写小组对教材内容进行修改，并再次提交给文部科学省来审定教材是否通过评审。之后，通过文部科学省审批的各种教

---

❶ Yamada M. English as a multicultural language: Implications from a study of Japan's junior high schools' English language textbooks [J]. Journal of Multilingual Development, 2010, 31 (5): 491 - 506.

❷ Hanashiro K. How globalism is represented in English textbooks in Japan [J]. Hawaii Pacific University TESOL Working Paper Series, 2016, 14: 2 - 13.

❸ Ookawa K. Analyzing cultural issues in high school English textbooks in Japan [J]. International Journal of English Language Education, 2016, 4 (2): 1 - 16.

材样书被发往全国各地，地方教育委员会决定本地公立学校使用何种教材，私立学校则可以不经过地方教育委员会而自行决定。最后，文部科学大臣根据各学校报告的教材类型与数量，通知出版社正式开始印刷和发送订购的教材。对于义务教育的各型学校，其学生使用的教材费用均由政府负担，学生无需承担。

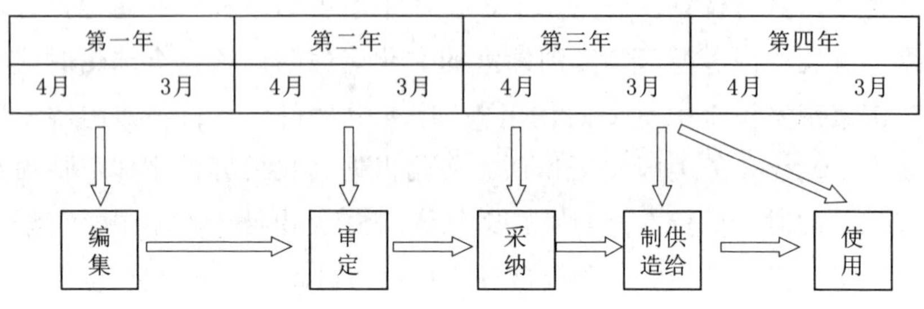


图 1 教材编写发行流程

从文部科学省的审批情况来看，文部科学省审批了 10 余种初中英语教材。但是，从市场占有率的情况来看，占据市场主体地位的主要有六种教材：*New Horizon* （33.2%）、*New Crown* （24.6%）、*Sunshine* （24.6%）、*Total* （11.8%）、*One World* （3.0%）、*Columbus* 21 （2.7%）。这些统计数据表明，*New Horizon*、*New Crown*、*Sunshine* 这三种教材合计占有率达到 82.4%，是日本各地中学最主要使用的教材。

随着《学习指导要领》（2010 版）的颁布，日本相应对英语教材进行了编写内容改革。鉴于英语课程使用的教材是学生学习和教师教学的重要内容和手段，是英语课程资源的核心部分，因此对日本中学的主流英语教材内容进行深入研究具有十分重要的价值。下文以日本初中三大英语教材之一的 *Sunshine* 系列作为语料，进行教材内容的分析探讨。在方法上，主要采用内容分析法对 *Sunshine* 1－3 整套教材展开。内容分析法也被称作为档案研究法，它被普遍运用于教材内容和文本分析的研究中。

## 四、*Sunshine English Course* 教材的编写特色

### （一）以交流语篇为主，兼顾常规语篇

在 *Sunshine English Course* 1－3 教材中，共有 32 个 Program，共 89

个语篇。其中，第一册共 11 个 Program，26 个语篇[1]；第二册 12 个 Program，35 个语篇；第三册 9 个 Program，28 个语篇。总体来看，*Sunshine English Course* 这套教材以交际语篇为主体，总计达到 69 篇，占总体比例的 77.53%；非交际性语篇，则以普通短文的形式呈现，总计数量为 20 篇，占总体比例的 22.47%。在交际性语篇中，对话的数量最多（表 2），为 47 篇，占 68.11%；演说的数量次之，为 18 篇，占 26.09%；邮件的数量再次之，为 4 篇，占 5.80%。

**表 2　　　　　　　　教材的语篇类型**

| 教　材 | | 交　际　语　篇 | | | 短文 |
|---|---|---|---|---|---|
| | | 对话 | 演说 | 邮件 | |
| 第一册 | 篇数 | 22 | 3 | 1 | 0 |
| | 比例 | 84.61% | 11.54% | 3.85% | 0 |
| 第二册 | 篇数 | 16 | 10 | 2 | 7 |
| | 比例 | 45.72% | 28.57% | 5.71% | 20% |
| 第三册 | 篇数 | 9 | 5 | 1 | 13 |
| | 比例 | 32.14% | 17.86% | 3.57% | 46.43% |
| 合计 | 篇数 | 47 | 18 | 4 | 20 |
| | 比例 | 52.81% | 20.23% | 4.49% | 22.47% |

（1）*Sunshine English Course* 第一册。

在 *Sunshine English Course* 第一册中（表 3），共有 11 个 Program，除去 Program 1（为字母书写与介绍），第一册教材总计 26 个语篇，这 26 个语篇全部采用了交际视角，体现为三种具体形式：①对话，总计 22 个语篇，占 84.61%；②演说，总计 3 个语篇，其中向学生作自我介绍 1 个语篇、向观众介绍海洋生态 1 个语篇、向他人介绍日本折纸艺术 1 个语篇；③邮件，总计 1 个语篇。

[1] 第一册课本的 Program 1 为字母书写与介绍，在本研究中没有纳入语篇的统计之中。

表 3 第一册教材的语篇概况

| 语篇序号 | 语篇类型 | 参与人物 | 语篇主题 |
|---|---|---|---|
| Program 2 - 1 | 对话 | Yuki & Mike | 介绍姓名 |
| Program 2 - 2 | 对话 | Yuki & Mike | 运动爱好 |
| Program 3 - 1 | 演说 | Wood | 介绍个人情况 |
| Program 3 - 2 | 对话 | Yuki & Wood | 食物与动漫 |
| Program 4 - 1 | 对话 | Yuki，Takeshi & Mike | 周末生活 |
| Program 4 - 2 | 对话 | Yuki，Takeshi & Mike | 回收日活动 |
| Program 4 - 3 | 对话 | Yuki，Takeshi & Mike | 收集瓶盖 |
| Program 5 - 1 | 对话 | Amit、Takeshi & Yuki | 印度食物 |
| Program 5 - 2 | 对话 | Amit、Takeshi & Yuki | 韩国食物 |
| Program 5 - 3 | 对话 | Amit、Takeshi & Yuki | Amit 的家人 |
| Program 6 - 1 | 对话 | Yuki、Judy & Matt | 伦敦见闻 |
| Program 6 - 2 | 对话 | Yuki、Judy & Matt | 伦敦见闻 |
| Program 6 - 3 | 对话 | Yuki、Judy & Matt | 伦敦见闻 |
| Program 7 - 1 | 对话 | Mike & Yuki | 海洋生态 |
| Program 7 - 2 | 演说 | Ms. Sasamori（日本人） | 海洋生态 |
| Program 7 - 3 | 对话 | Sasamori & Yuki | 海洋生态 |
| Program 8 - 1 | 演说 | Daisuke | 日本折纸 |
| Program 8 - 2 | 对话 | Daisuke、Mike & Wood | 日本折纸 |
| Program 8 - 3 | 对话 | Wood & a Japanese woman | 日本折纸 |
| Program 9 - 1 | 对话 | Mother、Daughter & Son | 家庭生活 |
| Program 9 - 2 | 对话 | Mother、Daughter、Son & Grandmother | 家庭生活与电话对话 |
| Program 9 - 3 | 对话 | Mother、Daughter、Son & Father | 家庭生活 |

续表

| 语篇序号 | 语篇类型 | 参与人物 | 语篇主题 |
|---|---|---|---|
| Program 10－1 | 邮件 | Mike & Yuki | 华盛顿游览 |
| Program 10－2 | 对话 | Mike & Yuki | 美国游览 |
| Program 10－3 | 对话 | Mike & Yuki | 美国土著玩偶 |
| Program 11 | 对话 | 童话人物 | 童话故事 |

在22个对话中，主要的登场人物有8名，分别是：Yuki、Daisuke、Takeshi、Mike、Amit、Wood、Judy、Matt。这些人物可以分为四类：①日本本土学生，主要包括佐山由纪（Yuki）、大介（Daisuke）、林武史（Takeshi），他们均为日本中学初一学生；②国际生，主要包括来自美国的Mike和来自印度的Amit；③外籍教师，主要包括来自加拿大的Wood；④外国友人，主要包括英国人Judy和Matt。需要指出的是，在这22个对话中，除了Program 11（为童话故事）以外，其余对话中均有日本本土学生或居民，其中，日本学生与美国学生Mike的对话最多，达到10个，占总体对话比例的45.45%；与外籍教师Wood的对话为2个，占总体比例的9.09%；同时与Mike和Wood的对话为1个，占总体比例的4.55%；与英国友人Judy和Matt发生的对话为3个，占总体比例的13.64%。无论是Mike、Wood，还是Judy、Matt，他们都是来自传统的英语系主体国家，教材第一册中代表日本国民的日本学生Yuki、Daisuke、Takeshi与他们产生的对话总计达到16个，占总体对话数量的72.73%。除与传统的英语内圈国家的人士发生对话外，教材中还有3个对话，涉及日本学生与来自印度的国际生Amit进行的对话，占总体对话数量的13.64%。当然，教材中也呈现了日本国民之间的对话，但数量较少，只有3个，占总体对话数量的13.64%。

总体上来看，第一册教材中采用对话、演说、邮件等呈现方式，反映出了当今世界的全球化的场景，每个国家包括日本，都需要推动国际化，并培养本国国民参与国际社会事务的意识和能力。在全球化时代，日本国民不仅需要与来自英语内圈国家（以英语为母语）的人士使用英语进行交流，也需要使用作为国际通用语的英语与来自英语外圈国家（以英语为第二语言）的人士使用英语进行交流，同时日本国民之间也可以使用英语对日本的家庭生活、环保理念等进行对话，以向国际社会传递日本的文化与全球理念。采用以交际为导向的教材编写视角，有助于培养学生的跨文化交流意识。

（2）*Sunshine English Course* 第二册。

在 *Sunshine English Course* 第二册中（表4），共有12个Program，第一册教材总计35个语篇，共计出现了7个国家，分别是：日本、韩国、芬兰、美国、英国、澳大利亚、土耳其。在本册教材中，日本文化占据绝对主体位置，具体来看，介绍日本文化的独立语篇共23个，占65.71%；介绍日本和外国关联语篇共7个，占20%，其中，有3个语篇涉及日本与土耳其的国际友谊（8－1，8－2，8－3）、有1个语篇对比了日本和澳大利亚（10－3）、有1个语篇对比了日本和英国（5－2）、有1个语篇对比了日本和美国（1－3）。此外，在教材中涉及外国的独立语篇共6个，其中，有3个语篇涉及芬兰（2－1，2－2，2－3）、有1个语篇涉及英国（5－1）、有1个语篇涉及澳大利亚（10－1）、有1个语篇涉及韩国（1－2）。

**表4　　第二册教材的语篇概况**

| 语篇序号 | 语篇类型 | 参与人物 | 语 篇 主 题 |
|---|---|---|---|
| Program 1－1 | 对话 | Yuki & Wood | 谈论Wood在日本的假期旅游情况 |
| Program 1－2 | 对话 | Yuki & Wood | 谈论Yuki在韩国的假期旅游情况 |
| Program 1－3 | 演说 | Lisa | 介绍在日本的樱花节的体验 |
| Program 2－1 | 对话 | Yuki & Mike | 由纪去芬兰做交换生 |
| Program 2－2 | 对话 | Yuki & Mike | 由纪前往赫尔辛基旅游 |
| Program 2－3 | 邮件 | Yuki & Mike | 由纪到圣诞村体验 |
| Program 3－1 | 通告 | Lisa & Takeshi | 茂宜岛的慈善步行活动 |
| Program 3－2 | 对话 | Lisa & Takeshi | 在日本加入慈善步行活动 |
| Program 3－3 | 对话 | Lisa & Takeshi | 计划在日本举办自己筹划的慈善活动 |
| Program 4－1 | 对话 | Dansan & Sadakichi | 日本落语艺术 |
| Program 4－2 | 对话 | Yossan & Tokusan | 日本落语艺术 |

续表

| 语篇序号 | 语篇类型 | 参与人物 | 语 篇 主 题 |
|---|---|---|---|
| Program 5 - 1 | 对话 | Yuki & Mike | 谈论《格列佛游记》 |
| Program 5 - 2 | 对话 | Yuki & Mike | 谈论格列佛游经日本 |
| Program 5 - 3 | 介绍 | 不明 | 介绍日本的格列佛节 |
| Program 6 - 1 | 对话 | Yuki & Wood | 由纪的职业体验 |
| Program 6 - 2 | 对话 | Takeshi & Wood | 林武史的职业体验 |
| Program 6 - 3 | 演说 | Momoko | 桃子的职业体验 |
| Program 7 - 1 | 文章 | Severn | 日裔加拿大籍人 Severn 小时候的环保活动 |
| Program 7 - 2 | 演说 | Severn | 日裔加拿大籍人 Severn 就国际理解的演讲 |
| Program 7 - 3 | 演说 | Severn | 日裔加拿大籍人 Severn 就贫困问题的演讲 |
| Program 8 - 1 | 文章 | | 日本与土耳其的国际友谊 |
| Program 8 - 2 | 文章 | | 日本与土耳其的国际友谊 |
| Program 8 - 3 | 文章 | | 日本与土耳其的国际友谊 |
| Program 9 - 1 | 对话 | Sam、Momoko &Takeshi | 制作视频 |
| Program 9 - 2 | 介绍 | Takeshi | 有关垒球的介绍 |
| Program 9 - 3 | 介绍 | Momoko | 有关合唱的介绍 |
| Program 10 - 1 | 对话 | Mike & Momoko | 桃子在澳大利亚寄宿家庭生活的经历 |
| Program 10 - 2 | 对话 | Mike & Momoko | Mike 在日本寄宿家庭生活的经历 |
| Program 10 - 3 | 对话 | Mike & Momoko | 在异国经历的文化差异 |
| Program 11 - 1 | 介绍 | Takeshi | 介绍日本的白川乡 |
| Program 11 - 2 | 介绍 | Yuki | 介绍日本的茅草屋 |
| Program 11 - 3 | 演说 | Mike | 介绍在白川乡的体验 |
| Program 12 - 1 | 邮件 | Megumi | 梦想心愿 |
| Program 12 - 2 | 文章 | Megumi 及外国人士 | 传递梦想 |
| Program 12 - 3 | 文章 | Megumi 及外国人士 | 梦想实现 |

这 35 个语篇绝大多数采用了交际视角，体现为三种具体形式：①对话，总计 16 个语篇，占 45.71%；②演说，总计 5 个语篇，占 14.28%；③邮件，总计 2 个语篇，占 5.71%。在 16 个对话中，主要的登场人物有 7 名，分别是：Yuki、Takeshi、Momoko、Mike、Lisa、Wood、Sam。这些人物目前已经进入中学二年级。与第一册相比，主要人物出现了一些变动，第一册的大介（Daisuke）、Amit、Judy、Matt 在第二册课本中没有出现，Amit 为来自印度的短期交换生，Judy、Matt 为由纪在英国短期交换生时的接待人员，因而，Amit、Judy、Matt 这三位人员在第二册课本中没有再次出现也在情理之中。取而代之的是，来自美国的交换留学生 Sam、来自美国的 Lisa、日本本土学生 Momoko（桃子）作为新面孔出现在第二册的课本中，他们的到来，一方面给教材内容注入新鲜的血液，引发学生的学习好奇心和兴趣，另一方面将来自美国的人物增加至两名，反映出美国对于日本的关键伙伴地位。

在这 16 个对话中，除了 Program 4－1 和 Program 4－2 的对话均由日本演员扮演落语艺术以外，其余对话均为日本学生与外国学生和教师的对话。其中，日本学生与美国学生的对话最多，达到 10 个，占总体对话比例的 62.5%；与外籍教师 Wood 的对话为 4 个，占总体比例的 25%。总体来看，第二册课本加大了日本国民与美国国民之间进行对话的比例。尽管传统英语系主体国家包括美国、英国、澳大利亚、加拿大、新西兰，但是他们的重要性对于日本而言并不是相同的。显然，在这五个传统英语系主体国家中，美国多年来是全球唯一的超级大国，因而与美国在经济、教育等诸多领域展开交流对于日本而言尤为重要。教材中的这些对话内容为学习者进行角色扮演、对话交流提供了典范。

（3）*Sunshine English Course* 第三册。

在 *Sunshine English Course* 第三册中（表 5），共有 9 个 Program，涉及对话及短文总计 22 个语篇。这 22 个语篇绝大多数采用了交际视角，体现为三种具体形式：①对话，总计 9 个语篇，占 40.91%；②演说，总计 2 个语篇，占 9.09%；③邮件，总计 1 个语篇，占 4.55%。在 9 个对话中，主要的登场人物有 7 名，分别是：Yuki、Takeshi、Momoko、Mike、Lisa、Pat、Daisuke。这些人物目前已经进入中学三年级。与第二册相比，主要人物出现了一些变动，第二册的 Wood、Sam 在第三册课本中没有直接出现，Wood 为来自加拿大的外籍教师，Sam 为来自美国的短期交换生，因而，Wood、Sam 这两位人员在第三册课本中没有再次出现也在情理之中。取而代之的是，来自澳大利亚的交换留学生 Pat、日本本土学生 Daisuke（大介）出现在第三册的课本中，其中，Daisuke 属于重新回到课本，其在第一册课本中曾经出现过；Pat 来自澳大利亚，平衡了第二册课本中所有的交换生均来自美国的局面。

**表 5　　　　第三册教材的语篇概况**

| 语篇序号 | 语篇类型 | 参与人物 | 语篇主题 |
|---|---|---|---|
| Program 1 - 1 | 对话 | Yuki & Mike | 土豆历史 |
| Program 1 - 2 | 对话 | Yuki & Mike | 土豆传到日本 |
| Program 1 - 3 | 对话 | Mike & Daisuke | 黄瓜传到日本 |
| Program 2 - 1 | 对话 | Momoko & Lisa | 日本火山 |
| Program 2 - 2 | 邮件 | Lisa & Taro | 日本火山 |
| Program 2 - 3 | 演说 | Momoko | 日本火山 |
| Program 3 - 1 | 对话 | Lisa & Takeshi | 拯救地球 |
| Program 3 - 2 | 对话 | Lisa & Takeshi | 拯救地球 |
| Program 3 - 3 | 报告 | Takeshi | 拯救地球 |
| Program 4 | 短文 | 不明 | 有关动物的传奇故事 |
| Program 5 - 1 | 对话 | Daisuke & Pat | 日本餐饮 |
| Program 5 - 2 | 对话 | Mr. Oka & Pat | 日本餐饮 |
| Program 5 - 3 | 介绍 | 不明 | 日本餐饮 |
| Program 6 - 1 | 报告 | Mike | 日本漫画 |
| Program 6 - 2 | 介绍 | Yuki | 日本玩具 |
| Program 7 - 1 | 文章 | Mr. Yamamoto | 医疗援助 |
| Program 7 - 2 | 文章 | Mr. Yamamoto、Maruao & Mihaela | 最重要的事情 |
| Program 7 - 3 | 文章 | Mr. Yamamoto | 最重要的时期 |

续表

| 语篇序号 | 语篇类型 | 参 与 人 物 | 语 篇 主 题 |
| --- | --- | --- | --- |
| Program 8 - 1 | 对话 | Pat & Daisuke | 清洁能源 |
| Program 8 - 2 | 演说 | Daisuke | 清洁能源 |
| Program 8 - 3 | 文章 | 不明 | 清洁能源 |
| Program 9 | 文章 | Malala | 学校教育 |

在这 9 个对话中，所有的对话均为日本本土学生或国民与外国人之间的对话，不仅有日本学生与外国人士的对话，也有日本本土居民如大介的父亲与澳大利亚学生 Pat 之间的对话，与国际人士之间进行交流已经得到进一步的扩大。

### （二）涵盖英语内圈国家与外圈国家，淡化扩圈国家

在 47 个对话语篇中，主要有 12 名登场人物，分别是：Yuki（佐山由纪）、Daisuke（大介）、Takeshi（林武史）、Momoko（桃子）、Mike、Amit、Wood、Judy、Matt、Lisa、Sam、Pat。这些登场人物可以分为三类：①来自英语内圈国家，主要包括 Wood（外籍教师，加拿大人）、Mike（国际生，美国人）、Lisa（国际生，美国人）、Sam（国际生，美国人）、Pat（国际生，澳大利亚人）、Matt（英国人）、Judy（英国人）；②来自英语外圈国家，主要包括：Amit（国际生，印度人）；③来自英语扩圈，主要包括日本当地初中学生 Yuki（佐山由纪）、Daisuke（大介）、Takeshi（林武史）、Momoko（桃子）。

需要指出的是，在这 47 篇对话语篇中，除去第一册最后一课（Program 11）的三个对话语篇以外，其余 44 个语篇的对话中均有日本学生参与，而涉及日本学生与外国人士交流的对话语篇则为 41 个，占总体比例的 87.23%。实际上，*Sunshine English Course* 1 - 3 教材中的对话语篇，是围绕日本 4 名本土学生 Yuki（佐山由纪）、Daisuke（大介）、Takeshi（林武史）、Momoko（桃子）而展开的，他们成为教材中对话的中心人物。在教材中，日本学生不仅与来自英语内圈国家的人士进行交流，也设计了一名来自印度的国际生 Amit，使日本学生有机会与来自英语外圈国家的人士进

行交流，尽管 Amit 不是在第一册教材中出现，而是在第二册教材中才首次出现，并且日本学生与其进行的对话语篇数量较少（数量为 3 篇）、所占比例较少（占总体比例的 6.38%）。

### （三）英语内圈国家以美国为重心

在 12 名登场人物中，有 7 名来自英语内圈国家，分别涉及美国、英国、加拿大、澳大利亚。在英语内圈国家里，英语主要作为母语进行使用，因而，使用英语与来自英语内圈国家尤其是美国的以英语为母语的人士进行流利交流是英语学习者的宏愿。因而，在 *Sunshine English Course* 1－3 整套教材中涉及的 7 名来自英语内圈国家的人士中，有 3 名来自美国，分别是 Mike（国际生，美国人）、Lisa（国际生，美国人）、Sam（国际生，美国人），而日本学生与这 3 名美国人展开的对话总计达到 23 篇，占对话语篇的 48.94%，接近于 50%。尽管英语内圈国家包括英国、美国、加拿大、澳大利亚、新西兰，然而在 *Sunshine English Course* 1－3 整套教材中，并没有塑造来自新西兰的人物角色，这难免成为本套教材的遗憾。

### （四）*Sunshine English Course* 教材的主题设计

对于全球公民的培养，可以基于全球公民课程的理念，全球公民课程包含三个方面，分别是：①知识和理解；②技巧；③价值和态度。总体来看，全球公民在知识和理解方面应具备的素养，包含和平、社会公平、全球连接、永续发展和多样性的认知等；全球公民在技巧方面应具备的素养，包含批判思考、挑战不公平的行动、说服和解决冲突；全球公民在价值和态度方面应具备的素养，则以创造全球和谐社会的情意和信念为主，全球公民应对他人处境持有敏锐感受、拥有负责的承诺感、相信人的潜力与善性本质、认同不同个体和事物价值、愿意尊重并关怀他者，以及隶属地球的所有生命与环境。

对于中学英语教育，日本文部科学省在 2010 年就已经指出："教材要有助于从一个更广阔的角度深化全球化理解，提高身处国际化社会中的学生作为日本公民的意识，培养其国际合作的精神"。显然，日本政府已经意识到，全球化已经无可避免，既然如此，就应当将全球公民的培养融入于各科教学中。事实上，日本当前的中学英语教材已经进行了精心的主题设计，旨在增强日本下一代国民的全球化意识，*Sunshine English Course* 1－3整套教材则是典型的代表（表6）。

**表6　　教材的主题设计**

| 全球主题 | 教材册数 | 语篇位置 | 主要内容 |
| --- | --- | --- | --- |
| 海洋生态 | 第一册 | 7－1；7－2；7－3 | 到日本Muroran观看海豚，反映出日本良好的海洋生态 |
| 慈善行动 | 第二册 | 3－1；3－2；3－3 | 在日本举办慈善步行和其他活动，募集资金捐给慈善团体 |
| 国际友谊 | 第二册 | 8－1；8－2；8－3 | 日本与土耳其互相帮助 |
| 梦想传递 | 第二册 | 12－1；12－2；12－3 | 日本学生Megumi手工制作了一只玩具熊，在世界各国传递，意在实现父亲环游世界的梦想 |
| 拯救地球 | 第一册 | 4－2；4－3 | 在回收日，收集瓶子、书籍、杂志、报纸，所售卖的钱捐助给世界上贫困儿童用于打疫苗 |
| | 第二册 | 7－1；7－2；7－3 | 停止破坏环境，从改变我们自身的行为做起 |
| | 第三册 | 3－1；3－2；3－3 | 拯救地球的五个R原则：reduce，reuse，recycle，refuse，repair |
| | 第三册 | 8－1；8－2；8－3 | 风车、太阳能、潮汐能、地热等清洁能源 |
| 世界战争 | 第三册 | 4－1；4－2；4－3；4－4 | “二战”期间，因炸弹轰炸东京，东京动物园的三头大象最终饿死 |
| 教育权利 | 第三册 | 9－1；9－2；9－3；9－4 | 巴基斯坦女孩Malala努力争取受教育的权力 |
| 国际合作 | 第三册 | 7－1；7－2；7－3 | 日本Yamamoto发起的国际合作的事迹 |

### （五）*Sunshine English Course* 教材的本国文化设置

“文化”（culture）一词的含义已历经数个世纪的衍变，它最初源自拉丁语“colere”，其意为正在栽培或涵养的事物，而中国古籍则将其注为人文教化之意。直到19世纪后期，文化的定义才被明晰化为：文化，包括知识、信仰、艺术、道德、法律、习俗，以及其他作为一个社会成员的人们习得的能力与习性。尽管文化本身是一个广泛而抽象的概念，富有许多隐喻与象征，它却是二语或外语学习中的一个极为重要的方面，乃至被标榜为语言学习的第五技能[1]。

全球化是一把双刃剑，非英语系国家在快速提升本国国民的全球通用语即英语的能力的同时，英语自身承载的英美文化价值观也随之而盛行，不断蚕食、侵吞非英语系国家的本土文化，乃至一些国家担忧英美文化借助文化帝国主义、文化殖民的新形式形成文化霸权，而英语教材中的文化内容显示出全球化意识与本国的民族认同存在一定的冲突。为了维系日本国民的民族认同，日本初中英语教材在增加对本国文化的植入同时，着墨强调本国文化历史久远，不仅受到日本本国国民的崇尚，也早已传播到国外，同样备受外国人士的喜爱。因而，当日本中学生在使用 *Sunshine English Course* 这套教材的学习过程中，对日本文化产生的民族自豪感油然而生，溢于言表。教材对待日本文化的态度取向呈现出三个维度，具体如下。

（1）文化态度取向维度一：日本文化历史久远。从 *Sunshine English Course* 的文化内容的分析来看，教材编写者积极向日本学生灌输日本具有悠久的历史文化的思想（表7）。教材编写者使用 long history 等显性文字直接表述日本的动漫文化具有深远的历史，认为鸟兽戏画是日本最古老的漫画；对于日本的庭院，教材编写者使用 traditional 等词汇来表述日本庭院是传统文化的一部分；教材编写者认为，日本人民之间长久以来（long ago）就具有社区关爱、团队互助的精神。不仅如此，教材编写者还强调日本人的发明或创造，例如，教材中直接表述了日本人首先发明了垒球

[1] Rashidi N, Meihami H. Hidden curriculum: An analysis of cultural content of the ELT textbooks in inner, outer, and expanding circle countries [J]. Cogent Education, 2016 (3): 1-17.

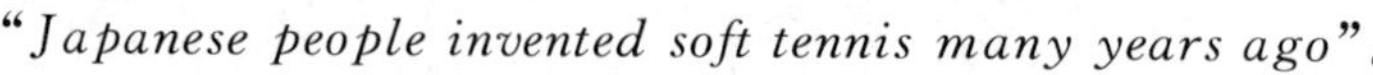

“*Japanese people invented soft tennis many years ago*”。

**表 7　　　　　　　　　　教材的态度取向**

| 态度取向 | 范畴 | 文本示例 | 辅助配图 | 课本位置 |
|---|---|---|---|---|
| 历史久远 | 动漫 | Some people say they're the oldest manga in Japan. If it's true, the history of manga in Japan is very long. | 漫画 | Book 3, program 6, p. 55 |
|  | 庭院 | It's a Japanese - style rock garden. It's very traditional. (Ms. Wood) | 插图 | Book 2, program 1, p. 9 |
|  | 关爱 | Yui, to share the work, is their way of life... Long ago, we always helped each other in the community. | 插图、地图 | Book 2, program 11, p. 97 |
|  | 垒球 | Japanese people invented soft tennis many years ago. | 插图 | Book 2, program 9, p. 81 |
| 备受喜爱 | 食物 | I love Japanese food. (Ms. Wood) | 注解 | Book 1, program 3, p. 33 |
|  |  | I like his ozone. It's very good. | 插图 | Book 1, program 9, p. 95 |
|  |  | Momoko: But you like Japanese food better than Western food, right?<br>Mike: Yes, I like rice the best for dinner. | 插图 | Book 2, program 10, p. 91 |
|  |  | Yes. I like sushi the best. | 插图 | Book 3, program 5, p. 47 |
|  |  | I had yudofu and dengaku in Arashiyama. (Ms. Wood) | 插图 | Book 2, program 9, p. 9 |
|  | 动漫 | But I watch Japanese *anime*. (Ms. Wood) | 插图 | Book 1, program 3, p. 33 |
|  |  | When I first saw them a few years ago, I became very interested in them. I especially liked this scene of the frogs and hares enjoying wrestling. (Mike) | 漫画 | Book 3, program 6, p. 55 |

续表

<table>
<tr><th>态度取向</th><th>范畴</th><th>文本示例</th><th>辅助配图</th><th>课本位置</th></tr>
<tr><td rowspan="7">备受喜爱</td><td rowspan="3">折纸</td><td>Oh, you're good at origami.</td><td>插图</td><td>Book 1, program 8, p. 81</td></tr>
<tr><td>I learn origami there every week.</td><td>插图、注解</td><td>Book 1, program 8, p. 79</td></tr>
<tr><td>I like your paper bird. It's very beautiful. ...Please make one for me. (Ms. Wood)</td><td>插图</td><td>Book 1, program 8, p. 83</td></tr>
<tr><td rowspan="3">樱花玩具</td><td>The cherry blossoms were very beautiful. (Lisa)</td><td>插图</td><td>Book 2, program 1, p. 12</td></tr>
<tr><td>A kendama, like a yo - yo, is a toy enjoyed by both children and adults. Once you start playing with it, you can't stop.</td><td>图片</td><td>Book 3, program 6, p. 57</td></tr>
<tr><td>Mack wasvery popular among the school children. Mack became more popular. He went to Italy, the U. K., Germany, and Spain. He traveled around the world.</td><td>插图、地球仪</td><td>Book 2, program 12, p. 112</td></tr>
<tr><td>节日</td><td>The whole town enjoys the festival.</td><td>插图</td><td>Book 2, program 5, p. 48</td></tr>
<tr><td rowspan="4">推介传播</td><td rowspan="2">旅游</td><td>I visited Shirakawa - go last winter. It was abreathtaking sight. You should visit Shirakawa - go some time.</td><td>插图</td><td>Book 2, program 1, p. 100</td></tr>
<tr><td>Kagoshima is a good place to live.... I know you have never been to this city. So, if you come here, I will be happy to show you around.</td><td>插图</td><td>Book 3, program 2, p. 19</td></tr>
<tr><td rowspan="2">餐饮</td><td>It's very popular in Australia.</td><td>插图</td><td>Book 3, program 5, p. 47</td></tr>
<tr><td>Today there are many Japanese restaurants around the world. Clearly, more and more people like to eat Japanese food in the world.</td><td>插图</td><td>Book 3, program 5, p. 51</td></tr>
</table>

续表

| 态度取向 | 范畴 | 文本示例 | 辅助配图 | 课本位置 |
|---|---|---|---|---|
| 国际贡献 | 人物 | Later they will pay more attention to things happening in the world. In this way, Mr. Yamamoto thinks we can have more and more people who want to act for the world. | 插图 | Book 3, program 7, p. 71 |

Sam：What are you going to do for our video project?

Momoko：I'm going to speak about the chorus contest.

Takeshi：That's nice. I'm going to introduce our soft tennis team.

Sam：Soft tennis?

Takeshi：Yes. Look at this. We use this kind of ball.

Sam：Is this a soft tennis ball? It's softer than a normal tennis ball.

Takeshi：That's right. Japanese people invented soft tennis many years ago.

Sam：That's interesting.

（2）文化态度取向维度二：日本文化备受喜爱。*Sunshine English Course* 的文化内容反映出，日本文化不仅备受本国国民的喜爱，也备受国际人士的青睐。教材中，有许多篇幅着墨阐述日本食物受到外国人士的接受、认可和喜爱。例如，外籍教师 Wood 就使用"love"一词表明她对日本食物的态度——"我爱日本食物"(I love Japanese food)；同样，来自纽约的国际生 Mike 在对话中也清楚表明自己对日本食物的喜爱程度甚至高于对西方食物喜爱的程度（Momoko：But you like Japanese food better than Western food，right? Mike：Yes，I like rice the best for dinner.）。

Mike：I had a similar experience in Japan.

Momoko：Oh，did you? Tell me about it.

Mike：My host mother always made Western food for me.

Momoko：Always? But you like Japanese food better than Western food，right?

Mike：Yes，I like rice the best for dinner，but she always gave me bread.

Momoko：She probably thought you liked bread the best. She was treating you as a guest.

Mike：I understand that now. She was just trying to be polite.

Momoko：Each country has its own customs. We have to understand the differences.

对于日本引以为豪的“酷日本”（cool Japan）文化的代表——漫画（manga）和动画（anime），教材中也刻画出其受到外国人士十分喜爱的图景。例如，外籍教师 Wood 会观看日本动画节目（I watch Japanese anime.）；国际生 Mike 则对日本漫画流露出浓厚的兴趣（When I first saw them a few years ago，I became very interested in them.）。对于日本国花——樱花，Lisa 也表达了对其美丽的赞叹（The cherry blossoms were very beautiful.）。

对于日本的手工艺术——折纸（origami），外籍教师 Wood 明确表达了喜爱和赞美之情（I like your paper bird. It's very beautiful.），而 Daisuke（大介）则是日本折纸艺术协会的成员，每周坚持学习折纸艺术（I learn origami there every week.），从而反映出希冀国民坚持学习日本的传统艺术，使日本的传统文化得以继续传承。

（3）文化态度取向维度三：积极推介、传播日本文化。在 *Sunshine English Course* 的系列教材中，日本国民向国际社会积极推介、传播日本文化被得以清晰传达。例如，在介绍日本的白川乡（Shirakawa - go）时，不仅使用了“breathtaking”一词来刻画那里的令人惊叹的风景，还明确发出应当前往此地游览的建议（“You should visit Shirakawa - go some time.”）。而教材中，当日本学生太郎（Taro）在给丽莎（Lisa）的信件中介绍 Kagoshima 这一地方时，提到当地有很多旅游景点（There are a lot of sightseeing sports.），并非常乐意带领丽莎前往这些景点游览（I will be happy to show you around.）。在积极对外推荐、传播的作用下，日本饮食、日本文化等在国际社会产生了重要影响力，这从第三册课本中的一篇介绍日本餐馆在美国的发展情况可见一斑。

Look at the map below. Today there are many Japanese restaurants around the world. Do you know why Japanese food has become so popular?

People think that it is healthy because traditional Japanese dishes use fresh fish and vegetables. They are low in fat.

Now, look at the graph on the right. It shows how fast the number of Japanese restaurants is increasing in the U. S. There were about 6,000 Japanese restaurants in 2000. In 2010 there were over twice that number.

Clearly, more and more people like to eat Japanese food in the world.

# 第五章　外籍教师教学与文化外交

## 一、外籍教师教学与日本的文化外交

国家形象关乎一个国家在世界格局中的总体形象认知和评价；它是一系列信息输入和输出产生的结果，是一个“结构十分明确的信息资本”。国家形象被认为是国家“软实力”的重要组成部分之一，可以从一个方面体现这个国家的综合实力和影响力。“实力”（power），是指“实现所想要的结果的能力，在必要时必须改变别人的行为来实现这一目标”。与依靠传统的军事、经济制裁等硬实力（hard power）相比较，软实力（soft power）是一种无形的力量，它以最不具侵略性的诉求与形式，影响或渗透被设定的对象并且改变其行为取向。继而，借助软实力途径在国际社会里塑造良好的富有感召力的国家形象成为各国政府公共外交（public diplomacy）的重心。一个国家的软实力主要有三种来源：文化、政治价值观、外交政策。由于文化是“软实力的主要范例”[1]，因此，开展文化外交（cultural diplomacy）便成为“公共外交的关键，它是对一个国家自身的最好展示”[2]。

文化外交的定义最早由美国政治学家米尔顿·卡明斯（Milton Cummings）提出。在他看来，“文化外交”是“国家之间与人民之间，通过思想、资讯、价值观、制度、传统、信仰、文化和其他层面的交流，促进彼此之间的了解”。文化外交所针对的对象，不仅仅只是外国国家政府，还针对民间组织或个人[3]。本质上，文化外交是一种“利用文化手段来加强国

---

[1] Nye J. Soft Power：The Means to Success in World Politics［M］. New York：Public Affairs，2004.

[2] US Department of State. Cultural Diplomacy：The Linchpin of Public Diplomacy［R］. Report of the Advisory Committee on Cultural Diplomacy，2005.

[3] 李智．文化外交：一种传播学的解读［M］．北京：北京大学出版社，2005.

家政治影响力”[1] 的文化交流手段，具体表征为教育交流、人员交流、语言教学、文学艺术品展览、文艺演出、支持海外对该国的研究等。事实上，在“软实力”这一术语提出之前，日本就已经开始采用文化外交手段，增强日本的国际影响力。

第二次世界大战结束后，作为战败国的日本，由于缺乏资金和人员，其与国际社会间的文化外交一度陷入停滞状态。随着日本经济的逐渐重建，日本政府采取措施恢复与国际社会间的文化外交，这一时期的文化外交旨在改变日本留给国际社会的军国主义形象，努力将日本塑造为一个热爱和平的国家。正如时任日本首相的片山哲（Katayama Tetsu）在其演讲中强调，将日本构建为一个文化大国从而恢复其国家骄傲与国际信用十分必要[2]。在这一时期，日本在国际场合积极开展推广日本文化的宣传活动，日本茶道、日本花道、日本樱花、日本富士山等体现平和、安详的这类文化活动尤其受到日本政府的关注。随后，在 20 世纪六七十年代里，日本的经济发展达到了一个较高的水平，1968 年，日本经济跃居世界第二位，仅次于美国，日本的文化外交也随之被赋予新的任务——向国际社会积极投射日本是一个经济、技术发达的国家形象。东京奥运会（1964 年）以及大阪世博会（1970 年）的成功举办则向国际社会强化了日本的这一国际形象。日本政府投入更多的经济资源用于推动文化外交的开展。在 1972 年 10 月，日本政府投入 100 亿日元成立了日本基金会，与日本外务省积极协作，致力于推动海外日语学习以及日本与外国之间进行艺术、文化和知识的交流。由于日本基金会具有半官方机构的属性，使得日本的文化外交战略越来越具有目标性和计划性，文化同政治与经济的关联度日益加强[3]。

到 20 世纪 80 年代，日本经济发展上升到了新的顶峰，在强大经济的支撑下，日本时任首相大平正芳（1978—1980）提出从经济时代向文化时代过渡，将文化大国的建设推向新的轨道。这一时期，日本开展的文化外交主要围绕：①维护和平；②对发展中国家的经济开发援助；③日本的文

---

[1] Kazuo O. Japan's Cultural Diplomacy [M]. Tokyo: The Japan Foundation, 2009.

[2] Petrova G. Japan's public diplomacy in practice: The case of Bulgaria [M]. 2018.

[3] 申险峰，梁培娥，李成浩 . 世界大国（地区）文化外交：日本卷 [M]. 北京：世界知识出版社，2013.

化与智识向国际社会开放。但是，迅猛的日本经济也成为一柄“双刃剑”，在日本变得愈加富强的同时，日美贸易严重失衡，严重挤压了美国的发展空间。据统计，日本与美国当时的贸易顺差高达日本国家GDP的6%。在这种情况下，“日本威胁论”等舆论在欧美广为兴起。对此，美国率先发起对日本的贸易战，力图扭转日美之间的贸易失衡，从而维护美国的国家利益。但是，在日本政府看来，“日本威胁论”等舆论所导致的日本国家形象危机对于日本十分不公平，因为日本政府认为西方国家不够了解日本的国情。首先，地理上，日本位于亚欧大陆东部、太平洋西北部，远离欧美国家；其次，日本国土面积狭小，陆地面积约37.8万平方公里，但人口众多，约1亿2650万[1]，自然资源贫乏，除煤炭、天然气、硫黄等极少量矿产资源外，其他工业生产所需的主要原料、燃料等都要从海外进口，为了维系国家生存，日本必须大力发展对外贸易；再次，英语在日本属于外语，课堂外没有运用的社会环境，在应试教育的导引下，日本国民整体英语交际能力羸弱，没能向国际社会有效传递日本的声音。

为了削减与美国的贸易顺差，增强国际社会对日本的正确认识，提升日本的国际社会形象，日本在文化外交领域采取的措施之一是决定实施JET项目。JET项目在1986年召开的日美首脑峰会上由日本正式提出，作为日本向美国的政治献礼。JET项目的英文全称是*The Japan Exchange and Teaching Program*，即“聘请外国青年进行语言指导等活动事业”项目，它在我国台湾地区译作为“喷气机”项目。JET项目的创新之处并不是日本政府向美国直接采购更多的货物以削减贸易顺差，而是日本政府每年斥50亿美元巨资，从美、英等国家引进外籍青年到日本从事交流或教学工作，在削减与美国的贸易顺差的同时，让大批国际人士深入日本，了解日本。尽管JET项目只是日本文化外交交流的措施之一，但却发挥了战略性的作用。

随着冷战的结束，文化在国际政治领域里的地位日益提高，日本在推进其大国战略的过程中，文化在国际领域中的作用愈加受到重视[2]。在

[1] 截至2018年4月的人口统计。

[2] 申险峰，梁培娥，李成浩．世界大国（地区）文化外交：日本卷［M］．北京：世界知识出版社，2013．

2005年，日本外务省在外交白皮书中将“文化外交”作为标题词，替代以往使用的“文化交流”。日本文化外交实施的具体内容主要包括六个方面：①对外文化宣传与交流；②海外人员交流；③海外知识领域的交流；④在全球普及日语交流；⑤文化无偿援助活动；⑥海外舆论调查。其中，第二个方面“海外人员交流”主要包括：①外务省JET项目；②海外青年交流。由此，作为日本外务省年度文化外交的必备项目，从1987年起实施至今，已有35年的开展历史，继而，JET项目的实施经验十分值得我国学术界进行深入研究，从而对我国的文化外交提供经验借鉴。

## 二、JET项目概况

JET项目由地方政府、总务省、外务省、文部科学省（MEXT)、自治体国际化协会（CLAIR）联手实施（图1)。从多部门联手实施即可看出，JET项目不是一个单纯的提升日本外语教学水平的项目，而是具有多重目的。实质上，JET项目是在总务省、外务省、文部科学省、自治体国际化协会的配合下，由各地方政府聘请国外青年开展的一项国际交流事业，目的是充实当地的外语教育以及推进地区级别的国际交流，增进日本与各国之间的相互了解、推进日本国各地区的国际化。

总务省、外务省、文部科学省、自治体国际化协会在JET项目的实施中扮演着不同的角色，因而他们发挥的作用也不尽相同。总务省、外务省、文部科学省三部委在JET项目中肩负的职能具体如下。

(1）总务省（制订在各国的招聘计划·划拨经费)。总务省负责制定部署计划。首先，由总务省、外务省、文部科学省、CLAIR组成的国际化推进联合协议会表决通过决议，制定各国招聘人数等国别招聘计划。应聘青年的薪酬、旅费等本项目需要的经费来自中央划拨的地方交付税。

(2）外务省（招聘·选拔)。外务省依据国别招聘计划，通过驻外使馆进行招聘·选拔工作。最终人选由上述联合协议会审议决定。

(3）文部科学省（学校教育指导·学校教育研修)。就校内教育对地方教育委员会、中学等进行指导，同时以ALT（外语教学助手）为对象开展校内教育培训。

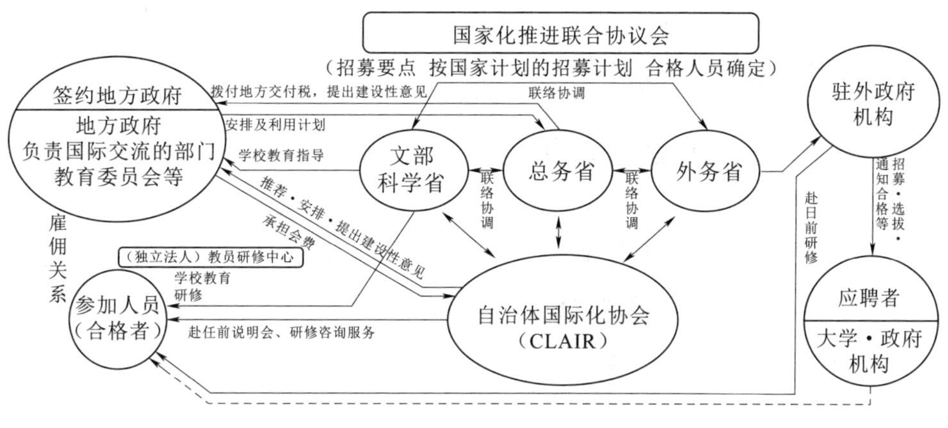


图 1　JET 项目实施机构及流程

自治体国际化协会在 JET 项目中又发挥什么作用呢？自治体国际化协会的主要职能是与上述三部委携手，共同实现 JET 项目的目标，即在与三部委联络协调确定计划的基础上，自治体国际化协会负责协调与接收单位（地方政府等）的关系，对接收单位提出建议和指导，为应聘 JET 项目的外国青年举办说明会及培训、咨询活动，宣传 JET 项目有关活动。具体来看，自治体国际化协会主要承担以下工作：①就应聘青年的招聘、选拔事项与各相关部委、都道府县·政令指定城市进行协调；②将应聘青年分配到各地方政府；③协助办理应聘青年赴任时的出国手续；④举办说明会及各种培训活动；⑤制作培训资料（日语磁带等）；⑥对地方政府提出建议、进行指导；⑦面向应聘青年提供咨询辅导服务；⑧发行各种手册和机关刊物；⑨开展与 JET 项目有关的宣传活动；⑩实施日语教育培训。

## 三、选拔过程

JET 项目每年均会在其官方网站、日本大使馆以及日本的海外领事馆的网站上发布招聘信息，同时也会通过海报、宣传册等对项目进行推广。在招聘期间，日本的海外领事馆会在所在国的一些大学、学院、职业中心里召开 JET 项目招聘信息说明会。有兴趣参加 JET 项目的人员需要与他们所在国家的日本大使馆联系提交应聘材料。随后，JET 项目主管方对应聘人员提交的个人资料作资格审查，审查合格的应聘人员获得参加第二阶段的口试资格，日本政府进一步审查后公布录取结果，被录取人员在赴日本就职前要前往领事馆参加培训，接受指导。具体选拔过程如下：①申请表由日本大使馆审查；②通过申请审查阶段的申请人将在最近的大使馆或领事馆接受面试；③最终面试结果将公布（通知将发送给那些被选定为参与者或候补人的申请者）；④一旦参与者确认参与该方案并决定了安置，缔约方组织将发出最后验收和安置通知结果；⑤为大使馆和领事馆的选定参加者举办问答会议和初步培训班；⑥出发前的指导在大使馆和领事馆举行。

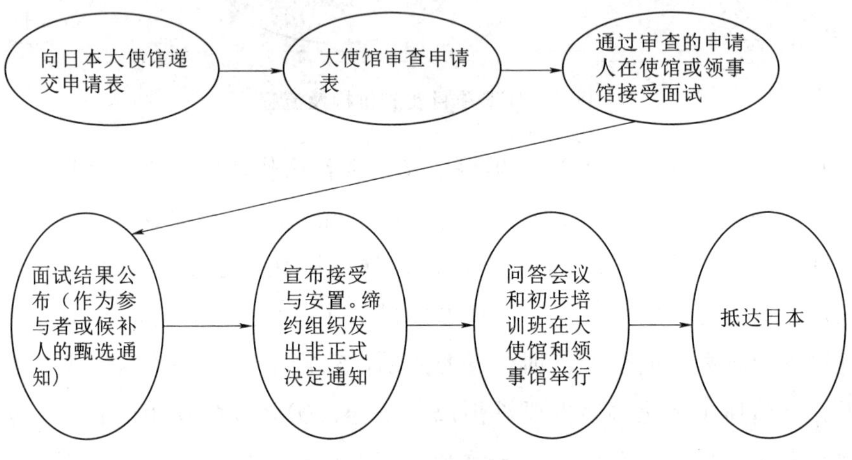


图 2　JET 项目的应聘录用流程

## 四、工作岗位

JET 项目主要涉及三种岗位，分别是：语言助理教师（assistant language teacher）、国际交流员（coordinator for international relations）、体育交流员（sports exchange advisor）。被 JET 项目主管方录用的聘用人员将被安置在这三种岗位中的其中一种。

### （一）语言助理教师（ALT）

语言助理教师主要从事外语指导工作。应聘语言助理教师岗位必须满足一定的资历与条件。以 JET 项目主管方所发布的招聘信息来看，JET 项目主管方对应聘语言助理教师岗位的资历与条件进行了明确的规定，具体如下：

1）对日本感兴趣，并有意愿在成为参加者后继续加深对日本的理解。愿意参与日本当地社会的国际交流活动。有意在赴日后努力学习或继续学习日语。

2）身心健康。

3）有能力适应在日本的工作与生活，有以负责任的态度完成任期中工作的意志。

4）报名者需已获大学学士以上学位或预计在指定赴日日期前获得大学学士以上学位。

5）指定语言（对于说英语的国家而言是英语，法国是法语，德国和奥地利是德语，中国是汉语，韩国是韩语，其他非英语国家是该国的主要语言）发音、节奏、语调、语音优秀，并具现代标准语言能力。另擅写文章、语法能力优秀。

6）通过上期 JET 项目考核并已通知分配工作地点后提出辞职者不包括在内，但被认定有不得已理由者除外。

7）自 2009 年起距应聘前，在日本居住时长低于 6 年。

8）JET 项目结束后，离开日本后仍愿意积极与日本展开交流。

9）以参加 JET 项目身份赴日，须同意以出入国管理及难民认定法第 2 条第 2 项规定的在留资格居留日本。

10）有意志遵守日本法律。

11）由于犯罪而接受缓期执行者，截止报名时间缓刑期已经结束。

12）具有英语或日语的实际应用能力。

13）关心日本的教育事业，特别是外语教育事业。

14）有积极同孩子共同活动的热情。

15）有语言教师资格或有从事语言教育热忱的人士。

此外，符合下列三个条件者在选拔时会被给予一定程度的加分（非报名必要条件）：①有外语教师的经验或资格；②有从事教师的经验或具备教师资格；③有较高的日语能力。

总体来看，被 JET 项目主管方所录用的人员中，安置在语言助理教师岗位的人员比例超过了 90%。以 2017 年度为例（表 1），2017 年度总共录用 5163 名人员，其中 4712 名担任了语言助理教师，占总体的 91.26%。显然，语言助理教师占据了绝对的主体数量。

表 1 **2017 年 JET 项目人员录用情况**

| 国　家 | 外语指导助手（ALT） | 国际交流员（CIR） | 体育交流员（SEA） | 总计 |
| --- | --- | --- | --- | --- |
| 美国 | 2800 | 122 | 2 | 2924 |
| 英国 | 395 | 28 | 0 | 423 |
| 澳大利亚 | 331 | 20 | 0 | 351 |
| 新西兰 | 225 | 10 | 0 | 235 |
| 加拿大 | 469 | 25 | 0 | 494 |
| 爱尔兰 | 92 | 6 | 0 | 98 |
| 法国 | 4 | 19 | 0 | 23 |
| 德国 | 2 | 19 | 1 | 22 |
| 中国 | 5 | 64 | 0 | 69 |
| 韩国 | 2 | 52 | 0 | 54 |
| 俄罗斯 | 2 | 8 | 0 | 10 |
| 巴西 | 0 | 11 | 0 | 11 |
| 秘鲁 | 0 | 1 | 0 | 1 |
| 西班牙 | 0 | 2 | 0 | 2 |
| 意大利 | 0 | 3 | 1 | 4 |
| 墨西哥 | 0 | 1 | 0 | 1 |
| 南非 | 105 | 0 | 0 | 105 |
| 阿根廷 | 0 | 1 | 0 | 1 |
| 比利时 | 0 | 1 | 0 | 1 |
| 芬兰 | 0 | 2 | 1 | 3 |
| 蒙古 | 0 | 5 | 0 | 5 |
| 奥地利 | 0 | 1 | 0 | 1 |

续表

| 国　家 | 外语指导助手（ALT） | 国际交流员（CIR） | 体育交流员（SEA） | 总计 |
|---|---|---|---|---|
| 印度尼西亚 | 0 | 5 | 0 | 5 |
| 瑞典 | 1 | 1 | 0 | 2 |
| 印度 | 1 | 1 | 0 | 2 |
| 菲律宾 | 51 | 1 | 0 | 52 |
| 荷兰 | 3 | 4 | 0 | 7 |
| 波兰 | 0 | 2 | 0 | 2 |
| 土耳其 | 0 | 1 | 0 | 1 |
| 新加坡 | 59 | 14 | 0 | 73 |
| 牙买加 | 105 | 0 | 0 | 105 |
| 泰国 | 0 | 2 | 0 | 2 |
| 马来西亚 | 0 | 1 | 0 | 1 |
| 巴巴多斯 | 10 | 0 | 0 | 10 |
| 特立尼达和多巴哥 | 46 | 0 | 0 | 46 |
| 斯洛文尼亚 | 1 | 0 | 0 | 1 |
| 肯尼亚 | 0 | 0 | 1 | 1 |
| 拉脱维亚 | 0 | 1 | 0 | 1 |
| 斐济 | 1 | 0 | 2 | 3 |
| 越南 | 0 | 6 | 0 | 6 |
| 圣文森特和格林纳丁斯 | 1 | 0 | 0 | 1 |
| 乌兹别克斯坦 | 0 | 2 | 0 | 2 |
| 塞舌尔 | 1 | 0 | 0 | 1 |
| 克罗地亚 | 0 | 1 | 0 | 1 |
| 总计 | 4712 | 443 | 8 | 5163 |

### （二）国际交流员（CIR）

JET 项目设置的第二种岗位为国际交流员。JET 项目每年招募的一部分项目录用人员会被聘为国际交流员，通常，每年被聘为国际关系协调员的总体比例约为 10%，以 2017 年度为例（见表 1），JET 项目共录用 5163 名人员，其中 443 名安置在国际交流员的岗位上，占到项目总体人员的 8.58%。

国际交流员所担任的具体工作与语言助理教师有很大的不同。国际交流员接受聘用方直属领导的指示从事相关工作，各聘用团体工作内容虽有所不同，但主要工作如下：

1）辅助聘用方开展国际交流相关事务。这些事务主要包括：对外语刊物进行翻译、编辑、监修；对国际交流活动的企划、方案制定及实施提供协助和建议；接待外国来宾、并在举行活动时担任翻译等。

2）辅助聘用方开展国际经济交流相关工作。这些工作主要是为拓展地域产品在海外的销路、吸引国外游客等国际经济交流工作的企划、方案制定及实施提供协助和建议等。

3）协助对聘用方的职员及当地居民教授英语或其他语言，进行相关语言指导（此处的“对当地居民进行语言指导”，是指以当地居民为对象举办外语培训或者异文化理解讲座等）。

4）对当地民间国际交流团体的事业活动提出建议并参与策划。

5）协助当地居民进行了解异国文化的交流活动（包括学校访问活动）、协助对当地外国人的生活支援活动。

6）其他直属领导或校长认为必要的工作。

同样，应聘国际交流员这一岗位也必须要满足一定的资历与条件。以 JET 项目主管方所发布的招聘信息来看，JET 项目主管方对应聘国际交流员这一岗位的资历与条件进行了清晰的规定，JET 项目主管方要求应聘国际交流员的人员必须符合如下条件：

1）对日本感兴趣，并有意愿在成为参加者后继续加深对日本的理解。愿意参与日本当地社会的国际交流活动。有意在赴日后努力学习或继续学习日语。

2）身心健康。

3）有能力适应在日本的工作与生活，有以负责任的态度完成任期中工作的意志。

4）报名者需已获大学学士以上学位或预计在指定赴日日期前获得大学学士以上学位。

5）指定语言（对于说英语的国家而言是英语，法国是法语，德国和奥地利是德语，中国是汉语，韩国是韩语，其他非英语国家是该国的主要语言。）发音、节奏、语调、语音优秀，并具现代标准语言能力。另擅写文章、语法能力优秀。

6）通过上期 JET 项目考核并已通知分配工作地点后提出辞职者不包括在内，但被认定有不得已理由者除外。

7）自 2009 年起距应聘前，在日本居住时长低于 6 年。

8）JET 项目结束后，离开日本后仍愿意积极与日本展开交流。

9）以参加 JET 项目身份赴日，须同意以出入国管理及难民认定法第 2 条第 2 项规定的在留资格居留日本。

10）有意志遵守日本法律。

11）由于犯罪而接受缓期执行者，截止报名时间缓刑期已经结束。

12）具有英语或日语的实际应用能力。

13）具有日语实际应用能力（相当于日语能力考试 N1 级水平）。

国际交流员不管来自哪个国家，都需要具有较高的日语水平，即相当于日语能力考试 N1 级水平。

总体来看，国际交流员通过 JET 项目来到日本并就职于各个地方自治体（县或是市町村）的外国人，目的是推进日本国内在地区级别上的国际化以及国际理解。因而，国际交流员的职责平时除了从事公文、观光宣传册的笔译以及外国访问团的口译以外，还会到幼儿园、学校进行访问以促进不同文化之间的相互理解以及实施以地方县民为对象的外语讲座等。例如石川县国际交流协会里被 JET 项目主管方配备了 5 名国际交流员，他们来自 5 个国家，分别是：安德律菲娜·安娜，来自俄罗斯；汪然，来自中国；达·席尔瓦·桑塔纳·吉尔瓦德鲁·卢卡斯，来自巴西；蔡崇翰，来自英国；姜敏贞，来自韩国。这 5 名国际交流员在石川县主要从事 5 个方面的工作：

1）笔译、口译工作。从事县或是市町与国外之间公文的笔译，外国访问团的陪同口译，为外国游客制作的观光宣传册以及各种标识的笔译以及为在住外国人翻译生活服务地图等。

2）国际理解教室。派遣居住在县内的留学生或是县国际交流员为讲师，到县内的小学、中学、高中、特殊教育等学校，以谋求儿童、学生对国际社会的了解并为他们提供培养国际性资质的学习机会。

3）世界的儿童游戏。派遣国际交流员到县内提出申请的幼儿园和保育园，向孩子们介绍交流员祖国的儿童游戏，让孩子们体验异国文化。

4）国际理解外语讲座。国际交流员担任讲师，为学员教授自己的母语（英语、汉语、韩语、葡萄牙语、俄罗斯语），此讲座每周一次、共计20次。

5）派遣交流员到市町以及各国际交流团体。派遣国际交流员作为讲师参加县内的市町等公共机关、非营利团体等主办的演讲会、料理教室、绘本读书会等活动。

石川县为了便于这些国际交流员以及县内其他在住的外国人的生活和工作，石川县国际交流协会还每年发行4期“石川 EXPRESS”杂志，使用英语、韩语、汉语、葡萄牙语、俄罗斯语共5种语言介绍当地的生活、集会活动等信息。此外，石川县国际交流协会还以县民和在住外国人为对象，企划和实施各种活动，推动当地居民与这些国际交流员进行国际交流活动，主要的活动包括沙龙交流、日本料理制作、文化介绍。其中，沙龙交流活动每年预定实施两到三次，将外国人和日本人召集在一起，一边饮茶一边使用外语或是日语进行交谈，该活动旨在加深对不同文化的了解、提高外语能力的交流；日本料理制作活动每年预定实施两到三次，该活动为在住外国人教授日本的家常菜，旨在让外国人进一步习惯和喜欢日本的味道和饮食文化；文化介绍活动预定每年随时举办，该活动由国际交流员采用讲座的形式，为石川县当地民介绍国际交流员母国的各种文化情况，旨在为增进石川县当地居民对外国生活和文化的兴趣。

### （三）体育交流员（SEA）

JET 项目设置的第三种岗位为体育交流员。JET 项目每年仅招募一小部分体育交流员，他们被安置在日本地方的体育部门里，协助日本的国际体育交流，要求有本国政府或者奥委会组织的推荐。以2017年度为例，JET项目共录用5163名人员，其中仅有8名被聘任为体育交流员，仅占总体的0.15％。

体育交流员是在地方公共团体的相关部门等开展国际体育交流活动（协助进行体育指导、协助体育活动的企划、立案及实施并提出建议等）。JET项目对体育交流员的招聘始于1995年。体育交流员接受聘用方直属领导的指示从事相关工作，各聘用团体工作内容虽有所不同，主要工作包括：①协助聘用方开展的体育活动项目，对体育项目的策划、设计、实施等活动提供咨询；②协助对当地有潜力的运动员进行训练；③协助对聘用方的工作人员及当地居民进行体育训练；④协助并参与当地私人团体和机构承办的体育赛事的策划；⑤其他直属领导认为必要的工作。

同样，应聘体育交流员这一岗位也必须要满足一定的资历与条件。以JET项目主管方所发布的招聘信息来看，JET项目主管方对应聘体育交流员这一岗位的资历与条件进行了清晰的规定。以JET项目2018年度发布的在美国招聘体育交流员为例，JET项目主管方要求应聘体育交流员的人员必须：

1）对日本感兴趣，并有意愿在成为参加者后继续加深对日本的理解。愿意参与日本当地社会的国际交流活动。有意在赴日后努力学习或继续学习日语。

2）身心健康。

3）有能力适应在日本的工作与生活，有以负责任的态度完成任期中工作的意志。

4）掌握日语或英语。

5）通过上期JET项目考核并已通知分配工作地点后提出辞职者不包括在内，但被认定有不得已理由者除外。

6）自2008年起距应聘前，在日本居住时长低于6年。

7）JET项目结束后，离开日本后仍愿意积极与日本展开交流。

8）以参加JET项目身份赴日，须同意以出入国管理及难民认定法第2条第2项规定的在留资格居留日本。

9）有意志遵守日本法律。

10）由于犯罪而接受缓期执行者，截止报名时间缓刑期已经结束。

11）在某一体育领域里具有专长，并获得所在国的奥林匹克委员会、政府组织、或体育组织的推荐。此外，应聘者需要持有著名职业学校颁发的教练资格证，或在自己专长的体育领域里至少执教 3 年。

## 五、福利待遇

为了保持外籍青年对赴日工作的热情，JET 项目采用了较为优厚的福利待遇。JET 项目聘用的人员其赴日与归国机票均由日本政府支付，其健康保险、养老保险、劳动保障和意外伤害保险也由日本政府购买。

外籍青年每周工作 35 小时，周六、周天均休息。对于薪酬，JET 项目采用时薪制，钟点费大致在每小时 7000 至 10000 日元，月薪税后收入约为 30 万日元，年税后收入约 360 万日元，相当于一名普通职员 5 年的收入。在保险方面，日本政府购买涵盖健康保险、养老保险、劳动保险、意外伤害保险。在旅费方面，赴日及归国差旅费由日本政府支付。

在配套措施方面，各府、道、县及院辖市皆至少设两名辅导员（prefectural advisor，PA），其中，一名为曾参与过 JET 项目的外国人员，一名为日本人。他们主要协助解决 JET 项目人员生活中遇到的各种问题。另外，也设置了咨询委员会，协助处理相关咨询业务，并对辅导员进行培训，使他们对相关工作内容有充分的了解；此外，还设置了 JET 项目专线电话，JET 项目人员在遇到问题时，可以直接拨打专线电话进行咨询解疑。

## 六、项目特色

### （一）以美国为主，兼顾多元

自 1987 年以来，日本已经持续实施 JET 项目 35 年。在项目的实施过程中，日本政府始终坚持“以美国优先，并注重来源国家多元化”的原则（表 2）。

**表 2　　　　JET 项目来源国家**

| 年　　度 | 来源国家数量 | 人数数量 |
| --- | --- | --- |
| 1987 | 4 | 848 |
| 1988 | 6 | 1443 |
| 1989 | 8 | 1987 |
| 1990 | 8 | 2284 |
| 1991 | 8 | 2874 |
| 1992 | 9 | 3325 |
| 1993 | 10 | 3785 |
| 1994 | 11 | 4185 |
| 1995 | 15 | 4628 |
| 1996 | 18 | 5032 |
| 1997 | 27 | 5332 |
| 1998 | 34 | 5691 |
| 1999 | 37 | 5835 |
| 2000 | 39 | 6078 |
| 2001 | 39 | 6190 |
| 2002 | 40 | 6273 |
| 2003 | 41 | 6226 |
| 2004 | 41 | 6103 |
| 2005 | 44 | 5853 |
| 2006 | 44 | 5508 |
| 2007 | 41 | 5119 |
| 2008 | 38 | 4682 |
| 2009 | 36 | 4436 |
| 2010 | 36 | 4334 |

续表

| 年　　度 | 来源国家数量 | 人数数量 |
| --- | --- | --- |
| 2011 | 39 | 4330 |
| 2012 | 40 | 4360 |
| 2013 | 40 | 4372 |
| 2014 | 42 | 4476 |
| 2015 | 43 | 4786 |
| 2016 | 40 | 4952 |
| 2017 | 44 | 5163 |
| 2018 | 54 | 5528 |
| 2019 | 57 | 5761 |

在 JET 项目启动的初期，项目来源人员主要是以美国为首的英语系传统国家。例如，在实施的第一年，即 1987 年，日本政府从美国、英国、澳大利亚、新西兰 4 个国家招募了 848 名外籍人士参与该项目。在 1988 年，招募对象国家又增加了加拿大和爱尔兰这两个国家，日本政府从 6 个国家招募了 1443 名外籍人士参与该项目。从 1989 年起，招募对象国家由英语系国家扩展至非英语系国家，在 1989 年，招募对象国家增加了德国和法国，日本政府在当年从 8 个国家招募了 1987 名外籍人士参与该项目。

进入 20 世纪 90 年代初期，JET 项目规模越来越大，从海外国家招募的外籍人士越来越多，由项目实施之初的 1000 名左右上升至 20 世纪 90 年代初的 2000 多名。在 1990 年和 1991 年，日本政府分别从 8 个国家招募了 2284 名、2874 名外籍人士参与该项目。在 1992 年，招募对象国家增加了中国，日本政府在当年从 9 个国家招募了 3325 名外籍人士参与该项目。1993—1999 年招募的外籍人士数量分别为：3785 名、4185 名、4628 名、5032 名、5332 名、5691 名、5835 名。这些数据可以看出，JET 项目在 90 年代发展异常迅速。在 1994 年突破 4000 名（4185 名）后，仅过了两年时间，即 1996 年，招募人数突破了 5000，达到了 5032 名。

进入新世纪后，JET 项目的规模得到了进一步壮大，在 2000 年招募人数更是突破了 6000 名（7078 名），在 2002 年达到项目有史以来的最高峰，在该年其招募人数高达 6273 名。自 2005 年以后，JET 项目的招募人数有所下降，从 5835 名下降至 2011 年的 4330 名。但自 2012 年以后，JET 项目的招募人数开始回升，恢复到巅峰状态。从 2012 年至 2019 年，招募的人数分别为 4360 名、4372 名、4476 名、4786 名、4952 名、5163 名、5528 名、5761 名；涉及的国家数量分别为 40 个、40 个、42 个、43 个、40 个、44 个、54 个、57 个。

随着 JET 项目的稳步开展，招募对象国家逐渐扩大至全球各大洲的主要国家。据 JET 项目官方网站发布的统计数据显示，截至 2014 年 12 月，参与 JET 项目的外籍人数累计达到 60480 名，来源国累计覆盖至 63 个国家，其中，38700 名来自北美洲，12100 名来自欧洲和俄罗斯，8700 名来自亚洲和大洋洲，500 名来自非洲，480 名来自中美洲和南美洲。这些数据表明，日本政府使参与 JET 项目的海外国家多元化（图 3）。

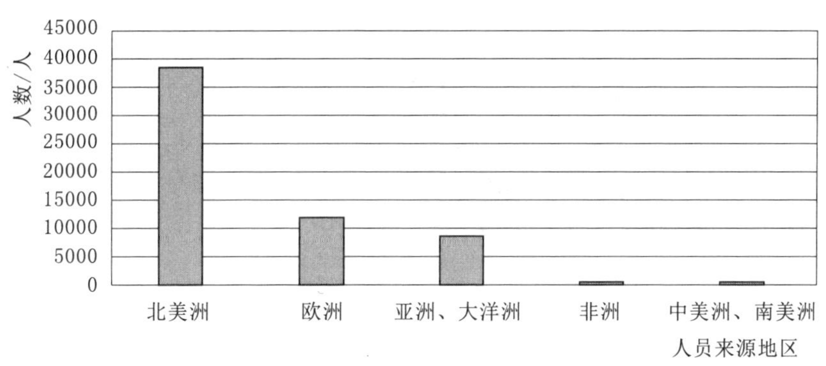


图 3　JET 项目人员来源

需要指出的是，尽管 JET 项目注重多元化，但 JET 项目自始至终都秉持了“以美国优先”的原则。以 2017 年为例，签约 JET 项目的 5163 名人员中，2924 名来自美国（其中，外语指导助手 2800 名，国际交流员 122 名，体育交流员 2 名），423 名来自英国，351 名来自澳大利亚，235 名来自新西兰，469 名来自加拿大，这 5 个英语系主体国家的人员来源合计比例高达 85.74%，而其中美国占据最大的主体，占 56.63%，超过了总体比例的一半。其主要原因在于：①美国为日本最主要的盟国，主要从美国招募人员有利于深化日美之间的交流；②自明治维新时代以来，“向外国看，向西方看”成为思潮主流，认为“西方最好”“外国即西方，尤其是美国”[1]；③英语对日本的现代化起着关键作用，它代表着西方的思想、技术、机械、产品等，对日本的国际化不可或缺[2]。

### （二）以教学交流为主，兼顾其他交流

如前所述，JET 项目主管方聘用的外方人员担任三种岗位：语言助理教师、国际交流员、体育交流员。在三种岗位中，担任语言助理教师的人数比例最高。以 2019 年发布的岗位情况来看，JET 项目从 57 个国家聘用 5761 名人员，其中，5234 名担任语言助理教师，占总体比例的 90.85%；而担任国际交流员和体育交流员的人数总计只有 525 名，仅占总体比例的 9.11%。

“语言助理教师”，就是受聘的外方人员抵达日本后，被分配到各地的教育委员会或公立中小学里，并接受直属领导或校长的指示，担任外语指导主任或外语教师的助手。虽然在不同的聘用部门里，语言助理教师的具体工作任务略有不同，但总体来看，语言助理教师的具体工作包括：①辅助初高中学校的外语教学工作；②辅助小学的外语活动等；③辅助编撰外语教材；④协助针对外语教师等的在职研修；⑤协助特殊活动或课外活动[特殊活动包括“年级活动”或“班会活动”、“儿童会活动”或“学生会活动”、“俱乐部活动”（仅限小学）、“学校活动”等活动]；⑥向外语指导主任或外语教师提供关于外语学习的相关信息（如语言的使用、发音方法等）；⑦协助开展外语讲演比赛；⑧协助开展地方性国际交流活动；⑨其他直属领导或校长认为必要的工作。

### （三）以合作教学为主，维系本土教师的地位

从上述罗列的工作内容来看，语言助理教师的职责主要是教学“辅助”或其他外语活动的“协助”。实际上，JET 项目的语言助理教师最主要的工作内容为第一项，即“辅助初高中学校的外语教学工作”。为何将这些来自

---

[1] Galloway N. A critical analysis of the JET Programme [J]. The Journal of Kanda University of International Studies，2009，21：169－207.

[2] MEXT. Handbook for Team Teaching [M]. Tokyo：Gyosei Corporation，1994.

国外的教学人员称为“语言助理教师”呢？

语言助理教师的英文名称为“assistant language teacher”，这个英文名称中的“assistant”（助理）一词对JET项目的这些外方人员进行了身份限定，即不能给与他们正式的教师身份，而是只能以“助理”的身份协助日本本土外语教师在外语课堂上进行合作教学。原因归为两个方面：①日本的法律规定，如果没有获得日本政府颁发的教师资格证，外籍人员不能在日本独立授课，否则属于非法行为；②将JET项目的外方人员给与“语言助理教师”而不是“语言教师”的身份，实属日本政府有意为之，使得在合作教学中由日本本地教师进行主导，而外方人员进行协作，在身份上有利于维系日本本土教师的身份和地位，防止学生认为“外籍教师优于本国教师”“外国文化优于本国文化”的迷思。

由于语言助理教师不能独立授课，因而，JET项目将大量语言助理教师安置到日本全国各地的中小学里，与日本本土的外语教师在课堂上开展合作教学。外籍教师与本土教师在中小学外语课堂上的合作教学（team - teaching）成为日本JET项目的最大特色。合作教学就是两名及两名以上的教师，依托专业互补，组建成一组教学小队，同时在一个课堂上进行合作教学的模式。合作教学有着多种名称，也被称作为共同教学（collaborative teaching）、协作教学（cooperative teaching）等。

合作教学是从特殊教育衍化而来。20世纪80年代在美国开展了特殊教育教师和常规教育教师合作教学。由于美国政府颁布的《有特殊需要学生教育法案》要求不能将那些身体残疾、智力落后的有特殊需要的学生与正常学生分割开来进行授课，以免形成教育歧视，而是要求让他们同常规学生在同一个教室里学习，一些学校创新性地提出了让特殊教育教师和常规教育教师进行合作教学的教学方法，特殊教育教师主要负责那些有特殊需要学生的护理，常规教育教师负责常规通识知识的教学。这种关系，从实质上来讲就是一种协作教学（cooperative teaching）。在1995年，Cook & Friend将cooperative teaching缩写为co - teaching。此后，在教育界和学术界多使用co - teaching。日本实施JET项目之后，则采用了team teaching这一术语，来呈现外籍教师与本土教师之间的合作教学的关系。

在开展合作教学时，外籍教师与本土教师随着教学内容的变化，其自身扮演的教学角色也随之发生变化。总体来看，外籍教师与本土教师的合作教学可以归纳为五种模式。需要指出的是，这五种合作教学模式不是机械的或唯一的，而是应当围绕教学目的和教学内容，选择合适的合作教学模式进行。五种合作教学模式具体如下：

1）一位教，一位观察（one teach，one observe）。在这种合作教学模式中，外籍教师和本土教师中，一位教师充当教学主体，另一位充当教学助理的作用。主讲教师负责主体内容的教学，教学助理则负责敦促学生认真听课，维护课堂纪律，观摩记录课堂。

2）一位教，一位协助（one teach，one assist）。在这种合作教学模式中，外籍教师和本土教师中，一位教师充当教学主体，另一位教师则协助教学。例如，当课文的学习内容为情人节时，此时，可由外籍教师充当教学主体，本土教师则进行辅助教学，对学生不明白的地方进行翻译或释疑。究其原因，外籍教师对情人节的来历，庆祝传统等有着多年的亲身经历和体会，这部分教学更容易上手。

3）平行教学（parallel teaching）。在这种合作教学模式中，外籍教师和本土教师均为教学主体，通常是将班级学生划分为两个大组，外籍教师和本土教师各自负责其中一组学生的教学，但外籍教师和本土教师的教学内容相同。这种教学模式主要是为了提高教学的效率和教学效果，尤其适用于口语教学。比如，在进行 my hometown 的口语教学时，如果外籍教师和本土教师分别负责一组学生的教学，则两名教师将会敦促更多的学生进行口语产出，并对口语中出现的问题进行及时解决，这种模式显然比一名教师的教学效率要高出许多。

4）站点教学（station teaching）。在这种合作教学模式中，外籍教师和本土教师均为教学主体。两名教师分别位于两个不同的教学站点（station），负责不同内容的教学，学生依据自己的不同学习需要，分别前往两个站点进行学习。例如，在进行跨文化的比较教学时，外籍教师和本土教师可以采取站点教学的模式。外籍教师可以负责英语系国家的文化教学，本土教师可以负责本土国家的文化教学，学生在两个站点进行轮流学习。

5）团队教学（team teaching）。在这种合作教学模式中，外籍教师和本土教师以团队的方式进行合作，共同完成教学。例如，当外籍教师在讲授情人节时，本土教师向学生展示与之配套的贺卡、礼物等，使学生更加容易理解教学内容。

# 七、合作教学案例示范

## （一）听力合作教学

《合作教学指导手册》[1] 对听力的合作教学进行了示范教学。以 *NEW TOTAL English Book* 第二册第 8 课的课文 “Yu - zuru” 为例，其课文内容为：

*That night Sodo and Unzu came to buy the cloth*

May I see the cloth, please?

Yes, you may. Here.

Good cloth. But it's not enough.

Tsu is making more now.

Unzu went to Tsu's door.

May we see your new wife?

No, you may not. Wait! I made a promise.

But the man opened the door. Yohyo looked, too. A crane was making the cloth with its feathers!

对于这篇课文，重点句型为：

Can I see the cloth?

May I see the cloth?

Yes, you may. /No, you may not.

这篇课文的教学目标主要包括两点：①能够弄懂 Yu - zuru 的故事以及外籍教师和本土教师之间的对话；②能够使用 “may” 获得或给予许可。根据这些教学目标，外籍教师和本土教师的合作教学程序可以如下进行（表 3）：

---

[1] MEXT. Handbook for Team - teaching [M]. Tokyo: Gyosei Corporation, 1994 & 2002.

**表 3　　听力合作教学示例**

<table>
<tr><td rowspan="2">教学过程</td><td rowspan="2">用时</td><td colspan="3">教　学　活　动</td></tr>
<tr><td>本土教师</td><td>外籍教师</td><td>学生</td></tr>
<tr><td rowspan="2">热身练习</td><td rowspan="2">8 分钟</td><td rowspan="2">问候。<br>歌唱并弹奏吉他。<br>帮助学生</td><td colspan="2">歌唱一首英文歌曲</td></tr>
<tr><td>提供线索或暗示</td><td>听这些线索或暗示，猜测答案</td></tr>
<tr><td>陈列新材料<br>口语活动</td><td>12 分钟</td><td colspan="2">结合身体语言，进行包括目标语句的对话。<br>检查学生在 T－F 测试中的答案。<br>介绍口语练习</td><td>观看和倾听。<br>做 T－F 测试练习。<br>做口语练习</td></tr>
<tr><td rowspan="2">交际活动<br>游戏</td><td rowspan="2">12 分钟</td><td colspan="2">告诉学生如何做这个活动。<br>演示这个活动。<br>帮助学生</td><td rowspan="2">观看和倾听。<br>结对进行练习。<br>与外籍教师一起活动</td></tr>
<tr><td>提名几个学生</td><td>与学生一起活动</td></tr>
<tr><td rowspan="3">单词<br>对话陈述<br>理解检查<br>阅读</td><td rowspan="3">15 分钟</td><td>检查单词意思</td><td>读单词</td><td>跟着外籍教师一起读单词</td></tr>
<tr><td colspan="2">演示有关这个故事的对话</td><td>观看和倾听</td></tr>
<tr><td>用英语提一些问题。<br>读课文</td><td>用英语提一些问题</td><td>回答问题。<br>重复外籍教师与本土教师</td></tr>
<tr><td>巩固</td><td>3 分钟</td><td></td><td>使用“May I -?”句型进行提问</td><td>回答问题</td></tr>
</table>

（1）热身阶段。在热身阶段，教师和师生之间均可以先进行简单的问候，然后进行游戏活动预热。例如，可以进行“What am I?”这类的游戏热身活动。在这个游戏活动里，教师给学生一个 answer sheet 表。学生在表格里填写答案。外籍教师可以适当给予提示以帮助学生回答。提示越少的情况下如果学生回答正确越多，那么学生的得分就越高（表 4）。

例 1：I am sometimes long and sometimes short.

例 2：I am sometimes black sometimes brown or red or yellow.

**表 4　　听力合作教学热身环节**

| 提示 | 分数 | 问题 1 | 问题 2 | 问题 3 |
| --- | --- | --- | --- | --- |
| 1 | 100 | | | |
| 2 | 80 | | | |
| 3 | 40 | | | |
| 4 | 20 | | | |
| 5 | −20 | | | |

例 3：I am sometimes straight and sometimes curly.

例 4：Mine is brown（black etc.）.

例 5：I am on your head.

（2）陈述新材料。在“陈列新材料”这个环节，外籍教师和本土教师需要进行合作性对话，在对话中嵌入需要学习的目标语句，学生在现场示范的观看和倾听中，更为容易地掌握这些需要学习的目标语句需要指出的是，在外籍教师和本土教师的合作对话中，目标语句不应只是出现一次，而是要多重复几次，这样可以让学生注意到这些目标语句，促进学生对这些目标语句的习得。《合作教学指导手册》在第 33 页对这一教学环节的对话进行了示范，具体如下：

AET：Hi. It's a nice day，isn't it?

JTE：Yes.

AET：I feel hot now. May I open the window?（With gestures.）

JTE：I don't think so.

AET：It's very hot. May I open the window?（Ask some students.）

Ss：Yes.

AET：Thank you.（Open the window.）

JTE：Oh no! I have a cold. May I close the window?

AET：No，you may not. It's hot.

JTE：OK. I have a good idea. Shall we play “JANKEN”?

AET：Yes，let's.

(Play “JANKEN” . The JTE wins.)

JTE：May I close the window?

AET：Yes，you may.

JTE：Thank you.

（3）交际性游戏。在这一阶段，外籍教师和本土教师示范如何进行这个游戏活动。例如，本土教师扮演一个孩子的角色，外籍教师扮演孩子的父亲的角色。本土教师问询外籍教师，“May I play ... ?”“May I go to ... ?”。外籍教师回答问题，然后本土教师猜测。接下来，学生们进行结对游戏活动。这一活动主要聚焦于听力和口语。

（4）对话陈述。由于学生在课前已经预习过课文，如果外籍教师和本土教师只是照着课文再读的话，学生会感到乏味，失去学习动机。因此，教师可以重新编写这个故事，对于难词难句，教师可以进行重释或添加新信息。因此，在“对话陈述”这个环节，教师可以借助图片，进行对话。《合作教学指导手册》在第 34 页对这一教学环节的对话进行了示范：

AET：Who are they?（Pointing at the picture）

JTE：They are Sodo and Unzu.

AET：Why did they come to Yohyo's house?

JTE：They wanted to see the cloth and take it.

AET：It's good cloth. Who made this?

JTE：Yohyo's new wife “Tsu” did.

AET：What did they say?

JTE：They said “May we open this door?” and “May we see her?”

AET：Did they see her?

JTE：No，they didn't.

AET：Why not?

JTE：Because Yohyo made a promise not to go in when she was in her room.

AET：I see.

JTE：Because they opened the door.

AET：What's inside?

JTE：（Show the picture of a crane.）They saw a crane. The crane was making the cloth with its feathers.

AET：Was it Tsu?

JTE：Yes，she was Yohyo's wife.

在“对话陈述”环节之后，外籍教师和本土教师可以借助图片卡，对学生的听力理解情况进行进一步核查。核查的方式主要通过提问。此时，外籍教师和本土教师可以在教师里分别负责一部分学生群体，进行提问。这样，可以提高课堂的效率。《合作教学指导手册》在第 34 页对这些提问进行了示范。

例如：

①What did Sodo and Unzu want to see?

②Who made the cloth?

③Did they want to open the door and see his wife?

④Was Tsu in the room?

⑤What was in the room?

⑥Do you think Yohyo was a bad husband? Why?

### (二) 口语合作教学

《合作教学指导手册》(p. 74 - 76) 对口语的合作教学进行了详细的教学示范展示 (表 5)。以 Hello English I New Edition (Gakko Tosho) 第 11 课的课文“The Train of Tomorrow”为例，其课文内容为：

Can a train travel at a speed of over 500 kilometers an hour? It seems impossible, but this train of tomorrow is already here.

Scientists and engineers come from all over the world to visit Miyazaki in Japan. There they can see the new train. This train system has no rails, no signals and no crossings. It is not affected by small stones or snow because the train floats 10 centimeters above the track. The train is operated from a control center.

The system uses electro - magnetic power. This lifts the train in the air and makes it fly over a track. The train is called the Linear Motor Car Maglev.

The Linear Motor Car Maglev is beautiful. It is small and white with a red line along its side. At the test center in Miyazaki, the Maglev runs silently along a 7 - kilometer track. It can reach a speed of 150 kilometers an hour in thirty - one seconds. Only the view from the window shows it is moving at high speed.

Japanese engineers say that the new train is much better than the JR "bullet train" . Trains will run between Tokyo and Osaka in an hour. The Linear Motor Car Maglev is surely the train of tomorrow. It will be seen in the near future.

(1) 热身阶段。在热身阶段，外籍教师和本土教师之间，教师与学生之间，学生与学生之间可以先进行简短的问候，例如，可以使用如下问候语：

Good morning. How are you?

Did you take bus to go to school?

Did you go to bed early last night?

What time did you go to bed?

**表 5　　口语合作教学示例**

<table>
<tr><th rowspan="2">Procedure</th><th rowspan="2">Time/m.</th><th colspan="3">Activities</th><th rowspan="2">Notes</th></tr>
<tr><th>JTE</th><th>AET</th><th>Students</th></tr>
<tr><td rowspan="2">Warm - up Speaking activity 1</td><td rowspan="2">10</td><td colspan="2">Short conversation on their favorite means of transportation.<br>Walk around & listen.</td><td>Listen.<br>Name as many systems of transportation as possible.</td><td>Pair - work.</td></tr>
<tr><td></td><td>Ask about transportation systems in Japan.</td><td>Answer.</td><td>Q & A.</td></tr>
<tr><td>New words & expressions. Reading compreh - ension.</td><td>13</td><td>Show flash-cards on new words.<br>Ask students to read the text.</td><td>Explain meaning & usage.<br>Check pronunciation.<br>Ask questions.</td><td>Repeat after the AET.<br>Read the text silently.<br>Answer questions.</td><td>Q & A.</td></tr>
</table>

续表

<table>
<tr><th rowspan="2">Procedure</th><th rowspan="2">Time/m.</th><th colspan="3">Activities</th><th rowspan="2">Notes</th></tr>
<tr><th>JTE</th><th>AET</th><th>Students</th></tr>
<tr><td rowspan="4">New grammar speaking activity 2. Grammar game.</td><td rowspan="4">14</td><td colspan="2">Short conversation using the SVOC sentence pattern.</td><td></td><td>Worksheet.</td></tr>
<tr><td>Explain the form briefly.</td><td></td><td></td><td></td></tr>
<tr><td></td><td>Explain the game.</td><td>Walk around & play the game.</td><td>Whole class activity.</td></tr>
<tr><td colspan="2">Ask some students to report the result of the game.</td><td>Report.</td><td></td></tr>
<tr><td rowspan="3">Consolidation.</td><td rowspan="3">13</td><td colspan="2">Short conversation about the future of the Linear Motor Car.</td><td>Listen.</td><td></td></tr>
<tr><td></td><td>Join each group.</td><td>Discuss in groups the images of the Linear Motor Car.</td><td>Group work.</td></tr>
<tr><td colspan="2">Ask some students to report on their discussion.</td><td>Report.</td><td></td></tr>
</table>

（《合作教学指导手册》第 76 页）

Did you sleep well last night?

What time did you get up this morning?

Did you have breakfast this morning?

Are you hungry?

Do you listen to English song often?

Do you watch TV often?

What program do you like?

Do you play football often?

How do you spend your free time on Sundays?

由于本篇文章的主题是更快的交通方式，外籍教师和本土教师可以进行一个有关他们通常所喜欢的交通的对话，例如，对话内容可以为：

JTE：How do you like to travel? Do you like travelling by air?

AET：Well，that depends. But I prefer travelling by train rather than by airplane. How about you?

JET：I like travelling by air better. It's fast and convenient. And we don't have to worry about its safety any more.

AET：Oh，you are lucky if you can feel safe on an airplane. I still can't feel at ease after travelling by air so many times.

（2）口语活动1。这一阶段主要是结对进行问答活动。学生两人一组，相互问答他们所知道的交通体系或方式的名字。然后，外籍教师谈论他来源国家的一些交通方式，在介绍时要结合一些图片进行。同时，外籍教师也可以向学生提问，要求学生思考外籍教师来源国家的交通方式或他们是否喜欢使用。

（3）单词介绍及阅读理解。外籍教师和本土教师一同协作，借助词汇卡片或图片解释语篇中的一些单词或表达法。要求学生读这些单词，从而检验学生的拼读情况是否准确，发音是否到位。外籍教师提出一些问题，检验学生对他们所读文本篇章的内容理解情况。

（4）语法项目及游戏。课文中的语法项目主要涉及的是SVOC句子结构以及将来时态中的被动语态。外籍教师和本土教师在他们的对话中可以使用SVOC句子结构谈论他们前一周所见所闻。同样，他们还可以使用被动语态，谈论未来的交通体系。

（5）巩固活动。外籍教师和本土教师进行一个简短对话，内容主要涉及未来的交通方式。在学生听完外籍教师和本土教师的对话之后，学生以4人为一个小组，相互交谈他们自身对未来交通方式的设想。在学生进行会话讨论的过程中，外籍教师依次加入每个小组，每个小组停留数分钟。

### （三）阅读合作教学

合作教学不仅可以用于听力教学和口语教学中，同样，合作教学也可以运用于阅读教学中（表6）。对于外籍英语教师和本土英语教师的合作教学，《合作教学指导手册》（p. 82－85）对阅读的合作教学进行了详细的教学示范展示。以Revised Milestone English Course 1（Keirinkan）第6课的课文“Gateway to the USA”为例，其课文内容为：

The Statue of Liberty has an interesting story. It was not made by Americans, but by French people. And it was designed by a French sculptor, Auguste Bartholdi.

One summer evening in 1865, Bartholdi was invited to a party by his friend. The guests were talking about France and the United States. The French had helped the Americans fight for their freedom. The host of the party said, “A monument should be built to celebrate American freedom. It should be built by the work of both countries.” Then Bartholdi made up his mind to build a monument. He asked his friend what to do first. His friend suggested that he should go to America.

When his ship approached New York, he went on deck to catch his first sight of the city. In front of him, he saw a very small island. “That is the right place!” cried Bartholdi. “I want to build my statue on that island. And I will call the statue ‘Liberty Enlightening the World.’” Suddenly he knew how the statue should look.

By the time the ship docked, he had drawn a picture of a calm, proud lady. She wore a long robe, and on her head was a crown. Bartholdi remembered the quiet strength his own mother had always shown. “My mother is the best model for the statue,” he thought.

When Bartholdi came back to Paris, he set himself to work. He asked his friend Alexandre Eiffel to make a framework for the statue. It had to be strong enough to stand storms.

In August 1876, the arm with the torch arrived in Philadelphia. Miss Liberty's head was finished in time for the Paris World Fair in 1878. By 1884, the statue was completed.

（1）热身阶段。这篇阅读为日本高中阶段使用教材里的内容。文章围绕自由女神雕塑，对其历史进行了介绍。在热身阶段（warm－up），热身阶段的时间大约为 7 分钟。在这一阶段，外籍教师和本土教师可以就自由女神雕塑进行示范性简短对话，旨在进行背景知识信息的交流，并引起学生对这一课文主题的关注和兴趣。当外籍教师和本土教师在进行对话时，学生应当仔细倾听，并注意如何开始对话。例如，外籍教师和本土教师的对话内容可以为：

JTE：Have you ever heard of the Statue of Liberty?

AET：Yes. Isn't it the statute that stands in New York Harbor?

JTE：That's right. Have you seen it?

AET：No，I haven't. But I would like to someday.

外籍教师和本土教师的示范性对话结束后，学生以结对的方式，两人一组进行对话，就自身对自由女神雕塑的知识进行信息交换（information exchange）。外籍教师和本土教师可以帮助和监督学生之间的交流。之后，让一些学生陈述他们在对话中所交流的信息，教师对学生的回答进行评价或提问。

**表 6　　阅读合作教学示范**

<table>
<tr><th rowspan="2">Procedure</th><th rowspan="2">Time/m.</th><th colspan="3">Activities</th><th rowspan="2">Notes</th></tr>
<tr><th>JTE</th><th>AET</th><th>Students</th></tr>
<tr><td rowspan="4">Warm - up.<br>Sharing background knowledge.<br>Pairwork.<br>Sharing information in class.</td><td rowspan="4">7</td><td colspan="2">Have a conversation.</td><td rowspan="2">Listen to the conversation.<br>Pay attention to how to begin the conversation.</td><td rowspan="2"></td></tr>
<tr><td colspan="2">"Have you ever heard of the Statue of Liberty?"<br>"Yes, isn't it the statue that stands in New York Harbor?"<br>"That's right. Have you seen it?"<br>"No. I haven't. But I would like to someday."</td></tr>
<tr><td colspan="2">Help students.</td><td>Exchange anything they know about the Statue of Liberty in pairs.</td><td rowspan="2">Talk about as many things as possible.</td></tr>
<tr><td colspan="2">Tell a couple of students to present what they have exchanged in pair work.<br>Give comments or questions.</td><td>Present the out - come of the pair work.</td></tr>
</table>

续表

| Procedure | Time/m. | Activities | | | Notes |
|---|---|---|---|---|---|
| | | JTE | AET | Students | |
| Presentation of new material. Questions for comprehen-sion. | 13 | | Give questions orally.<br>Read the text. | Write down the questions in note-book.<br>Listen to the AET.<br>Read silently and write answers.<br>Answer orally. | Close the book. |
| | | Walk around and help students. | | | |
| | | Write key words of the an-swers on the board. | Ask students to answer. | | |
| Practice oral summary. | 10 | Have some students make a sum-mary.<br>Point to the key words as students make their summaries. | | Make oral sum-mary of the para-graphs. | Close the book.<br>Have them try to speak in their own words. |
| Activity jigsaw sentences. | 20 | Divide students into 4 groups of a-bout ten.<br>Give each student in a group a phrase.<br>Have them memorize the phrase.<br>Demonstrate how to do the activi-ty.<br>Walk around and help students.<br>Present the correct sentences. | | Form groups.<br>Learn the phrase by heart.<br>Move around and find the com-panion phrase. | Have them memorize completely. |

(2) 问题回答阶段。在问题回答阶段，教师可以向学生询问一系列问题，例如：

(a) Was the Statue of Liberty made by Americans?

(b) Then who made it? Who was the designer?

(c) Why did the French people want to build a monument?

(d) What kind of suggestion did Bartholdi get from his friend?

(e) Where in New York did he decide to erect the monument?

(f) Who was the model for the Statue of Liberty?

(g) Who made the framework strong enough to stand storms?

这些问题都是围绕自由女神雕塑展开的。在这一环节里，教师把问题可以写在黑板上，幻灯片上，或打印在纸张上发给学生，外籍教师和本土教师均在教室里四处走动，帮助有问题的学生。同时，本土教师可以把关键词写在黑板上，外籍教师向学生提问并让学生回答。

(3) 口头概述（Oral Summary）。口头概述对学生而言，是一项具有挑战性但同时也是一项具有创造性的任务活动。在这个活动里，教师将予以学生适当帮助。例如，可以把一些关键信息词写在黑板上，教师也可以在教师里前后走动，帮助有需要的学生。需要注意的是，口头概述不是去背诵课文，而是利用信息关键词对课文进行的重述，是一个再生产的过程。这一任务，主要靠学生自行完成。教师发挥的作用是辅助和敦促的作用，给学生提供适当的“支架点”，推动学生完成任务，使学生进一步理解课文。

(4) 信息差句子（Jigsaw Sentences）。

Sentence 1

(Phrase a) Many people may think that the Statue of Liberty was made by Americans,

(Phrase b) but actually it was designed by a French sculptor and made by French people.

Sentence 2

(Phrase c) When Bartholdi decided to build a monument,

(Phrase d) his friend suggested that he go to America.

Sentence 3

(Phrase e) As his ship approached New York, he saw a very small island

(Phrase f) and thought that it was the right place for his statue to stand.

Sentence 4

(Phrase g) His mother was the model for the statue,

(Phrase h) because she had always shown a quiet strength.

Sentence 5

(Phrase i) When he came back to Paris he asked for his friend Alexandre Eiffel,

(Phrase j) who made a framework strong enough to stand storms.

Sentence 6

(Phrase k) Miss Liberty's head was finished in time for the Paris World Fair in 1878

(Phrase l) but it was in 1884 that the statue was completed.

信息差句子任务由外籍教师和本土教师合作设计，依据课本内容进行改编编写而成，在外籍教师的合作下，信息差句子任务很容易设计出来。信息差句子任务主要用于增强学生对文章的理解。在信息差句子任务中，发给每组学生一张纸条，上面的内容为只有开头（结尾开放式）或只有结尾（开头开放式）的小句，学生背住自己纸条上的内容后，去其他组与其他同学进行听说交流，匹配彼此纸条上的内容，使之与所学课文内容相符合，并组合成完整的句子。

### （四）写作合作教学

《合作教学指导手册》（p. 51 – 55）对写作的合作教学进行了详细的教学示范展示（表 7）。以 Columbus English Course 1（Mitsumura Book Publishing CO.，LTD.）第 8 课的课文"A Letter from Mika's Brother"为例，其课文内容为：

Ted：Really? Thanks.
Do you have a friend in Australia?

Mika：No. It's a letter from my brother，Ken.
He's in Australia.

Ted：Does he write to you very often?

Mika：No，he doesn't. But he sometimes sends little presents.

Ted：Does he like Australia?

Mika：Yes，he loves it. He goes surfing every day. He doesn't study at all.

Ted：What? Surfing every day? Great!

表 7　　　　写作合作教学示范

| Procedure | Time/m. | Activities: JTE | Activities: AET | Activities: Students | Notes |
|---|---|---|---|---|---|
| Warm - up (jazz Chants) | 3 | Join in the activity. | | Clap hands and chant. | Create a relaxed atmosphere. |
| Review writing. Find the differences 1 | 6 | Show students picture A (JTE's room). | Show students picture A (AET's room). | Look at pictures. Find differences. Write them on worksheet. | Picture A and B. Worksheet 1. |
| | | Have students write differences between the two pictures. | | | |
| Presentation of new materials. | 3 | Give oral introduction using the target sentences. | | Listen to dialog. | Introduce new words putting cards on board. |
| | 8 | Demonstrate the dialog in the text. Ask students questions about the dialog. Explain how to ask questions using "Does he/she . . . ?" . | | Watch and listen. Answer the AET's questions. Repeat after the AET. | Picture cards. |
| | 3 | Write target expressions on board. Have students ask the AET questions. | Help students. Answer their questions. | Copy target sentences. Ask the AET questions. | |
| | 2 | Help students if necessary. | Pronounce new words. Introduce their meanings. | Repeat after the AET. Guess their meanings. | Flashcards. |

续表

| Procedure | Time/m. | Activities | | | Notes |
|---|---|---|---|---|---|
| | | JTE | AET | Students | |
| Listening & oral reading. | 5 | Read Ted's part. | Read Mika's part. | Listen. | |
| | | Ask students to read in pairs.<br>Help students. | | Repeat after the AET/the JTE.<br>Role play reading. | |
| Communicative writing 1 (Find the differences 2) | 7 | Ask students to form pairs and give each of them different pictures.<br>Have them ask their partners questions and find discrepancies between the two pictures (without looking at the partner's picture).<br>e. g. Does she like football? No, she doesn't. | | Form pairs and fill in blanks on worksheet 2. | Worksheet 2. |
| Commun-icative writing 2 (Please find my pet!) | 10 | Explain how to play the game. | | Separate into two groups, A and B:<br>(1) Write a letter describing his/her lost pet.<br>(2) Get a letter from the partner and find the lost pet in the picture.<br>Write a reply to his/her partner. | OHP<br>Picture cards.<br>Worksheet 3 (letter).<br>(After the lesson)<br>Give com-ments if necessary. |
| | | Help group A. | Help group B. | | |
| | | Have each student choose an animal as his/her pet and write a letter to his/her partner.<br>Have them exchange letters.<br>Help students find the right animal. | | | |
| Wrap-up. | 3 | Ask some pairs to read their letters. | | Listen and take notes. | Put letters on wall. |

(1) 写作预演。第一个活动是辨认与模仿练习 (recognition-and-copying exercise)。要求学生辨认外籍教师和本土教师展示给他们两幅图片

上的不同，并把这些不同写在其中一幅图片上。使用的教学图片可以是来源于课本，也可以是来源于其他教学资源。图片内容可以是房间、城镇、动物园、公园或其他。两幅图片几乎一样，除了少数几处不同，这种任务活动也称之为找图片差异活动（difference－spotting task）。例如，在外籍教师 Miss A 的房间里有两把吉他，还有一只猫，而在本土教师 Mr. J 的房间里有一个暖桌和一只黑色的狗。

（2）交际式写作 1。本活动与第一项活动类似，不同之处在于本活动中学生去运用他们刚所学知识进行提问。学生以两人为一个小组，每个人被给予一幅不同的图片，每幅图片含有一个人物的信息。学生尽力去找出两幅图片的差异。首先，学生在不看对方图片的情况下，使用问题询问对方的图片，猜测对方图片和自己所持图片内容的不同之处，并把这些不同之处写下来。两名学生之间不断进行问答，直到找出两幅图片上所有的不同。例如，可以采用以下方式提问：

学生 1：Does he like football?

Yes，he does.

学生 2：Does she like football，too?

No，she doesn't.

（3）交际式写作 2。发给每名学生一幅图片，图片内容是公园。图片上展示出各种不同动物。学生从这些动物里选择一个动物作为自己丢失的宠物，然后在信件里对此进行描述。

Dear ______，

Please find my pet. He/She is in the park near your house.

He/She is（small，big，cute，tall，white，etc.）

He/She has（four legs，a long tail，a hat，etc.）

______________________________________________

______________________________________________

______________________________________________

______________________________________________

Your friend，

______________

在写完信件之后，学生彼此间进行信件交换，对方尽力按丢失的动物进行回应，并写信件回复对方。

Dear ______，

I think your pet is in the park near my house. He/She is（under the tree，near the pond，etc.）

Is this your pet? Please come and see.

Your friend，

______________

如果“失主”收到了对方正确的回复，他/她将在信件上画一个圈，并把该信件返回给对方。

## （五）文化合作教学

《合作教学指导手册》（p. 56－63）对口语的合作教学进行了详细的教学示范展示（表 8）。以 Everyday English 2（Chukyo Shuppan）第 10 课的课文“Valentine Cards”为例，其课文内容为：

Becky：So getting a Valentine card won't surprise a Japanese boy.

Emi：No. But what do you mean?

Becky：I can use this chance，too！I'll send a card to Koji in the States. I still like him the best.

Emi：That's a great idea！He likes you，too. I think.

Becky：Oh，I hope so. I'm going to make a special card just for Koji. Will you help me，Emi?

Emi：Sure.

（1）对否定的回答。对于否定的回答，是文化中的一个具体语言现象。日本文化和英语文化对否定的回答有着很大的差异。教师可以谈论这些差异出现的文化原因。例如，外籍教师可以用他/她自己亲历的经历来展示由于这种文化差异所引发的迷惑。为了引起学生的兴趣，外籍教师和本土教师可以先进行简要的对话示范，比如，本土教师可以向外籍教师问道：You didn't have breakfast this morning. 如果外籍教师回答为：Yes，I did. 然后，要求学生回答外籍教师是否早上吃过了早餐。

表 8 文化合作教学示范

<table>
<tr><th rowspan="2">Procedure</th><th rowspan="2">Time/ m.</th><th colspan="3">Activities</th><th rowspan="2">Notes</th></tr>
<tr><th>JTE</th><th>AET</th><th>Students</th></tr>
<tr><td rowspan="3">Review (Part B) Reading. Topics of the text.</td><td rowspan="3">8</td><td colspan="2">Give a model reading of the text.<br>Read the text aloud.</td><td>Listen.<br>Repeat after the JTE and the AET.</td><td rowspan="3">Read in a lively way.</td></tr>
<tr><td colspan="3">Talk about “White Day” .<br>Ex. Do you know the word “White Day”?<br>Did you give anything to anyone on White day?<br>Discuss whether Japanese girls/boys are shy and reserved.</td></tr>
<tr><td colspan="2">Talk about the word (reserved).</td><td>Listen.</td></tr>
<tr><td rowspan="4">New material. How to respond to negative sentences. Text</td><td rowspan="2">10</td><td colspan="2">Explain the different responses to negative sentences in English and in Japanese.<br>Give quizzes, using negative sentences.</td><td rowspan="2">Listen.<br>Answer them.<br>Respond.</td><td rowspan="2">Use humorous sentences.</td></tr>
<tr><td>Help students respond if necessary.</td><td>Give easy negative sentences.</td></tr>
<tr><td rowspan="2">8</td><td colspan="2">Read the text aloud twice.</td><td>Listen.</td><td rowspan="2"></td></tr>
<tr><td>Occasionally give hints about the text.<br>Help students to read.</td><td>Give some questions on the text.<br>Hep students to read.</td><td>Read the text and answer the questions.<br>Read aloud in pairs.</td></tr>
<tr><td>Commun-icative practice.</td><td>8</td><td>Have students do practice 4 in the textbook p. 71.</td><td>Help students to do the practice.<br>Answer students’ questions.</td><td>Make pairs and do the practice.<br>Ask “What ... do you like the best?”</td><td>Practice using “the best” .</td></tr>
</table>

续表

| Procedure | Time/m. | Activities | | | Notes |
|---|---|---|---|---|---|
| | | JTE | AET | Students | |
| Valentine's Day in the AET's country | 10 | Have students listen to the AET and guess if they are true or not.<br>Listen to the AET's talk, and assist if necessary.<br>Have students ask questions. | Give some sentences on Valentine's Day in his/her country.<br>Give answers and continue the talk.<br>Answer students' questions. | Listen to the AET and decide whether each sentence is true or false.<br>Listen to the AET's talk and take notes.<br>Ask the AET about Valentine's Day in his/her country. | Students prepare questions beforehand. |
| Consoli-dation | 6 | Have students write some sentences about Valentine's Day. | Help students to write. | Write some sentences using the notes taken during the talk. | |

(2) 使用“like the best”进行交际练习。课文主题是情人节，因而课文中有几个句子涉及到 like 的句型，尤其是 like the best，这是本文需要学生掌握的学习重点之一。学生可以利用图表中的内容进行交际练习（表 A、表 B）。

**表 A**

| 人物 | 动物 | 食物 | 科目 |
|---|---|---|---|
| Yoko | | | math |
| Osamu | dogs | hotdogs | |
| Keiko | | | art |
| 相手 | | | |

例如：A：What animal does Yoko like the best?

B：She likes koalas the best. What animal...?

**表 B**

| 人物 | 动物 | 食物 | 科目 |
| --- | --- | --- | --- |
| Yoko | koalas | chocolate | |
| Osamu | | | music |
| Keiko | cats | cakes | |
| 相手 | | | |

例如：A：What animal does Yoko like the best?

B：She likes koalas the best. What animal...?

(3) 西方国家的情人节。情人节是一个让学生十分感兴趣的教学主题。对于西方的情人节，学生眼里充满了好奇，例如，好奇外籍教师是如何度过情人节的。为了进一步吸引学生的学习兴趣，外籍教师可以向学生提一些有关情人节的问题或者进行比较西方与日本庆祝情人节异同的正确与错误的判断。例如，外籍教师可以表述：I gave some flowers to a girl，然后要求学生来判断这种做法是正确还是错误。这样表述的原因在于，在日本，通常是女生向她所喜欢的男生赠送巧克力来表达她对他的爱。之后，学生可以提出各种有关情人节的问题，让教师进行解释或回答。通过问答的方式，课堂更加具有交际性。再之后，教师可以要求学生进行文化写作，表述外籍教师就情人节所教授的内容。文化写作不是一个轻松的任务，学生在写作过程中可以向两名教师寻求帮助。

## 八、职业培训

### (一) 基本概况

为了提高项目的实施成效，JET 项目对聘用的项目人员展开系统培训（表 9）。培训由四大部分组成：职前培训、职中培训、续约培训、返国培训。“职前培训”，也称为“初到日本的概况介绍会”，由自治体国际化协会、总务省、外务省、文部科学省举办，在录用人员抵达后立即向他们提供在日本生活和工作的基本知识和信息。职前培训适用于所有新来人士，旨在使受聘的外籍人员初步了解在日本生活和工作的信息，为适应日本生活做准备。职中培训进一步熟悉其工作领域相关的一些政策、环境、事务等，旨在提高外籍人员担任语言助理教师的实际教学水平。续约培训以工作坊的形式，培养续约人员的专业技能，确认续约人员新年度的合约职责，旨在确认受聘人员在新年度的续约合约。返国培训则针对不能续约的项目人员，通过提供就业信息、技能培训等各种资讯，帮助他们回国后的生活和就业。

**表 9　　　　项　目　培　训**

| 会议名称 | 举办者/时间 | 目的/参会对象 |
| --- | --- | --- |
| 初到日本的概况介绍会 | 自治体国际化协会、总务省、外务省、文部科学省（4 月初，7 月底和 8 月） | 在录用人员抵达后立即向他们提供在日本生活和工作的基本知识和信息。会议适用于所有新来人士及那些改变工作的人 |
| 年中研讨会 | 自治体国际化协会、总务省、外务省、文部科学省、指定城市政府（9 月至 1 月下旬） | 提供相关工作知识、技能和信息，有助于在整个合同期间继续在日本生活和工作。会议适用于 JET 项目所有参加者 |
| 回国培训会 | 自治体国际化协会、总务省；外务省（3 月初） | 向结束任期的项目人员提供回国基本信息，并通过提供他们国家的信息、具体职业咨询等帮助他们制定和调整就业策略。会议适用于 JET 项目任职第 2 至第 5 年的人员 |

总体来看，JET 项目采用“职前培训—职中培训—续约培训—返国培训”的“一条龙”模式对参与 JET 项目的外籍人士开展培训，既考虑了外籍青年适应日本的实际需求，还考虑了提高外籍青年教学的需求，同时也考虑了外籍青年回国后的发展需求，从而也体现了 JET 项目的“国际化”性质。JET 项目的决策者们希望，JET 项目的参与者们回国后在一些有影响的职位任职，并维持同日本的长期关系，因而，JET 项目尤其重视对外籍青年的返国培训并提供就业信息咨询。

值得注意的是，JET 项目中，大部分签约的外籍人员缺少教育、教学背景及相关经历，在没有足量的、系统的职前技能培训之下就投入到实际教学之中，引发了教育界人士的担忧。例如，JET 项目的外籍人士自 2001 年起开始在小学从事教学，但他们自身却几乎没有接受过教育儿童的专业训练。在这些针对外籍人员的培训中，显然最为重要的当属职中培训。

### （二）合作教学培训

在 JET 项目中，外籍人员所承担的具体工作主要是与本土英语教师展开合作教学，如果没有进行足够的合作教学培训，则无法形成真正的合作教学，因而，网络培训课程中专门设置了合作教学模块。合作教学教师培训模块由七部分组成，分别是：①课程目标；②读物推荐；③导入；④对合作教学的一些假设；⑤外籍教师与日籍教师在课本单元教学中的角色；⑥最后思考；⑦参考文献。

模块的第一部分陈述了合作教学网络课程的培训目标。通过对该模块的学习，教师能够：①对外籍教师和日籍教师的传统看法进行认识和批判性思考，涉及外籍教师和日籍教师各自的长处、短处、教学角色等；②认识和培养双方教师在课程规划、材料制作、教学反思等阶段中的关系；③设计和开展交际活动，融于四种技能的教学里，并容许外籍教师发挥更大的作用。

模块的第二部分为读物推荐，向培训教师推荐了有关合作教学的七篇研究文献，分别是：

1）*Assistant language teachers as sole educators*；

2）*On the way to effective team teaching*；

3）*ALT's roles and duties*：*official documents versus ALT self reports*；

4）*Assistant foreign language teachers in Japanese high schools*：*Focus on the hosting of Japanese teachers*；

5）*Cross-cultural misunderstandings between JTEs and AETs*；

6）*Power-sharing between NS and NNS teachers*：*linguistically powerful AETs vs. Culturally powerful JTEs*；

7）*Cross-cultural misunderstandings between JTEs and AETs*.

模块的第三部分为导入。导入部分介绍了合作教学在过去 30 年里已经成为日本的初中和高中英语教育的一个特色，但是，无论是外籍教师还是本土教师，都有表现出对合作教学模糊不清的案例。这需要对外籍教师和本土教师在课程规划、材料制作、课堂教学等阶段中的关系予以澄清，提出一个符合日本教学环境的外籍教师和本土教师进行合作教学的模式，不仅适用于初中三年的英语教学，还适用于高中三年的继续学习。该模块还设置了两个反思问题：

问题 1：Think back to you own junior and senior high language learned experiences. A) What second language did you study? Did you have NS or NNS teachers? Were your language teachers sole or team teachers? B) How did you perceive your NS teachers' mastery of the language? And/or, how did you perceive you NNS teachers' mastery?

问题 2：A) For ALTs who team teach: How often does the JTE leave the classroom, or not come at all? B) Does your employer ask you to teach in a team capacity, by yourself or is there a lack of clarity?

模块的第五部分为外籍教师与日籍教师在课本单元教学中的角色。初中英语教材有配套的《合作教学手册》，为外籍教师和本土教师进行合作教学时提供了很好的指导，但是高中英语教材没有编写配套的《合作教学手册》，因而，网络培训课程的第五部分则选取了高中英语教材 *One World Communication* 1[1] 中第六课 We Are the World 一课，作为培训案例。该课的主题为 We Are the World（天下一家），讲述了 20 世纪 80 年代筹集资金援助非洲遭受饥荒的儿童的慈善项目，以及 25 年后援助遭受地震灾害的海地的慈善项目。继而，该课的教学目标之一是设置真实性的交际任务，即学生在掌握课文语言和内容的基础上，提出第三个项目，以援助在 2015 年遭受地震的西藏地区。通过分析后发现，学生完成该项目最大的困难是词汇的不足。继而，培训课程设计了以词汇为中心如何进行合作教学的培训内容。词汇教学以 Hatch & Brown（1995）的词汇习得理论为基础[2]。

[1] Ito S, et al. One World English Communication 1 [M]. Tokyo, Kyoiku Shuppan, 2013.

[2] Hatch E, Brown C. Vocabulary, Semantics, and Language Education [M]. New York: Cambridge University Press, 1995.

根据该理论，词汇教学可以按以下几个环节进行：

（1）环节1：遇见新词。在该环节，教学中的挑战主要是第六课*We Are the World*中的许多单词，大约80%至95%，都超出了2000高频词的范围。

（2）环节2～3：学习单词的形式与意义。在该环节，教学中的挑战主要是：①教学中很少对学生专门进行词汇知识的教学；②在学习课文的时候，学生需要同时进行自上而下和自下而上的认知加工过程。

对外籍人士的职业培训应主要为如何开展合作教学，既要对他们单独开展培训，又要让他们与本土教师一同接受合作教学培训，并对他们配备资深导师团，负责传、帮、带，以提高项目的实施成效。

## 九、同窗会的建设

为方便保持与JET项目受聘外方人员的联络，在实施JET项目的第二年即1989年，JET同窗会（JETAA）正式成立。目前，已经在18个国家和地区成了52个同窗会分支，共有会员总数22000名，约占JET项目总参与人数的三分之一。自1995年起，JETAA同窗会每年都召开国际总会，以加强彼此间的联系。

JETAA同窗会不仅设置在日本，同时也遍布海外。在日本，JETAA同窗会主要包括西日本同窗会和东京同窗会。在海外，美国设立的同窗会最多，主要有：华盛顿同窗会、纽约同窗会、新英格兰同窗会、亚特兰大同窗会、中南部同窗会、佛罗里达同窗会、芝加哥同窗会、堪萨斯同窗会、得克萨斯-俄克拉荷马同窗会、落基山同窗会、太平洋西北同窗会、波特兰同窗会、北加州同窗会、南加州同窗会、夏威夷同窗会、阿拉斯加同窗会、五大湖同窗会、明尼苏达同窗会、纳什维尔同窗会。

加拿大设有多个JET项目同窗会，主要位于渥太华、多伦多、魁北克、不列颠哥伦比亚省、南阿尔伯塔省等。英国的多个JET项目同窗会主要包括伦敦地区同窗会、中部地区同窗会、西北地区同窗会、苏格兰和北部地区同窗会。新西兰的JET项目同窗主要设在威灵顿和奥克兰。澳大利亚的JET项目同窗会主要设在西澳大利亚、坎贝拉、昆士兰等地。另外，法国、德国、印度、爱尔兰、牙买加、新加坡、南非、巴西、特立尼达和多巴哥等国家也分别设立了一个JET项目同窗会。

## 十、项目成效

### (一)提升日本的国际化

在全球化时代背景下，国际间的交流日益增加，从资讯、科技、商贸乃至教育，英语已经成为国际交流最重要的沟通工具，因此，掌握英语正是具备全球竞争所需的技能之一。为了培养具备国际视野的新世纪人才，日本自1987年起实施了“青年交换与合作教学”项目（the japan exchange and teaching program，简称JET项目）将聘用外籍教师提升为“引进来”的国家战略。

截至2021年，JET项目已经实施了35年。在这样一个政策不断变更的时代里，JET项目却得以保留并不断延续下去，最主要的原因在于日本政府认为学习英语和英美文化能让日本国民增强在全球市场的国际竞争力。日本的JET项目就如同一座冰山，其露出水面的部分远小于隐藏在水面之下的部分。JET项目将大量外国青年人士引入到日本全国各地的中小学。这些学校不仅位于如东京、大阪、京都等大都市区，也位于离岛及乡村地区。外国青年人士引入到日本全国各地的中小学开展外语教育，推动了日本的都、道、府、县等各个层级的国际化。

### (二)提升日本的软实力

与其他文化外交形式一样，交流也是公共外交的形式[❶]，“交流是公共外交中最理想的双向形式，它为对话以及双方观点的交流开辟了空间”[❷]。尽管公共外交的大多数形式涉及形象展示与信息呈递，交流则直接纳入了“人的因素”，与作为参与者的“人”在个体与心理方面的交流成为中心。不仅如此，文化外交是“公共外交中着力于建立长远关系的那一部分”[❸]。

---

❶❸ Cull N. Public Diplomacy：Lessons from the Past［M］. Los Angeles：Figueroa Press，2009.

❷ Scott - Smith G. Exchange Programs and Public Diplomacy［A］. In Snow，N. & Taylor，M. Routledge Handbook of Public Diplomacy［C］. New York：Routledge，2009.

美国国务院也持有相同观点，“正是文化交流活动使得一个国家有关自身的理念才得以最好的展示”❶。

JET项目对提升日本的软实力发挥了巨大的作用。实施35年来，共有6万人参加了JET项目，日本政府也对他们提供了回国就业辅导工作，因此有的进入大使馆工作，有的进入日本相关企业工作，影响力非常巨大。如2005年美国驻东京使馆就从JET项目招聘了6名职员。成千的JET项目成员回国后进行与日本有关的研究生学习或在学术界就职，1%～2%回归原国后教授日语。大多数成员也对日本的食物、流行文化等产生兴趣。2004年由CLAIR进行的问卷调查表明，85%的受调查者会推荐JET项目，12%可能会；57%享受在JET的经历，30%对JET项目总体满意。

JET项目的成功实施在国际上产生了重要影响，其他国家或地区纷纷效仿，推出类似项目，如韩国自1995年起实施的EPIK项目就是韩国版的JET。此外，在JET项目的影响下，美国的富布赖特项目中也增加了一项类似JET项目中的引进助理语言教师的策略。语言助理教师的教学协助活动，提供了不同于传统的“以教师为中心”的教学模式，对于学生提升学习外国语的兴趣及积极学习、运用语言能力和充实上课内容方面，普遍认为外国助教具有实质的贡献。通过合作教学，进行有关会话方面的学习确实能够促进学生的了解，几乎有90%的学生认为协同教学是很快乐的事情。总之，大量外籍教师的引入，使学生接触到真实的日常交际英语，同以往“简化的”“模拟的”课本英语有很大不同，有利于将来的实际运用。此外，这些语言教学助手也同学生形成了有意义的友谊，通过与外籍教师合作教学，提高了日本师生的信心。JET项目给教师提供了发展专业技能的良好机会，如多样化的教学方法以及用英语进行交际的能力。

---

❶ U. S. Department of State. Cultural diplomacy: The Linchpin of Public Diplomacy [R]. Report of the Advisory Committee on Cultural Diplomacy, 2005.

# 第六章　“全球人力资源工程”与CLIL教学

## 一、CLIL教学

### （一）CLIL教学的发展

CLIL教学法诞生于芬兰，又称语言内容融合法，是指使用外语，尤其是英语，教授另外一门学科的教学方法[1]。为了提升整体国际化水平，芬兰决定自1994年起从小学开始推动英语教育，要求“英语教师将学科知识在英语课堂中同步进行，英语教材中出现的不仅是英语学科本身的语言技巧，还融入了数学、自然、历史、地理、社会等的学科知识”[2]。可见，CLIL教学法实质就是将所学语言（二语或外语）当成一种工具，在学习学科知识的过程中，语言技能也随之而习得，由于其习得过程近似于母语的自然习得过程，这一颇具创新性的教学法不仅受到语言教育家的推崇，更是受到了欧盟的青睐。

欧盟成立后，盟内各成员国的地域疆界被打破，贸易往来愈发增加，成员国公民之间的交流也日臻频繁，但是，成员国公民诸多迥异的语言，却成为畅通交流的一道阻碍。欧盟随之决定对语言政策做出重大调整，在1995年，欧盟正式颁布了实行多语教育“M+2”的政策，即欧盟公民除了要学习本国的母语以外，还至少需要掌握两门其他语言的实用技能，旨在培养欧盟公民掌握多门语言和跨文化意识[3]。但现实情况却是，长期以

---

❶ 黄钰雯．CLIL协同教学课程设计与实施个案研究［D］．台北：台北教育大学，2018．

❷ 罗家莺．探讨CLIL实施于小学英语教育的初阶发展可行性之行动研究［D］．台北：台北教育大学，2007．

❸ 林素菁．内容与语言整合学习式之古典文学教学示例：以《诗经·子衿》为例［J］．台湾华语教学研究，2019（6）：85－104．

来欧盟各成员国的外语教学效果却不甚理想[1]，外语教学方法需要加强改革。对此，1999 年在布鲁塞尔举行的“多语挑战”（The Multilingual Challenge）会议上，与会的专家力荐采纳芬兰所实施的 CLIL 教学，主要原因在于，采用这一教学法可以实现“语言”和“内容”的双目标，即不是为了语言的学习而去制造一些情境，而是把语言作为内容学习的一种工具，从而可以兼顾到语言、教育和社会因素的功能而不违反在自然的情境中学习语言的原则。随后，CLIL 教学在欧洲各级大、中、小学校进行密集的宣传、师资培训并得到广泛实施。

### （二）CLIL 的 4Cs 模式

CLIL 教学强调由内容带动语言学习，在学习内容的过程中去习得语言知识如词汇、句法等，并在 CLIL 教学过程中，运用已经习得的语言知识去学习内容知识（表 1）。因此，CLIL 教学把语言和内容视作为双重学习目标。需要指出的是，并不是在外语课程中加入少量内容，或以外语推进主体课程就被宣称为 CLIL 教学[2]，而是需要将外语和内容在教学中通过一定的模式进行有效的整合，其主要呈现为 4Cs 模式[3]，即内容（content）、交流（communication）、认知（cognition）、文化（culture），并获得了学界的普遍认可。该模式以内容与语言的整合学习为课程的设计框架，四个组成部分既彼此独立，又相互依存。

“内容”，是指一个学科科目如政治、工程、生物等，或一个计划专题如文化、历史、宗教等。“内容”是学习的核心，即学习过程中的核心在于成功的学习学科内容或专题知识。通过剖析教师教什么（what teachers teach）、为什么要这样去教（why they teach it this way）、如何教才教得更

---

[1] Fontecha F. Spanish CLIL：research and official actions [A]. In R. Yolanda & R. Jimenez (eds). Content and Language Integrated Learning：Evidence from Research in Europe [C]. Bristol：Multilingual Matters，2009.

[2] Wiesemes R. Developing theories of practices in CLIL：CLIL as post－method pedagogies [A]. In R. Yolanda & R. Jimenez (eds). Content and Language Integrated Learning：evidence from Research in Europe [C]. Bristol，UK：Multilingual Matters，2009.

[3] Coyle D. 1999. Supporting students in content and language integrated learning contexts [A]. In M. John (ed.). Learning through a Foreign Language：Models，Methods and Outcomes [C]. London：Center for Information on Language Teaching and Research，1999.

**表 1　　CLIL 与其他教学法的区别**

| 教学方法 | EMI | CLIL | CBI |
|---|---|---|---|
| 教学目标 | 以掌握专业知识为主，二语的学习通常是附带的；可能有内隐的语言学习目标 | 双重关注语言与内容；语言学习目标是显性的 | 语言学习 |
| 学习群体 | 非英语本族语者；英语本族语者 | 非英语本族语者 | 非英语本族语者 |
| 教学人员 | 学科教师；或学科教师与语言教师合作 | 语言教师；学科教师；学科教师与语言教师合作教学 | 语言教师 |
| 教学方式 | 着重培养学科知识，教学方式取决于学科及教师 | 多模态互动、以学习者为中心；也可以采用合作教学法 | 语言学习任务以及授课教师喜爱的教学方法 |
| 语言角色 | 把语言看作为工具 | 把语言看作为工具、学科和媒介者 | 把语言看作为一门学科 |
| 预期结果 | 习得学科专业知识 | 语言与内容融合式发展；着重二语的产出与互动能力 | 语言学习。内容的学习是常规学习时所附带的 |
| 教学评估 | 基于学科专业知识对学生进行评测 | 基于语言能力和学科知识对学生进行评测 | 基于语言知识对学生进行评测 |

好（how to teach it better）、不断改进教学（teaching for progression），探索学科内容与语言技巧的有效融合，学习者获得学科或专题内容的知识、概念与技能。

“交流”，是指在顾及内容教学的同时，还要关注语言的三个层面，旨在使学习者习得合宜的语言表达形式以及正式的书面学科用语❶。第一个层面称之为“内容关键语言”（language of learning），指学科内容所涵盖的关键词汇、短语及句型等。以“气候变化”主题为例，“全球变暖”“尾气

❶ Orton J，Zhang Y，Cui X. Foundation for content learning in Chinese：Beyond the European base［A］. In K. Istvan & S. Chaofen（eds）. Key Issues in Chinese as a Second Language Research［C］. New York：Routledge，2017.

排放”“温室效应”“海平面上升”等则为理解该主题的关键语言。第二个层面称之为“促进学习的语言”（language for learning），指学习者在参与活动、完成任务中涉及的语言形式与功能，涵盖提问、回答、说明、讨论、搜集资料等。第三个层面称之为“学习中浮现的语言”（language through learning），指通过学习过程，语言能力得到提升，透过语言创造新的语言，透过语言获得新的知识。

“认知”，是指要培养学习者从低思维认知能力（lower - order thinking skill）向高思维认知能力（higher - order thinking skill）成长。低思维认知能力包括记忆、理解、应用，高思维认知能力包括分析、评价、创造。每个较简单的认知类别都是掌握下一个较复杂的认知类别的先决条件[1]。CLIL 教学依据学生既有的知识、技能、态度、兴趣、经验的基础上，启动认知发展，循序渐进加深语言与认知难度任务，使学生不仅理解语言，还能通过创造性思维、问题解决、认知挑战等对语言予以运用。

“文化”，是指语言与文化密不可分，应透过外语了解目标语文化，发现与自身不同的他物（otherness）是发现自身的关键，进而培养跨文化意识和沟通能力，促进国际理解、包容不同观点。

在欧盟的支持下，CLIL 教学得到了大力普及，在倡导每个公民都需要具备多语能力的欧盟，英语的普遍使用使得“语言与内容”融合教学法衍化为“英语与内容”的融合教学法，而这恰好符合日本的现实情况，因为日本文部科学省针对外语教育的官方文件里尽管使用的是“外语”的字眼，但实质上指的就是“英语”[2]。鉴于欧盟利用 CLIL 教学提升英语能力取得了成功，日本教育领域在新世纪初叶后期开始引入 CLIL 教学法，尤其在日本文部科学省启动的“全球人力资源工程”（project for promotion of global human resource development）、培养全球化人才发挥了中坚作用。

---

[1] Anderson L，Krathwohl D. A Taxonomy for Learning，Teaching and Assessing：a Revision of Bloom's Taxonomy of Educational Objectives [M]. New York：Longman，2001.

[2] Keiko T. Content and language integrated learning（CLIL）：Compatibility of a European model of education to Japanese higher education [J]. Meiji Gakuin Review International & Regional Studies，2019，54：61 - 81.

## 二、日本“全球人力资源工程”的实施背景

“全球人力资源”这一术语与国际学术界通称的“全球化人才”含义相当，它并不是一个新近才诞生的概念，其起源可追溯至联合国早年所倡议的世界公民（global citizenship），即“个体是身处于多元、多样、当地、外界这样一个网络中的成员，而不是身处于与外界孤立开来的社会的成员。通过可持续发展方式推动世界公民，将会使个体承担社会责任，为全社会谋利，而不是只为个体自身谋利”。

日本早期对于世界公民的培养，更多是出于满足日本工业界的人才需求，“世界公民”便进而衍化为“全球人力资源”，指向经济领域，比联合国所提出的“世界公民”概念要狭小很多，但也更加务实化。早在1999年12月，丰田汽车公司就率先在日本把公司员工划分为“全球化型”和“本地化型”，并着手为公司的未来管理培养“全球化型”人力资源，因为如果仅由“本地化型”人员管理公司，公司的业绩增长则会极其受限。随着日本企业海外业务的持续扩大，对“全球人力资源”的培养愈加重视，“既然我们已经实现了诸如经济复苏、经济增长和追赶西方国家的目标，现在是时候解决21世纪全球化所带来的挑战，构建一个充满活力的社会”❶。同时，日本工业界进一步明晰了“全球人力资源”的含义，即“由企业主管部门聘用的日籍或外籍人员，承担或参与日本企业的业务全球化工作”❷。

然而，相比日本工业界对“全球人力资源”的渴求，现实情况却不甚乐观，这一时期日本高校所培养的学生不具备日本企业开展全球化业务工作所需要的人才素质，日本各大企业不得不对聘用的员工进行“回炉重造”从而胜任业务全球化工作。雪上加霜的是，在这同一时期，日本学生赴海外留学的意向日趋低迷，1990年代每年赴美国留学的人数为4.5万～4.7万人，从2004年之后出现显著下降，到2010年时仅有21290人，主要原因在于，一方面日本经济不景气，年轻一代对于留学所产生的投资与回报更为敏感；另一方面，年轻一代缺乏冒险精神，不愿离开舒适便利的安乐

❶❷ Yoshida A. ‘Global human resource development’ and Japanese university education：‘localism’ in actor discussions [J]. Educational Studies in Japan：International Yearbook，2017，11：83－99.

窝[1]。面对这些情形，日本政府意识到必须迅速推动高校的人才培养改革，因为它事关日本的全球竞争力。

日本经济产业省于2007年1月召开了工业-学界合作培养人力资源会议（industry-academia partnership for human resource development）。在2009年8月发布了《未来努力方向》（*Directions for Future Efforts*）的报告。在2009年11月成立了全球人力资源发展委员会（global huaman resource development committee）。在2010年4月发布了《工业-学界-政府合作培养全球人力资源》（*Global Human Resource Development through Industry-Academia-Government*）的报告。2010年12月，日本成立了推动全球人力资源培养委员会。2011年4月发布了《工业-学界-政府合作培养全球人力资源的战略报告》（*The Strategy for Developing Global Human Resource by the Industry-Academia-Government Cooperation*）。2011年5月则成立了推动全球人力资源培养理事会（the council on promotion of human resource for globalization development）。

在2011年6月，日本官方发布了《理事会报告》（*An Interim Report of The Council on Promotion of Human Resource for Globalization Development*），成为日本培养全球人力资源的官方旗舰指导文件。显然，对全球人力资源的培养已经从单纯的满足工业界在全球开展业务所需上升为日本在全球化时代提升国家竞争力的一项人才培养的国家战略。对于究竟什么样的人才可以称之为全球人力资源，日本政府在《推动全球人力资源培养理事会的期中报告》中进行了明确的界定，“全球人力资源”型人才除了要具备专业领域知识外，还需具备三方面素养：①语言和交际能力；②积极主动、有挑战精神、能灵活协作、并有责任感和使命感；③对不同文化的理解与对本民族的认同感[2]。同时，把“全球人力资源”作为一个整体社会问题，采用以大学为主导、以工业界和政府为辅助的“全球人力资源”联合培养方式，从而最大化利用大学、政府、工业界的人力、资金、物力资源。鉴于大学能够大规模培养“全球人力资源”，与社会需求直接相关

---

[1] 裘晓兰．日本青少年“内向”倾向和全球化人才培养战略［J］．当代青年研究，2015（3）：100-105.

[2] 李春生，白钢．日本全球化人才培养战略及启示［J］．中国高等教育，2013（4）：73-76.

联，日本文部科学省在2010年正式启动了“全球人力资源工程”，依托入选高校进行“全球化”人才的专项培养。

## 三、“全球人力资源工程”的实施方案

“全球人力资源工程”向日本国内所有大学开放，共计152所大学提交了方案，最终42所大学成功入选，分为“A型计划”大学和“B型计划”大学，其中，国立大学17所，公立大学4所，私立大学21所（表2）。

**表2　“全球人类资源工程”入选大学**

| 项目 | | | “A型计划”大学 | “B型计划”大学 | 总计 |
| --- | --- | --- | --- | --- | --- |
| 申报 | 国立 | 大学数量 | 18 | 42 | 48 |
| | | 项目数量 | 18 | 42 | 60 |
| | 公立 | 大学数量 | 5 | 15 | 18 |
| | | 项目数量 | 5 | 15 | 20 |
| | 私立 | 大学数量 | 18 | 54 | 63 |
| | | 项目数量 | 18 | 54 | 72 |
| | 小计 | 大学总数 | 41 | 111 | 129 |
| | | 项目总数 | 41 | 111 | 152 |
| 获批 | 国立 | 大学数量 | 4 | 13 | 17 |
| | | 项目数量 | 4 | 13 | 17 |
| | 公立 | 大学数量 | 1 | 3 | 4 |
| | | 项目数量 | 1 | 3 | 4 |
| | 私立 | 大学数量 | 6 | 15 | 21 |
| | | 项目数量 | 6 | 15 | 21 |
| | 小计 | 大学总数 | 11 | 31 | 42 |
| | | 项目总数 | 11 | 31 | 42 |

“A 型计划”大学即全学科推进型，共计 11 所，包括北海道大学、东北大学、千叶大学、御茶水女子大学、国际教养大学、国际基督教大学、中央大学、早稻田大学、同志社大学、关西学院大学、立命馆亚洲太平洋大学，其中，前 4 所（占 36.36%）为国立大学，后 7 所（占 63.64%）为私立大学。“A 型计划”大学的“全球人力资源”人才培养涵盖所有学科，旨在全方位推动国际化，并对未入选大学的国际化发挥示范作用。

“B 型计划”大学即特色学科型，共计 31 所，其“全球人力资源”人才培养主要针对各校的特色学科（表 3），共涉及 69 个大学学部，其中 40 个为人文社科学部，占 57.97%；自然科学学部 29 个，占 42.03%。入选特色学科对其余学科的国际化发挥示范作用，入选大学包括筑波大学、埼玉大学、东京医科齿科大学、东京工业大学、一桥大学、东京海洋大学、新潟大学、福井大学、神户大学、鸟取大学、山口大学、九州大学、长崎大学、爱知县立大学、山口县立大学、北九州市立大学、共爱学园前桥国际大学、神田外语大学、亚细亚大学、杏林大学、芝浦工业大学、上智大学、昭和女子大学、东洋大学、法政大学、武藏野美术大学、明治大学、创价大学、爱知大学、京都产业大学、立命馆大学，其中，前 13 所（占 41.94%）为国立大学，中间 3 所（占 9.68%）为公立大学，后 15 所（占 48.39%）为私立大学。

**表 3　　入选“B 型计划”大学的特色学科建设**

| | 大学 | 设置 | 特色学科及研究科 | 人文 | 自然 | 总数 |
|---|---|---|---|---|---|---|
| 1 | 筑波大学 | 国立 | 人文文化学部、社会国际学部、人文社会科学研究科、国际地域研究专攻 | 3 | 0 | 3 |
| 2 | 埼玉大学 | 国立 | 教育学部 | 1 | 0 | 1 |
| 3 | 东京医科齿科大学 | 国立 | 医学部、齿学部 | 0 | 2 | 2 |
| 4 | 东京工业大学 | 国立 | 工学部、理学部、生命理工学部 | 0 | 3 | 3 |
| 5 | 一桥大学 | 国立 | 商学部、经济学部 | 2 | 0 | 2 |

续表

| | 大学 | 设置 | 特色学科及研究科 | 人文 | 自然 | 总数 |
|---|---|---|---|---|---|---|
| 6 | 东京海洋大学 | 国立 | 海洋科学部、海洋工学部、海洋科学技术研究科、海洋生命科学专攻、食机能保全科学专攻、海洋环境保全学专攻、海洋管理政策学专攻、应用生命科学专攻、应用环境系统学专攻 | 1 | 7 | 8 |
| 7 | 新潟大学 | 国立 | 医学部、工学部、法学部 | 1 | 2 | 3 |
| 8 | 福井大学 | 国立 | 工学部、工学研究科 | 0 | 2 | 2 |
| 9 | 神户大学 | 国立 | 国际文化学部、文学部、发展科学部、法学部、经济学部、经营学部、人文学研究科、经济学研究科 | 6 | 0 | 6 |
| 10 | 鸟取大学 | 国立 | 农学部、工学部、地域学部 | 0 | 3 | 3 |
| 11 | 山口大学 | 国立 | 工学部、理工学研究科 | 0 | 2 | 2 |
| 12 | 九州大学 | 国立 | 农学部 | 0 | 1 | 1 |
| 13 | 长崎大学 | 国立 | 经济学部、经济学研究科、国际健康开发研究科 | 2 | 1 | 3 |
| 14 | 爱知县立大学 | 公立 | 外国语学部 | 1 | 0 | 1 |
| 15 | 山口县立大学 | 公立 | 国际文化学部 | 1 | 0 | 1 |
| 16 | 北九州市立大学 | 公立 | 外国语学部、文学部、法学部、经济学部 | 4 | 0 | 4 |
| 17 | 共爱学园前桥国际大学 | 私立 | 国际社会学部 | 1 | 0 | 1 |
| 18 | 神田外语大学 | 私立 | 外国语学部 | 1 | 0 | 1 |
| 19 | 亚细亚大学 | 私立 | 国际关系学部 | 1 | 0 | 1 |
| 20 | 杏林大学 | 私立 | 外国语学部 | 1 | 0 | 1 |
| 21 | 芝浦工业大学 | 私立 | 工学部 | 0 | 1 | 1 |
| 22 | 上智大学 | 私立 | 外国语学部 | 1 | 0 | 1 |
| 23 | 昭和女子大学 | 私立 | 人间文化学部 | 1 | 0 | 1 |

续表

| | 大学 | 设置 | 特色学科及研究科 | 人文 | 自然 | 总数 |
|---|---|---|---|---|---|---|
| 24 | 东洋大学 | 私立 | 国际地域学部 | 1 | 0 | 1 |
| 25 | 法政大学 | 私立 | 全球化教育学部、国际文化学部 | 2 | 0 | 2 |
| 26 | 武藏野美术大学 | 私立 | 造形学部 | 1 | 0 | 1 |
| 27 | 明治大学 | 私立 | 政治经济学部 | 1 | 0 | 1 |
| 28 | 创价大学 | 私立 | 经济学部、经营学部、法学部、文学部、教育学部、工学部 | 5 | 1 | 6 |
| 29 | 爱知大学 | 私立 | 现代中国学部 | 1 | 0 | 1 |
| 30 | 京都产业大学 | 私立 | 外国语学部、理学部、计算机理工学部、综合生命科学部 | 1 | 3 | 4 |
| 31 | 立命馆大学 | 私立 | 情报理工学部、情报理工学部研究科 | 0 | 1 | 1 |

全球人力资源人才培养项目于 2012 年正式在日本各相关大学里启动，其建设周期最长为 5 年（由于国家财务状况，不能保证 5 年）。每年进行一次跟进评估（不包括下文所述的“中期评估”），在项目立项后的第三年即 2013 财年开展中期工作评估，在项目立项后的第六年即 2017 财年开展事后评估。文部科学省根据评估结果决定是否暂停或继续推进这些项目。

日本政府对于获得项目立项的大学予以拨款，进行财政资助。对于“A 型计划”大学，2000 人以上人数资助金额为每年 2.6 亿日元；不到 2000 人资助金额为每年 2.2 亿日元；不到 1000 人资助金额为每年 1.8 亿日元；不到 500 人资助金额为每年 1.4 亿日元。对于 B 型大学，每年资助金额为 1.2 亿日元。

日本文部科学省对入选“全球人力资源工程”的大学予以经费资助，通过“全球人力资源工程”，旨在扭转日本年轻一代人的“在地型”倾向（inward tendency），从而培养在全球舞台积极迎接挑战并取得成功的“全球人力资源”人才，以此为基础，提高日本的全球竞争力，并增强同世界各国的联系。在该总体战略目标的指引下，各入选大学均围绕打造“理想的‘全球人力资源’人才”，制定了具体的“全球人力资源培养方案”。何谓“理想的‘全球人力资源’人才”呢？从公布的方案来看，42 所大学中接近半数（共 19 所，其中“A 型计划”大学 7 所，“B 型计划”大学 12 所）的大学明确阐述其目标是培养未来全球领导人（global leader），例如，北海道大学提出要培养“活跃在国际社会的令人骄傲的日本领导人”（proud Japanese leaders who thrive in the international society），东京牙科齿科大学、九州大学、山口大学则分别要在医疗、农业、工程领域里培养未来全球领导人。其余大学则将目标定位为在优势学科里培养该专业领域里的全球活跃者。

入选“全球人力资源工程”的 42 所高校，均从 5 个方面进行“全球人力资源”人才的培养改革（表 4）：①“课程国际化”——采用英语撰写课程大纲、发布课程信息，使用英语作为专业课程的授课语言；②“人才特别培养”——拓展使用英语进行授课的课程和数量，培养学生掌握“可用的”英语专业技能，提高学生使用英语进行辩论、陈述、写报告等方面的能力；③“提高外语能力”——在入学考试中纳入托福等国际考试，大学期间加强托福考试的教学；④“教师全球教育”——推动教师到海外学习或教学，提高教师使用英语授课的能力；⑤“推动出国学习”——为学生前往海外学习提供咨询、学业记录、就业服务等。总体来看，无论是旨在培养“全球高端人才”或是“全球活跃者”，英语在 42 所高校的“全球人力资源”人才培养中均占据主体地位，日本高校拟培养的“全球人力资源”人才需要具备突出的英语能力、深厚的专业知识、综合的社会能力。但是，这三个方面的能力不是分离式打造，而是要融合式培养。对此，入选高校主要采用语言（英语技能）与内容（专业知识）相融合的人才培养路径，即 CLIL 教学，来打造“全球人力资源”人才，实现英语技能、专业知识、社会能力的融合，这也是日本文部科学省实施“全球人力资源工程”的精要所在。

### （一）“A 型计划”大学英语教育改革方案概览

#### 1. 北海道大学

北海道大学对于改善外语能力提出了两项大的改革措施：

**表 4　　“全球人力资源工程”的实施概况**

| | | |
|---|---|---|
| 目标 | 总体战略目标 | 日本文部科学省统一规划“全球人力资源工程”，对入选大学的“全球人力资源”方案予以资助，旨在扭转日本年轻一代的“在地型”倾向（inward tendency），培养“全球型”人才，在全球舞台积极迎接挑战并取得成功。以此为基础，提高日本的全球竞争力，并增强同世界各国的联系 |
| | 具体实施目标 | 42 所大学中接近半数（共 19 所，其中“A 型计划”大学 7 所，“B 型计划”大学 12 所）的大学明确阐述其目标是培养未来全球高端人才，其余大学则将目标定位为在日本优势学科领域里培养全球参与者 |
| 主要实施措施 | 课程国际化 | ①使用英语、日语等多种语言撰写课程大纲，对课程采用数字代码进行编号，课程成绩引入绩点体系（GPA），与国际接轨；②提升学校行政管理人员的英语水平，使行政管理向全球化转型；③利用网络、宣传册（英语、日语）、国际论坛、海外办事处等多种渠道在国内外发布课程相关信息；④使用英语等外语语言作为专业课程的授课语言 |
| | 人才特别培养 | ①加强英语教育，使学生掌握“可用的”英语专业技能；②拓展使用外语如英语进行授课的课程；③制定高级英语技能强化项目，培养学生参与全球活动所需的通用技能，如使用英语进行辩论、陈述、写报告等；④邀请跨国公司的总裁、大学校长等就教师发展作专题讲座；⑤举办教师发展的主题活动，如推动多元文化交流的教学设计；⑥增加使用英语等外语语言授课的数量 |
| | 提高外语能力 | ①大学录取考试时，把考生的外语能力以及海外学习经历纳入考核之中；②提供外语教学，改进教学方法，提高英语通识能力及专业英语能力；③要求学生参加国际英语水平考试，如雅思、托福 |
| 主要实施措施 | 教师全球教育 | ①聘用更多数量的海外教师；②选派教师赴海外大学学习 3～12 个月；③与海外伙伴院校展开教师交换，到对方院校任教；④在招聘教师时，要考核其海外经历以及外语水平，以及是否具备使用外语授课的能力；⑤邀请跨国公司的总裁、大学校长等就教师发展作专题讲座；⑥举办教师发展的主题活动，如推动多元文化交流的教学设计；⑦增加使用英语等外语语言授课的数量 |
| | 推动出国学习 | ①提供到海外大学学习的各种相关资讯；②为到海外大学学习的学生提供学费资助和奖学金；③设立海外办事处及咨询处，为学生的海外学习提供帮助和督管；④设立“e－portfolio”系统，供出国学习学生与原大学保持联系，记录学习情况；⑤设置就业服务系统，向出国学习的学生完成学习后在国内外就业提供服务 |

续表

| 具体能力指标 | ①具备与来自不同文化背景的人进行合作的能力（collaborate）；②具备与不同的人、价值、文化、事物进行联系的能力（connect）；③具备创造新的价值和文化的能力（create）；④具备全球在地化的能力（glocal）；⑤具备所在工作所必需的外语能力；⑥具备利用IT技术，使用多种语言获取、分析、传递信息的能力（IT）；⑦具备识别问题、解决问题、自我表达的能力 |
|---|---|

（1）承认入学前的国际经历。申请NITOBE学院的学生将要参加英语水平考试。只有达到托福考试（iBT）61分以上或与此相当的其他考试成绩的申请人才会被录取。北海道大学的其他一些学院的大学录取考试也会进行改革，考虑采用一些新的标准，如申请人的托福分数。

（2）提高教育的效果。NITOBE学院除现有的英语课程之外，还将给学生提供使学生习得陈述（presentation）和讨论的技能的英语课程。

2. 东北大学

东北大学对于改善外语能力提出改革措施：

除了现有的针对一年级新生的英语教育改革，例如开展英语应用教学、托福ITP[❶]考试，东北大学将提高大学二年级及以上学生的英语能力，在二年级时将进行英语分级教学，在三年级和四年级时扩大专门英语和学术写作的教学。东北大学将进一步给学生提供课外英语学习的机会，并加强对学生的英语学习提供建议。

3. 千叶大学

千叶大学对于改善外语能力提出了两项大的改革措施：

（1）承认大学录取前的外语能力和海外学习经历。把托福成绩作为毕业管理的一部分。把托福成绩纳入研究生和博士生入学考试里；将其与其他水平考试相结合，采用听说读写4技能以及外加词汇5技能的方式考核语言水平。

❶ 学院托福（Institutional Testing Program）简称TOEFL－ITP。是由美国教育考试服务中心（ETS）在补充托福网考的基础之上研究推出的托福纸笔考。学院托福属非公开考试，由ETS提供试题，各院校根据本校招生的具体情况自主组织学生考试，并根据学生考试成绩决定学生的录取、奖学金的发放，以及英语竞赛的排名和奖励。学院托福的考试日期更加灵活，机构或组织可以根据自身的需要自主安排考试日期。

（2）提高语言教育及教学结构的效果。NITOBE 学院除现有的英语课程之外，还将给学生提供使学生习得陈述（presentation）和讨论的技能的英语课程。

4. 御茶水女子大学

御茶水女子大学对于改善外语能力提出了以下改革措施：

（1）在大学录取时，适度认可申请人在中学时达到的外语水平、出国学习经历等。具体而言，要求学生报告其英语检定考试成绩（STEP）、托业成绩（TOEIC）和托福成绩（TOEFL）等英语标准化社会考试，并将他们作为录取学生的补充材料；重新审定对英语考试的分数分配；强调英语技能，纳入到推荐学生入选的体系里。

（2）提高语言教育及教育系统的效果。具体涉及以下几个方面：

1）考试及语言教育的有效性：把考试改为托福 ITP 考试；由核心英语教师系统开展教师培训。

2）对四项技能进行周期评估并进行反馈：要求学生在二年级及之后参加托福 ITP 考试；重新组织并增加全面的英语及英语会话课程；引入 ACT（Advanced Communication）高级交流项目；参与该项目的学生以团体形式参加托福 ITP 考试或雅思考试。

3）学术写作：首先，提高一年级学生的英语必修学分；以及科学学院、人类生活与环境科学学院二年级学生的英语必修学分；在写作方面开设一门必修课。其次，建立一个全校范围的英语支持平台。再次，引入英语写作的自动评分与纠错系统。

4）小班化教育，培养逻辑交流能力：①提供许多小型的讲座式课，加强英语营活动；②给科学学院、人类生活与环境环境科学学院的学生开设口语和写作课；③引入自主学习材料，例如学习英语对话的软件。

5）为学生出国提供预备教育：①除了托福考试准备讲座课外，要增加雅思考试准备讲座课；②丰富关于研究计划、研究报告的英语陈述课和讨论课，本科生和研究生均可参加。

5. 国际教养大学

国际教养大学对于改善外语能力提出了两项大的改革措施：

（1）体系化课程下语言教育的有效性。①实施为一年级学生开设学术用途英语（English for academic purposes）项目；②使用英语开展小班化的课程教学，课堂上使用更多的对话、讨论、陈述；③在学期间，必须前往国外学习一年。

（2）培养高水平的英语能力。在毕业时，有75%的学生托福ITP考试分数达到600分以上，或其他类似考试达到同等水平。

6. 国际基督教大学

国际基督教大学对于改善外语能力提出了三项大的改革措施：

（1）进一步提高英语水平。当学生在完成英语人文学科的学习项目（English for liberal arts program）时，他们需要参加雅思英语考试，其成绩将决定学生是否被允许到国外学习。学生在项目学习期间，雅思考试也用作为测量学生取得的进步情况以及达到项目目标的程度，同时，雅思考试还用作为对该项目的分析和评估工具。

（2）通过针对性的英语课程，培养信息传达（写作）能力。具体而言，就是通过开设英语特别课程，培养学生使用英语正确撰写学术论文的能力。一些特别课程设计成为写作课，即对学生的论文写作提供广泛建议。在这些课程里，除了配有专门的教学教师外，还配有写作辅导教师，对学生进行辅导。

（3）海外学习的学分认可。通过学生在海外项目的学习过程，可以确定学生是否正在成为较为优秀的全球人力资源。这一过程包括与留学所在大学的常规学生一起完成课业、参与课堂讨论、撰写论文、取得分数。国际基督教大学创造了一个环境，在项目内容和时程方面扩大选择，使得学生们能够更加容易地参加这些学分互认的海外学习项目。

7. 中央大学

中央大学对于改善外语能力提出了两项大的改革措施：

（1）恰当评估外语语言技能以及中学阶段的海外经历。中央大学增加对拥有优秀的外语语言水平的学生的录取；使用外语对推荐入学生进行面试；更加重视学生的海外以及留学经历；使用外部考试如托福等；考虑秋季入学以及隔年入学制。

（2）有效的语言教学及教育体系。将以各种方式来推动更为有效的语言教学，包括引入一些本科生入门课程，例如"专门用途英语""英语学术内容”“托业学习”；引入英语项目，通过全球校园推进外语语言能力，为出国学习提供支持；进一步改善语言学习设备，例如计算机辅助学习；引入自主学习辅导系统。

8. 早稻田大学

早稻田大学对于改善外语能力提出了两项大的改革措施：

（1）在入学录取考试中，恰当评估学生的语言能力以及中学阶段的海外学习经历。为了评估申请人的海外学习和生活经历，早稻田大学将考虑把托福考试以及其他语言类考试分数纳入到入学考试中。

（2）有效的语言培训项目和体系。早稻田大学的学术业务部（the academic affairs division）将发挥积极作用，依据入学考试时的学生语言水平，划分班级组织教学。此外，早稻田大学还将在全校里的教育中心里提升语言培训项目，通过短期、长期的出国学习项目推动国际教育，对出国学习后返日学生开展后续教育，这些主要通过通识教育课程和使用英语及其他非日语语言开设的特别课程来予以实现。另外，根据学生语言技能提高的程度，分析产生的教育成效，为学生的语言学习提供反馈。其他的措施包括引入小组式语言培训项目培养学生使用外语进行逻辑解释和辩论的能力，并开设一些出国学习的预备课程，培养学生在海外大学学习一些专门课程所需要的能力。

9. 同志社大学

同志社大学对于改善外语能力提出了两项大的改革措施：

（1）在大学录取考试里强调外语能力和国外学习经历。同志社大学将最终在学校的所有院系里引入托福考试、托业考试成绩，作为采用推荐入学的申请资格要求。同志社大学四所附属中学的学生在中学阶段就会参加这些考试。全球与本地研究学院于 2013 年开放，要求申请人达到 CEFR A2 或其他类似考试的同等水平。

（2）有效的语言教育和教育结构。对于外语科目，累计达到 16 学分，包括新开设的托福强化课程、国外学习项目、与全球人力资源相关的科目、并绩点高于 3.3 的学生，同志社大学将会授予“同志社大学‘迈向全球’护照”奖（doshisha go global passport）。关于英语，同志社大学将在全校里学生注册时进行水平分级考试（placement test）。对于其他外语，同志社大学要求达到 CEFR B1 的水平。此外，对于在入校前就达到了语言要求的学生，同志社大学将会给予学分，并根据与国外大学签订的协议，认可在学生在国外大学所获得的学分。对于学术写作，同志社大学将会聘用写作指导教师，对学生展开单独辅导；并举行英语营（English camp）活动，作为国外学习的前期准备的体验式学习的一部分。

10. 关西学院大学

关西学院大学对于改善外语能力提出了两项大的改革措施：

(1) 新的录取系统里要多强调综合语言能力和国外经历，承认国外学习后返校日本学生的 IBqualification 以及其他经历。

(2) 把当前的三种层次的强化英语项目增加到五种层次，更多重心用于提高中等水平学生的技能，把课程注册学生的数量由 1350 名提高到 2150 名。

11. 立命馆亚洲太平洋大学

立命馆亚洲太平洋大学对于改善外语能力提出了两项大的改革措施：

(1) 恰当评估外语语言技能以及中学阶段的海外经历。在录取筛选时要进一步拓展，以全球化为导引，重视英语；利用招生网络，允许国外直接注册；建立网络，为从国外返日的日籍学生提供信息。

(2) 有效的语言教育和教育体系。对英语课程进行改革，关注教育结果。对注册英语课程的学习提供更多的支持。对于合作课程活动，与国外大学进行合作，提供在线英语写作支持，改善自主学习的环境。

### (二) "B 型计划"大学外语教育改革方案概览

1. 筑波大学

筑波大学对于改善外语能力提出了两项大的改革措施：

(1) 在期中的时候，发布录取考试阶段的项目内容，筛选适合就读该项目的潜在学生。具体而言，考虑纳入托福考试的分数并使用英语进行面试，在评估学生的时候还纳入国外学习和海外经历。

(2) 有效的外语语言教育和教育体系。在一年级英语教育和二年级外语基础教育后，从三年级开始强调本土语言。对于研究生课程，也将增强语言教育达到国际标准。此外，在全球学习共同体下成立学生共同体，增强语言发展体系。

2. 埼玉大学

埼玉大学对于改善外语能力提出了两项大的改革措施：

（1）在大学招生录取考试里恰当测评外语能力和中学时的国外学习经历。与现有的针对在国外长大、返回日本的日本学生的大学招生考试一道，埼玉大学将实施专门考试，对拥有国外学习经历的考生在注册入读埼玉大学之前进行筛选。这项专门考试将主要基于国外的中学学习经历、托福或其他英语考试分数、学业成绩、面试。

（2）打造一个更加有效的语言培训和教育体系。与基于水平的课程一道，埼玉大学将依据培养全球人力资源的人才项目设置一些班级。此外，埼玉大学将针对托福考试和雅思考试，开设针对性的英语培训课、个人学术英语写作指导、小组语言培训、留学预备培训。

3. 东京医科齿科大学

东京医科齿科大学对于改善外语能力提出了两项大的改革措施：

（1）关于外语技能和国外经历的录取政策。东京医科齿科大学将更加注重考生通过（但不限定于）之前的国外学习和经历所培养的全球视野以及长远的职业视野。

（2）进行课程改革，使语言教育的效果更好。东京医科齿科大学将会与私立公司一同协作，开发一套涵盖所有年级的综合式英语教育系统。东京医科齿科大学将会提升学生学习英语的动机，通过提供与国外学生进行多种文化交流的机会、提高对现有及进一步拓展的国外学习项目的外语分数的要求、对一部分期末考试采用英语测试。学生将会周期性地参加托福考试，设定英语学习的进度，为语言教学项目提供反馈。开设一批完全使用英语进行教学的修读课程。全球健康科学项目（global health science program）的学生，需要学习一些学术英语必修课程，从而达到更高的标准。

4. 东京工业大学

东京工业大学对于改善英语和交流能力主要采取了以下改革措施：

创造更多的机会，增加英语强化课程的数量以及学术陈述课程的数量，为出国学习做预备，提高学生的交流能力。此外，通过电化学习平台，创造针对英语交流的自主学习机会。

5. 一桥大学

一桥大学制定了培养优秀的英语和交流能力的改革措施：

一桥大学的参与全球人力资源人才培养专项的两个院部，即商业管理系和经济学系，将会开设专门英语教学项目。一年级学生将会学习《英语交流技能》课，提高他们对于英语的掌握程度；二年级学生将会学习用英语开设的专业课程；学生还将参加一些短期的语言培训课程以及有关国际领域的学习课程。具体如下：

从一年级开始至毕业时，开展强化式以及融入式的语言培训。培训主要方向为语言应用培训。其中，商业管理系将会针对一年级学生发起英语交流的实际运用项目。该项目着重强调培养写作能力和陈述能力，每次课时长为 1.5 小时，每周两次，采用小组的形式进行教学。该项目将会为学生进入二年级做好准备，在二年级时，学生将会学习采用英语授课的专业课程，并参与到国外学习的项目。

经济学系针对一年级学生和二年级学生，将会开设学术英语的入门课程。从二年级之后，学生将逐渐朝着用英语学习经济学的方向推进，参加到国外学习的项目以及有关国际领域的学习。经济学系将会开设以英语授课的课程，这些课程的学分占到达到毕业总学分的 60%。

上述英语教学项目主要针对"全球领导人项目"（the global leaders program）所遴选的学生。但是，来自于其他院部但拥有优秀的学业水平的学生也将能够参与这些课程的学习。

6. 东京海洋大学

所有硕士课程的授课语言均为英语，并转化为辩论型讲座课。进行研究生课程学习的全球人力资源人才需要拥有高水平的英语能力、自我表达的逻辑能力、足够的辩论技能，从而在全球范围里在他们从事的领域中采取主动。

东京海洋大学为改善外语语言能力，采取了以下改革措施：

（1）在大学招生录取考试里恰当测评外语能力和中学时的国外经历。东京海洋大学将引入一套入学考试体系，其中包括设计用于恰当评估学生在托福考试、社会检定考试、托业考试、国外学习的录取标准。

（2）更为有效的语言教育和教育体系。东京海洋大学将会在教育环境方面取得重大的改善，引入电化学习系统、学习室，学生依据自身的水平进行自主学习；聘用在托业考试方面有专长的英语教学教师以及英语兼职教师，从而使学生在课内外都能够进行托业考试的学习。

7. 新潟大学

新潟大学对于改善外语能力提出了两个主要方面的改革措施：

(1) 在大学招生录取考试里恰当测评外语能力和中学时的国外学习经历。要求所有的一年级学生为参加托业考试做好准备。在将来，还将要求学生在二年级的时候定期参加托业考试和托福考试，在出国前、后也要参加这些考试。通过这种方式，能够测量新潟大学的英语教育以及出国学习的效果。在研究生入学考试中，将会使用托业考试成绩。这同样也可以恰当测量学生学习的效果。

(2) 有效的语言教育和教育系统。新潟大学将会提供一个二级项目，减小语言课堂的规模；在相关学院里设置必修的应用型专门英语课程；支持学生通过英语学习辅助空间 FL－SALC Mini 进行学习；创造有利于学生自主学习的环境，给学生提供图书馆及其他教育资料用于自主学习；打造一个更加有效的语言培训和教育体系。新近设立的全球教育管理中心将会推动与相关院系开展合作。

8. 福井大学

福井大学将加强学生习得英语应用技能的教育。在语言中心的指导下，福井大学将强化英语教育，以便学生掌握可应用的专业英语运用于真实的社会中。

针对有效的语言教育和教育系统，语言中心将创设英语教育项目，依据新近的英语作为外语进行教学的研究发现，开展基于词汇构建基础上的技能融合式教学。在通识教育系统里，开展融合式、综合性的英语教学。

9. 神户大学

神户大学培养的全球人力资源人才将拥有突出的外语交流能力。神户大学将开设出国预备课程，增强在学术写作等领域的教学。

神户大学开展全球教育，培养专才。神户大学将设立“针对全球人力资源人才培养的专门教育”项目，并拓宽使用外语如英语进行教学的课程。

(1) 在大学招生录取考试里恰当测评外语能力和中学时的国外学习经

历。神户大学将着手开始考虑遴选学生的方法，运用外部英语考试如托福考试等，强调英语能力；在评价学生的方法中，要考虑学生在国外学习的经历以及在国外生活的时长。

（2）有效的语言教育和教育体系。使用外部英语考试如托业等评估学生语言能力的进步程度，依据学生的语言水平开展分级教学。对于使用进行论文写作，将会由语言与交流学院的外语教师进行单独指导。增加使用英语授课的专业课程的数量，推动学生出国学习。

教学体系全球化。积极聘用和配置在国外大学有着丰富教学经历的教师、在日本大学里使用外语进行教学的经验丰富的教师，以及外籍教师，旨在推动和拓展使用英语和其他语言进行教学的课程与讲座。

10. 鸟取大学

鸟取大学为改善外语语言能力，着重采取以下改革措施提高学生的全球交流能力：

（1）在贯穿大学4年的“基础全球教育项目”中，引入一种综合性的英语课程。

（2）作为“特别全球教育项目”的一部分，使用英语开展学术课程的教学，发展每个学院的学生高水平的英语能力。

鸟取大学将实施短期语言学习项目和应用性海外教育项目。同样，还会开展一些行动，提高校园里的外语技能，包括提升大学的公共设施如“语言风暴室”的有效性。鸟取大学的这些项目不仅旨在提高学生的实际英语应用能力，还旨在引入英语水平考试如托业考试、托福考试以及与之类似的其他语言水平考试，如汉语、韩语、西班牙语等其他语言。

11. 山口大学

山口大学对于改善外语能力提出了两个主要方面的改革措施：

（1）在院部入学考试以及研究生院入学考试时，外语能力以及在国外学习的经历都将被纳入到考核里。

（2）通识英语教育在一年级里提供，语言教育（依据水平分层）与工程内容的融合教学将会引入到技术课程里。

12. 九州大学

九州大学对于改善外语能力提出了几个主要方面的改革措施：

（1）九州大学农业学院的生物资源与生物环境系已经在实施 G30 项目的时候针对国际学生开设了一个特别课程，学生可以仅凭借英语学完课程就可以取得学位。通过招收日本本土学生，要求英语分数达到托福 iBT 考试取得 80 分或其他英语考试相同水平，并让他们与国际学生一同参加用英语授课的课程，给他们提供一个把使用英语作为进行交流的工具的环境以及理解不同文化的机会。

（2）除了书面测试以外，通过目的陈述以及面试，考生的中学表现、英语资格、国外学习经历在录取考试中均被加以考察。

（3）被录取到联合班级的日本学生必须参加高级英语技能提高项目的学习，以及全球活动所需要的常用技能如辩论、陈述、使用英语写报告等的学习，提高整体英语水平。没有达到所要求的水平的学生，需要参加基础英语技能项目的学习，在半年之后给予再次尝试的机会。被录取到联合班级的日本学生，需要参加基于问题学习（problem - based learning pro-ram）的英语项目，旨在掌握在农业领域解决地区及全球问题时所需要的通用技能（该项目与欧洲、美国、东南亚国家的合作大学联合实施）。

（4）在录取到联合班级的日本学生中，具有优异英语水平的学生（托福 iBT 考试 100 分及以上），将被挑选出来参加特别项目如 GRE 以及托福提高的学习，以便他们能够接受更高层次的教育，能具备资格申请富布莱特奖学金（fulbright scholarship）以及其他奖学金，并在学完课程之后被欧洲和美国的世界领先研究生院所录取。

13. 长崎大学

长崎大学为改善英语能力主要提出以下改革措施：

（1）有效的语言教育。长崎大学将提供新的英语语言项目“针对经济学专业的英语”，培养学生的学术阅读、写作、陈述、讨论技能。此外，一些新教师会针对经济学专业（经济学、管理、会计）开设使用英语授课的特别课程。这会使学生能够掌握到国外学习获得课程学分所需要的基本技能。

（2）在入学招生考试中考核学生的外语语言能力和国外学习经历。在初期的通用入学考试中，学生的英语能力包括写作会被考核。在基于推荐型的招生考试中，将制定一套体系，考核学生在国外教师帮助下的国外学习与生活经历。

14. 爱知县立大学

爱知县立大学为改善英语能力主要提出以下改革措施：

为鼓励学生前往国外学习（学位项目的组成部分），爱知县立大学将会实施各种措施。比如，将会增加使用英语授课课程的数量，来自合作大学的教师提供语言培训。为帮助学生达到相应外语的水平要求，爱知县立大学设立了多语自主学习中心。为了评估学生英语语言水平并激励学生更加努力学习，爱知县立大学将要求外语学院所有学生每年都必须参加托业 IP 考试。对于其他语言，爱知县立大学鼓励学生参加特定语言的水平考试。

15. 山口县立大学

山口县立大学为改善英语能力主要提出以下改革措施：

(1) 大学前的技能和经验评估。山口县立大学入学招生考核中将考虑申请学生国外学习与生活经历和语言水平测试分数。录取后，根据先前的成绩给予 IPD 分数，并计入出国留学项目和奖学金的选择过程。

(2) 四种技能+语言学习管理系统。为了促进学生树立个人目标，以及更好记录他们所选那门外语的知识收获以及成就，山口县立大学跨文化研究学院将建立一个语言学习管理系统，通过该系统，指导学生，帮助他们管理学习以及达到他们的目标。

16. 北九州市立大学

北九州市立大学为改善英语能力主要提出以下改革措施：

(1) 对学生外语语言能力和国外学习经历进行适当的评价，评价持续到学生水平达到高考中等教育水平为止。在入学考试中，若考生托业或托福成绩超过北九州市立大学所规定的标准，该大学将其视作该生的语言技能水平。此外，北九州市立大学将逐步商讨出各种语言能力评价方法，如将出国留学经历和用英语面试来做评价等。

(2) 有效的语言教育和教育体系。为了使学生在实际英语课程中获得综合的语言能力和辩论技能，北九州市立大学在课程中划分不同的水平小组，并且支持小班教学。与此同时，北九州市立大学为了培养学生的英语水平，通过提供预科课程来增加候选人的数量，以期满足学分授予标准。

17. 共爱学园前桥国际大学

共爱学园前桥国际大学大学为改善英语能力主要提出以下改革措施：

（1）将外语能力和留学经历适当纳入入学考试评价体系。共爱学园前桥国际大学采用托福和托福的分数作为推荐型入学考试的标准。此外，入学考试制度的改革着重于学生的留学经验。在此基础上，该大学还为申请人和未来的学生提供托福课程和留学指导。

（2）有效的语言教育和完善的教学体系。针对申请人和未来的学生提供英语课程。共爱学园前桥国际大学将每学期继续进行分级测试。并对学生进行外语学术写作技能培训。同时，引进学术和职业咨询项目。此外，引入一对一的英语学习计划和扩大电子学习。

18. 神田外语大学

神田外语大学为改善英语能力主要提出以下改革措施：

（1）在入学考试中，有效地评测了学生入学前的外语学习情况和外国留学经历。神田外语大学根据推荐型入学实施了一项入学计划，从而能够根据该计划充分衡量申请人的经验和语言能力。为了使考核更加有效，该大学对申请者采用面试机制。为了提高外语能力评估的准确性，目前的项目将使听力理解部分能够纳入所有申请筛选程序。

（2）有效的外语教学指导和教育组织。神田外语大学的这个项目将使已有的根据学生的英语语言能力分班教学得以继续，并允许在较低的招生班级进行教学。此外，该项目将允许采用基于交际学习方法进行学术扫盲课程，并为具备高水平的大一学生和大二学生开设一门用英语学习日文的课程以及一些特殊课程。总之，这些举措将有助于培养具有高水平外语技能的学生。

19. 亚细亚大学

亚细亚大学为改善英语能力主要提出以下改革措施：

在目前的亚细亚大学的优先入学制度结构中，持有STEP或其他英语水平和同等水平证书的学生通常比其他正式申请人具有优势。鉴于目前社会需要更完备的语言水平，亚细亚大学计划准备和评审听力考试与口语考核的实施状况。

为了进一步提高热爱学习英语的学生的语言水平，该大学将按照托业考试水平进行分班，将电子学习工具用作家庭作业和自学的一种方法，并提供教学助理（TAs）。为了借此加强其美国留学项目，亚细亚大学将通过提高合作伙伴关系来给学生创造更多的学习和使用英语的机会，诸多机会包括通过与来自世界各地的其他学生一起上课，与寄宿家庭一起生活等方式。该校围绕学术英语的学习而设计了“英语超级课程”，该课程的内容将得到进一步的发展，使学生专注于某一领域的专业知识。亚细亚大学将大力鼓舞学生参加一个以多元文化为主题的实习或实地工作项目，并对参与学生设定目标和进行鼓励支持。

20. 杏林大学

杏林大学为改善英语能力主要提出以下改革措施：

（1）在大学入学时，评估语言技能和留学经验。杏林大学将通过以下方法优先评估入学前的语言能力和海外经历：①通过与申请人的互动来衡量学业成绩的一项AO（招生办公室）入学考试；②对符合一定语言能力资格的人实行推荐型为主的招生制度；③对具有出国留学和海外生活经历的归国学子进行专项入学考试。

（2）有效的语文教育和课程架构。杏林大学将陆续推行多项措施，包括每学年修订《京都议定书》的原有语言教育计划，推行强化语文学习计划，透过能力测试（包括托福口语及写作测试），促进对语言技能的切实评估，以及拓展英文领域用以发展实用技能。

21. 芝浦工业大学

芝浦工业大学为改善英语能力主要提出以下改革措施：

（1）恰当评估入学考试中的全球适应性和经历。芝浦工业大学将对归国学子进行特殊的入学考核，用以评估学生们的海外经历。英语课程根据学生的语言能力进行区分。

（2）有效的语言教育系统。在校期间，芝浦工业大学将使用托业考试对学生的语言技能进行五次测试。此外，芝浦工业大学还将引入专用英语，部分核心科目的英语教学，以及电子学习，以达到加强语言学习的目的。

22. 上智大学

上智大学为改善英语能力主要提出以下改革措施：

（1）改进课程的国际兼容性。其中包括全面实施GPA系统和课程编号；促进CLIL（内容语言融合教学）；发展双专业或者主次专业系统；引入CEFR语言能力评价（欧洲共同语言参考标准）；课程管理采用e-portfolio（电子学习档案袋）系统；

（2）在日本和海外进行教育信息的战略宣传。其中包括网站全球化：开发含有日语、英语和其他语言内容的网站；促进院校研究活动；组织国际专题讨论会；在国际组织和高等教育机构对海外工作人员进行培训；提供学习英语和其他语言的机会；将行政文件转换成英语；所有行政部门能力建设的全球化。

23. 昭和女子大学

昭和女子大学为改善英语能力主要提出以下改革措施：

（1）在入学考试中，恰当测评到中等教育水平为止的外语能力、留学经历等。为了确保具有英语高水平的学生和有留学经验的考生能够被录取，昭和女子大学将根据特殊的选拔框架进行。对于在高中期间有留学经验的学生，昭和女子大学将审核他们在海外的学习成绩。

（2）有效的语言教育和教育体系。所有本科生都将接受一次大学英语分班考试，并根据他们的英语水平进行分班。他们的英语技能将在四年的学习中、与波士顿的合作中得到提高。昭和女子大学旨在为每个人制定与其能力相匹配的目标，并通过导师对其英语学习的指导、对其论文的指导和教授用英语学习专业课程来实现这些目标。

24. 东洋大学

东洋大学为改善英语能力主要提出以下改革措施：

（1）全球人力资源开发委员会（GHRD Committee）。这是一个区域发展研究（RDS）教师委员会，负责规划、管理和监督与“东洋大学促进全球人力资源开发项目”有关的所有活动。

（2）区域发展研究全球办事处。这是全球人力资源开发委员会的行政部门，该委员会执行倡议，并与东洋大学内的其他部门，尤其是国际项目办公室进行协调活动。RDS全球办事处还管理创新制度安排，如在哈库桑、东洋（SAIHAT）项目的留学，以及RDS国际奖项目，其中学生因参与国际活动而授予学分。

（3）语言中心。语言中心支持RDS学生以内容为依托的英语学习，特别是支持培养其写作技能。

(4) 海外外地办事处。海外外地办事处将是海外留学生活动的基础。

25. 法政大学

法政大学为改善英语能力主要提出以下改革措施：

(1) 在入学考试中，恰当测评中等教育外语能力和留学经验。从2013年开始，全球跨学科研究（GIS）将执行新的自我推荐招生（秋季学期招生自我推荐考试）过程。与到目前为止实行的评估方式一样，法政大学将评测中等教育学生的外语能力。此外，与目前的自我推荐招生一样，评测重点不仅将放在英语面试上，而且还将放在课外活动上，包括文化、体育和志愿活动。

(2) 有效的语言教育和学术结构。为了使跨学科研究学院设立的英语浸入课程更有效，并增加对其他学院学生的连锁效应，课程将不以教师为中心，而是实施互动学习，以学生与教师之间的交际互动为中心和学生之间的类似互动为中心。

26. 武藏野美术大学

武藏野美术大学为改善英语能力主要提出以下改革措施：

(1) 在入学前，恰当测评外语水平、留学经历等。根据外语水平和留学经历标准，武藏野美术大学将逐步引进一项体系用以恰当评估学生在入学前的中学教育阶段成绩标准。

(2) 有效的外语教育。从为艺术设计专业的学生提供外语教育的角度来说，武藏野美术大学将努力使教学方法适应学生的需求，例如，展示作品和辩论所需要的（语言）技能。

27. 明治大学

明治大学为改善英语能力主要提出以下改革措施：

(1) 在入学考试中，评测外语水平和出国留学经历。除招收归国学子外，明治大学认可国际英语考试（如托业、托福和雅思）成绩，以及对英语能力较高的高中生进行特殊招生。

(2) 有效的语言教育和教育体系。明治大学要求每年检查学生的成绩，并根据学生的水平提供相应的指导。同时，学生可以通过电子学习档案袋（e－portfolio）来回顾他们实现目标的实现程度。

28. 创价大学

创价大学为改善英语能力主要提出以下改革措施：

(1) 在入学考试期间，恰当评测申请人的外语能力和到中学阶段为止的海外教育经历。创价大学将改革（普通）入学考试制度，对托福和托业成绩较高的申请人实行英语成绩免试等办法。

(2) 有效的语言教育和体系。创价大学将通过电子学习将外语教育引入到入学前的预科教育中，此外，创价大学还将进一步改进和提高系统的有效性，根据学生的语言能力进行分班考试，组织学生上课。为了提高学生从入学到毕业的综合语言技能，学校将开发一个信息数据库。

29. 爱知大学

爱知大学为改善英语能力主要提出以下改革措施：

(1) 对具有外语能力和留学经历的大学申请人给予应有的学分。爱知大学将规范对具有国外生活经历的申请人的外语能力的评价标准，并与开设外语和国际课程的高中建立合作安排，以鼓励更多外语水平较高的高中学生申请爱知大学。

(2) 加强外语教育的项目和工具。爱知大学将提供中文课程，系统地帮助学生逐步提高汉语技能，并为 HSK 考试做准备，HSK 是一种中国政府批准的汉语水平测试。此外，爱知大学将更有效地利用在线自助学习工具，帮助学生提高外语技能。

30. 京都产业大学

京都产业大学为改善英语能力主要提出以下改革措施：

(1) 提高用外语教学的班级数量。

(2) 定期对所有学生进行托业测试。

31. 立命馆大学

立命馆大学为改善英语能力主要提出以下改革措施：

(1) 对中学毕业时获得的外语能力、留学经历等进行适当的评价。通过入学考试，立命馆向立素美堪大学附属中学和合作学校的学生提供有关科学领域英语能力必要性的信息，并鼓励学生在中学毕业时获得必要的英语能力。

(2) 有效的语言教育和教育体系。为希望出国留学的学生形成英语技能和确立未来目标，立命馆大学提供了一个能提高学生学习积极性的方法；创建一个专业领域的课程来提高学术英语技能（演讲技能、口语技能、写作技能等）；积极使用在线英语学习课件。

# 四、CLIL 教学的典型案例

CLIL 教学发源于欧洲，盛行于欧盟各成员国，其使用的教学语言即英语对于欧盟内的信息传递与交流有着举足轻重的作用，在欧盟的社会事务中有着广泛、真实的运用。但是在日本，英语是一门外语而不是第二语言，课堂外缺乏将英语予以真实使用的社会环境，对发源于欧洲的 CLIL 教学不能机械照搬，必须遵循“灵活性”的基本原则，结合日本的国情进行本土化改良，从而确保 CLIL 教学在日本的成功。要成功开展 CLIL 教学，其至关重要的一点就是要遵循“灵活性”这一基本原则。对于单门课程，可以采用软式 CLIL 教学（Soft CLIL）或者硬式 CLIL 教学（Hard CLIL），前者偏重在语言技能的教学中去逐步掌握内容知识，后者偏重在内容知识的学习中掌握语言的相关技能；如果在课堂教学中只少量使用了 CLIL 教学，则谓之轻型 CLIL 教学（Light CLIL），如果贯穿于整个课堂教学中，则谓之重型 CLIL 教学（Heavy CLIL）。CLIL 教学也区别于以英语作为教学媒介语的 EMI（English as medium of instruction）教学，因为 EMI 通常以英语进行专业学科课程的教学，重视学科知识而忽视语言教学[1]。

总体来看，入选“全球人力资源工程”的 42 所大学，均将 CLIL 教学纳入到各校的人才培养方案中，旨在培养“全球人力资源”人才。尽管这些大学实施的 CLIL 教学均服务于自身的“全球人力资源”人才培养方案，但均遵循了“灵活性”的基本原则，在 CLIL 教学的实际运用上呈现出一致性，即由语言驱动逐渐转向内容驱动，其中，创价大学经济学院围绕其“国际项目”（The International Program）开展的 CLIL 教学便是典型代表。

“国际项目”是创价大学实施“全球人力资源工程”的重点项目之一，旨在实现四个目标：①以英语学习与经济学有关的知识内容；②获得高水平的英语能力；③获得到国外进行本科或研究生学习所必备的技能和知识；④毕业后在全球就业。为实现这些目标，“国际项目”课程体系围绕“技

---

[1] Graham J. Theoretical perspectives regarding the utilization of the transfer - appropriate processing theory to assess the impact of the content and language integrated learning approach on EFL education in Japanese secondary schools [J]. 上智大学教育学论集第 53 号，2019（3）：61 - 76.

能”“知识”“国际经历”三个支点进行架构，“技能”包括英语技能、学习技能、商务技能；“知识”包括经济学知识、全球问题知识；“国际经历”包括日本-亚洲学习项目（Japan - Asia Studies Program）课程、海外学习、国际实习。“国际项目”以 CLIL 教学体系为核心，采用分层教学，由三个层级组成，从低层的“以语言驱动为主”向高层的“以内容驱动为主”过渡，具体如下。

### （一）第一层级：以语言驱动为主

第一层级涵盖第一学年共两个学期的教学，为 CLIL 教学的初始阶段，采用“以语言驱动为主”的课程体系，托福 ITP[1] 考试成绩 380～500 分的学生具备入选资格。在以英语为外语的日本，学生的英语水平离完全采用英语教授经济学专业课程相距甚远，因而，第一学年的 CLIL 课程体系重点围绕“技能”支点，开设学术基础课程（Academic Foundations）和学术英语课程（English for Academic Purposes）来提高学习者的英语技能，为全英语授课打好语言基础。其中，学术基础课程涵盖精读、快速阅读、泛读、精听、泛听、词汇学习、托福 ITP 考试训练；学术英语课程涵盖学术写作、流利写作、纲要写作、学术讨论、陈述、听力与笔记记录。在第一学年，仅在第二学期开设一门名为全球经济的经济学“知识”课程。

### （二）第二层级：语言内容同时驱动

学习完第一层级之后，课程绩点达到 3 分、且托福 ITP 成绩达到 480～513 分者可进入到第二层级的学习。与第一层级同时开设学术基础和学术英语课程不同，第二层级仅设置学术英语来继续提高学习者的英语技能。但是，经济学知识课程开始开设，包括第三学期的微观经济学和第四学期的宏观经济学。微观经济学和宏观经济学课程均由经济学院的专业教师担任。总体上，第二层级的课程体系呈现出“语言内容同时驱动”的特征。

---

[1] 学院托福（Institutional Testing Program）简称 TOEFL - ITP。是由美国教育考试服务中心（ETS）在补充托福网考的基础之上研究推出的托福纸笔考。学院托福属非公开考试，由 ETS 提供试题，各院校根据本校招生的具体情况自主组织学生考试，并根据学生考试成绩决定学生的录取、奖学金的发放，以及英语竞赛的排名和奖励。学院托福的考试日期更加灵活，机构或组织可以根据自身的需要自主安排考试日期。

### （三）第三层级：以内容驱动为主

托福 ITP 考试至少达到 530 分且课程绩点达到 2.7 分者则具备资格进入第三层级的学习，不仅针对日本学生，留学生也可以参加。经过第一层级和第二层级的学习以及达到规定的托福成绩后，学习者已经具备经济学专业全英语授课所需要的能力，因而，在这一阶段不再设置任何的学术基础、学术英语这类"语言"技能课程，而是仅依托"日本-亚洲学习项目"设置一系列经济学"内容"课程，例如，东南亚介绍、多元与变化中的东南亚、东亚经济、印度经济发展、日本与世界经济等，供学习者选修。在这些课程里，日本学生与留学生一同进行学习，课程全部采用英语授课，实现了课程的"国际化"，在 CLIL 教学延续体上移动到"以内容驱动为主"的端点（表 5）。

**表 5　　　　CLIL 教学延续体的动态变化**

<table>
<tr><td colspan="12">"以语言驱动为主" ——→ "语言内容同时驱动" ——→ "以内容驱动为主"<br>←——————————————————→</td></tr>
<tr><td colspan="4">第一层级（1～2 学期）</td><td colspan="4">第二层级（3～4 学期）</td><td colspan="4">第三层级（5～8 学期）</td></tr>
<tr><td>资格</td><td colspan="3">课程体系</td><td>资格</td><td colspan="3">课程体系</td><td>资格</td><td colspan="3">课程体系</td></tr>
<tr><td rowspan="3">托福 ITP 380～500 分</td><td>学期</td><td>语言</td><td>内容</td><td rowspan="3">托福 ITP 480～513 分；课程绩点达到 3 分。</td><td>学期</td><td>语言</td><td>内容</td><td rowspan="3">托福 ITP 530 分；课程绩点达到 2.7 分。</td><td>学期</td><td>语言</td><td>内容</td></tr>
<tr><td>学期 1</td><td>学术基础、学术英语</td><td>无</td><td>学期 3</td><td>学术英语</td><td>微观经济学</td><td rowspan="2">学期 5～学期 8</td><td rowspan="2">无</td><td rowspan="2">经济学专业系列选修课程❶</td></tr>
<tr><td>学期 2</td><td>学术基础、学术英语</td><td>全球经济入门</td><td>学期 4</td><td>学术英语</td><td>宏观经济学</td></tr>
</table>

## 五、"全球人力资源工程"的评估结果

"全球人力资源工程"的评估结果见表 6、表 7，评估标准见表 8。

❶ 包括印度经济发展、世界经济中的日本、经济体系比较研究、发展经济学、越南经济史、世界贸易与基本人权、东亚人类与环境的交互、东盟域间与域内发展活力等课程。

表6 “A型计划”大学评估结果

| 大学名称 | 类型 | 总评 | 评语 |
|---|---|---|---|
| 北海道大学 | 国立 | S | 实施状况优秀，预计可以达成目标 |
| 东北大学 | 国立 | A | 到目前为止的措施来看，具有达成目标的可能性 |
| 千叶大学 | 国立 | A | 到目前为止的措施来看，具有达成目标的可能性 |
| 御茶水女子大学 | 国立 | A | 到目前为止的措施来看，具有达成目标的可能性 |
| 国际教养大学 | 公立 | A | 到目前为止的措施来看，具有达成目标的可能性 |
| 国际基督教大学 | 私立 | S | 实施状况优秀，预计可以达成目标 |
| 中央大学 | 私立 | S | 实施状况优秀，预计可以达成目标 |
| 早稻田大学 | 私立 | A | 到目前为止的措施来看，具有达成目标的可能性 |
| 同志社大学 | 私立 | A | 到目前为止的措施来看，具有达成目标的可能性 |
| 关西学院大学 | 私立 | A | 到目前为止的措施来看，具有达成目标的可能性 |
| 立命馆亚洲太平洋大学 | 私立 | B | 为达成目标，有必要进行整改以及措施的进一步改善 |

表7 “B型计划”大学评估结果

| 大学名称 | 类型 | 总评 | 评语 |
|---|---|---|---|
| 筑波大学 | 国立 | A | 到目前为止的措施来看，具有达成目标的可能性 |
| 埼玉大学 | 国立 | B | 为达成目标，有必要进行整改以及措施的进一步改善 |
| 东京医科齿科大学 | 国立 | A | 到目前为止的措施来看，具有达成目标的可能性 |
| 东京工业大学 | 国立 | A | 到目前为止的措施来看，具有达成目标的可能性 |
| 一桥大学 | 国立 | A | 到目前为止的措施来看，具有达成目标的可能性 |
| 东京海洋大学 | 国立 | S | 实施状况优秀，预计可以达成目标 |
| 新潟大学 | 国立 | A | 到目前为止的措施来看，具有达成目标的可能性 |
| 福井大学 | 国立 | B | 为达成目标，有必要进行整改以及措施的进一步改善 |

续表

| 大学名称 | 类型 | 总评 | 评语 |
|---|---|---|---|
| 神户大学 | 国立 | A | 到目前为止的措施来看，具有达成目标的可能性 |
| 鸟取大学 | 国立 | A | 到目前为止的措施来看，具有达成目标的可能性 |
| 山口大学 | 国立 | A | 到目前为止的措施来看，具有达成目标的可能性 |
| 九州大学 | 国立 | A | 到目前为止的措施来看，具有达成目标的可能性 |
| 长崎大学 | 国立 | B | 为达成目标，有必要进行整改以及措施的进一步改善 |
| 爱知县立大学 | 公立 | A | 到目前为止的措施来看，具有达成目标的可能性 |
| 山口县立大学 | 公立 | B | 为达成目标，有必要进行整改以及措施的进一步改善 |
| 北九州市立大学 | 公立 | A | 到目前为止的措施来看，具有达成目标的可能性 |
| 共爱学园前桥国际大学 | 私立 | S | 实施状况优秀，预计可以达成目标 |
| 神田外语大学 | 私立 | A | 到目前为止的措施来看，具有达成目标的可能性 |
| 亚细亚大学 | 私立 | B | 为达成目标，有必要进行整改以及措施的进一步改善 |
| 杏林大学 | 私立 | B | 为达成目标，有必要进行整改以及措施的进一步改善 |
| 芝浦工业大学 | 私立 | B | 为达成目标，有必要进行整改以及措施的进一步改善 |
| 上智大学 | 私立 | B | 为达成目标，有必要进行整改以及措施的进一步改善 |
| 昭和女子大学 | 私立 | A | 到目前为止的措施来看，具有达成目标的可能性 |
| 东洋大学 | 私立 | B | 为达成目标，有必要进行整改以及措施的进一步改善 |
| 法政大学 | 私立 | A | 到目前为止的措施来看，具有达成目标的可能性 |
| 武藏野美术大学 | 私立 | B | 为达成目标，有必要进行整改以及措施的进一步改善 |
| 明治大学 | 私立 | A | 到目前为止的措施来看，具有达成目标的可能性 |
| 创价大学 | 私立 | A | 到目前为止的措施来看，具有达成目标的可能性 |
| 爱知大学 | 私立 | B | 为达成目标，有必要进行整改以及措施的进一步改善 |

续表

| 大学名称 | 类型 | 总评 | 评语 |
|---|---|---|---|
| 京都产业大学 | 私立 | B | 为达成目标，有必要进行整改以及措施的进一步改善 |
| 立命馆大学 | 私立 | A | 到目前为止的措施来看，具有达成目标的可能性 |

**表 8　　评估标准**

| 评价 | 评语 |
|---|---|
| S | 实施状况优秀，预计可以达成目标 |
| A | 到目前为止的措施来看，具有达成目标的可能性 |
| B | 为达成目标，有必要进行整改以及措施的进一步改善 |
| C | 根据到目前为止的措施来看，达成目标具有一定的苦难，由于无法预见效果应采取财政支持力度的降低较为妥当。 |
| D | 根据到目前为止的措施来看达成目标具有显著困难，应及时停止财政拨款较为妥当。 |

# 第七章　对于中国外语教育的规划借鉴

当前，我国正借助全球化浪潮所带来的历史机遇，从“引进来”迈向“走出去”，从“本土型国家”迈向“国际型国家”。与此同时，伴随我国经济、科技等硬实力的增强，我国作为世界大国亦需积极参与全球治理，与世界各国共同构建“你中有我、我中有你”的人类命运共同体。无论是实施“走出去”的国家战略还是积极参与全球治理，都迫切需要我国对人才培养及时进行战略转型，需要从过往的培养本土型人才向全球化人才的方向转变。全球化人才不仅需要具备扎实的领域专业知识，还必须得到语言的大力助力，尤其是作为全球通用语的英语，其已被公认为是以英语为外语国家的全球化人才培养的必备素养之一。为使我国的外语教育在科学合理的规划下稳步有效地推进，一些国家，例如日本，其当代外语教育政策的经验值得我们研究和借鉴。

## 一、英语村规划借鉴

为了迎接2020年东京奥运会，日本在英语教育领域里推出了一项重要的新举措——建设东京英语村，旨在以此为契机提高国民的英语交际能力，加快全球化人才的培养。我国正在实施“一带一路”倡议，需要大量具备英语交际能力的全球化人才。对此，《义务教育英语课程标准》提出：“英语课程提倡采用既强调语言学习过程又有利于提高学生学习成效的语言教学途径和方法，尽可能多地为学生创造在真实语境中运用语言的机会”[1]。英语村为学习者创造真实的英语运用情景，倡导沉浸式学习，推崇“No English，No Service”，在一些亚洲国家里得到了推广，但是在我国，英语

[1] 教育部．义务教育英语课程标准［S］．北京：北京师范大学出版社，2012.

村至今还尚未提上建设日程。在此背景下，本书拟对东京英语村进行深入研究，旨在为我国英语村的规划与建设、加快全球化人才的培养提供理据与借鉴。

2015年，日本政府指出："在距离2020年东京奥运会、残奥会不足5年的时间里，全球化人才培养成了目前东京亟须解决的课题。如果将其打造成了支撑着'世界第一都市——东京'的将来的儿童、学生们能轻易使用上的'英语村'的话，则对这个课题的进一步解决来说是一次巨大的贡献。"东京英语村主要针对东京都内的儿童与学生，他们是支撑打造国际化大都市东京未来的人才。日本政府希望东京都内的儿童与学生要尽可能地参加英语村的学习和体验。东京都内小学5、6年级的学生约20万人，初中约32万人，高中约32万人，总计约84万人。英语村将为大量的学生提供教育服务。当然，不属于东京都内的学生或其他人群，英语村也为他们提供教育服务，作为学生修学旅行、社会实践的一环。此外，东京英语村还可以提供教师培训，提高广大日本本土英语教师的英语水平。

东京英语村于2018年9月正式开始运营。尽管其运营时间尚短，对于英语村所产生的长远效应还不是很明朗，但是对于东京英语村的短期效应却可以进行评估。东京英语村受到日本东京市政府的高度重视，东京市政府把东京英语村作为提高东京市民英语水平的最重要的措施之一，并进行了大力宣传，获得了东京市民的高度关注。东京市的各中小学也把到访英语村作为学校课程的一部分。主要体现为三种形式：①作为学校教学活动的一部分；②作为英语课程教学的一部分；③作为其他课程教学的一部分。从2018年9月—2019年3月（日本学年结束时）的7个月的运营时间里，大约400所学校的50000名学生已经前往或预定了到英语村学习的日程；从2019年4月—2020年3月这段时期里，预计到英语村学习的人数将会翻倍[1]。

### （一）调用各种资源，打造中国式英语村，培养全球化人才

日本政府指出："在距离2020年东京奥运会、残奥会不足5年的时间

[1] Mori A, Takizawa Y. A public-private partnership for English education: Tokyo Global Gateway, a new approach [J]. グローバル人材育成教育研究，2019 (2): 35-43.

里，全球化人才培养成了目前东京急需解决的课题。如果将其打造成了支撑着‘世界第一都市——东京’的将来的儿童、学生们能轻易使用上的‘英语村’的话，则对这个课题的进一步解决来说是一次巨大的贡献”❶。显然，日本将英语村的建设上升为国家战略，推动全球化人才的培养。对此，英语村与指导中小学英语教学的《学习指导要领》进行了对接，制定了全球化人才的培养路径：对于小学生，拟通过英语村的“模拟体验使用英语的生活与社会活动”，从而“切身体会说英语的乐趣”；对于初中生，拟通过英语村的“与外国人的交流、沟通”，从而“掌握英语能力、提高说英语的欲望”；对于高中生，拟通过参加英语村的主题沉浸课程，“假设自己活跃于国际社会”，从而“增加站在世界舞台的欲望”。东京英语村由五家大型教育企业联合组建，运营监修由立教大学经营学部松本茂教授主导，教学方案由上智大学外国语学部和泉伸一教授主持，并获得日本大型企业的支持，旨在将英语村打造成日本国民“习惯使用英语”的场所、“锻炼英语”的场所、“用英语交流”的场所、“创造机会”的场所。东京英语村获得了民众的广泛支持，在 2018 年 9 月 6 日正式运营前，就已经被 370 所学校约 5 万名学生提前预订❷。

在全球化浪潮冲击下，中国社会和教育发展进入转型和变革时期，中国外语教育发展中的一些结构性和制度性问题逐渐显现❸。我国提出“一带一路”倡议，需要大批具有英语交际能力和国际视野的全球化人才，但这恰好是我国当前学校英语教育中的一大软肋。学者沈骑指出：“外语教育要服务于‘走出去’这一战略导向”❹。借鉴东京英语村的经验，建设中国版英语村可以补足这一短板。例如，可在我国的门户城市上海率先建设英语村，由上海市教委牵头，上海外国语大学负责教学方案、迪士尼集团负责设施设计，待运营成熟后推广到其他地区。建设费用由政府出资，发挥教育的公益作用。英语村主要由“模拟体验区”和“主题沉浸区”组成，学习者在体验区里进行外国生活的体验，在“沉浸区”里进行主题沉浸课

❶ 参见“東京版英語村開設について＜報告＞”.

❷ 参见“东京都英语村”全方位浸泡学习环境.

❸ 沈骑．全球化 3.0 时代中国外语教育政策的价值困局与定位［J］. 当代外语研究，2017a（4）：26－31.

❹ 沈骑．外语教育政策价值国际比较研究［M］. 上海：复旦大学出版社，2017b.

程的学习。

### （二）与学校教育相对接，将固定情境与活化课程科学结合

鉴于我国的特殊国情，长期以来所存在的“大班额”“应试教育”等问题在短期内尚不能得以解决，尽管教育专家提倡课堂教学中使用交际教学法，但要得以真正践行尚困难重重。由政府出资打造英语村，与学校英语教育实现对接，将有效改善这一局面，因为英语村的创建并不是要取代常规的学校英语教学，它不是一个从零基础开始教英语的场所。学生在英语村里要活用在学校里所学的知识，将英语村视作为英语学习的新契机，认为“学习英语是件快乐的事情”“还想更多地说英语”“还想更多学英语”。为了发挥英语村的最大效益，东京英语村以“团体入村”的“日归型”（分为 2 小时快速体验课程和 4 小时悠闲体验课程）方式为主，个人“宿泊型”（包括 2 天 1 夜和 3 天 2 夜两种）入村方式为辅，各学校均需提前团体预约才能入村，流动化的课程设置有效提高了东京英语村的接待量（年接待人次高达 20 万）。对此，鉴于我国城市中小学学生的庞大数量，我国在运营英语村的时候，也应当借鉴日本的经验，采用学校预约，以团体方式的形式入村，从而使更多的中小学生从英语村中获益。

学生入村后，依据学生所处的不同学段，东京英语村对情境体验课程和主题沉浸课程进行了组合，实现固定情境与活化课程的相融。以东京英语村公布的高中生课程的其中一种组合方案为例：①学生入村后，参加“制作新闻”课程，通过分派“导演”和“新闻解说员”等任务并用英语制作原创新闻节目，掌握“辩论”和“演讲”的技巧；②参加“可持续发展”课程，思考地球面临的课题以及解决方法，学习用英语思考、用英语表达意见；③参加“留学体验”课程，真实体验来自昆士兰州的教师的授课方法；④参加“校园地带”课程，切实感受海外的学生生活场景。我国的英语村要科学地进行课程组合，以适合中小学学生在不同学段的英语学习目标，以针对中学生为例，我们可以将“未来规划”“程序编制”“旅行角”“机场角”组合在一起，使学生用英语传达思想，操作、创作事物。需要指出的是，我国英语村的主题沉浸课程需要定期添加，以提高对英语村的“再访率”。

## （三）活用外教，打造全英语沉浸环境

东京英语村教师的招聘由英语教育理事会负责。该机构成立于1956年，财政支持来自于美国、日本政府，致力于推动国际理解、英语语言教育、跨文化交际，由该机构来负责招聘和管理外籍教师具有多重战略意义。东京英语村招聘的外教均为短期签约（合同期限为1年，最多续签4次）。究其原因在于，日本一直推行日本内部的国际化，其方式之一是将外国青年“引入”到日本，短期签约能促进人员流动，从而使更多的外国青年了解日本[1]。薪水方面，依据教师的资历，大致月薪为2000～3000美元。东京英语村采用高薪资的做法有利于提高与其他亚洲国家争夺外籍教师的竞争力。东京英语村的外籍教师分为三种类型：全职教师（主要承担英语村的各项目的教学、角色扮演、语言与内容融合式教学，并制作相关教学材料，对其他兼职教师进行培训和管理）、兼职教师Ⅰ型（需要承担语言与内容融合式教学）、兼职教师Ⅱ型（不需要承担语言与内容融合式教学，但需要承担角色扮演）。我国也应成立专门的机构，负责招聘和管理外籍教师。为吸引优秀的外籍教师，我国英语村也可以采用类似日本高薪资的做法，并采用短期签约的方式，有利于引进更多的外籍教师，增进他们对中国社会与文化的了解。在岗位方面，也可设立全职教师岗和兼职教师岗，全职岗位教师的职责和薪资均多于兼职教师，例如，全职教师可以对兼职教师进行培训和教学督查，全职教师承担主题沉浸教学，兼职教师承担角色扮演。

## （四）融入中国文化，加强对中国文化的传承与发扬

培养全球化人才，不仅要培养掌握日常生活、工作中的英语沟通能力，还要培养理解、尊重他国文化，同时还具备展现本国文化、传统的本领。在日本政府看来，培养日本年轻人英语能力的最终目的是让他们有能力向国际社会发出“日本的声音”，表达日本的观点。在英语村的课程设置中，日本政府不遗余力地纳入日本的社会与文化，“东京绍介”“日本茶道”等

---

[1] 牟宜武．国际化背景下的日本外语教育战略——“青年交换与合作教学”的理念与实践［J］．中国外语教育，2014（4）：17－25．

就是典型的代表。对于文化教学，我国《普通高中英语课程标准》明确指出：“文化知识包含中外文化知识，是学生在语言学习活动中理解文化内涵，比较文化异同，汲取文化精华，坚定文化自信的基础”❶。我国在建设英语村的时候，可以借鉴日本的经验，纳入一定数量的中国社会与文化的课程，如中国茶道、中华饮食、武术舞蹈、艺术戏剧等，从而实现“世界的事情弄清楚，中国的事情讲明白”，助推“中华文化走出去”❷。

## 二、提升交际能力规划借鉴

外语教育政策的制定也是国家“软实力”建设的一部分。日本将培养国民英语交际能力提升至国家战略，通过“提出战略目标—配备行动计划—实施成效评估—后续改革推进”，强化了英语交际能力对于日本融入“全球化”、增强日本在21世纪的国际竞争力的重要作用。事实上，“《行动计划》是日本政府发起的第一个旨在提高全民英语水平和国家英语标准的规划方案”❸。为弥补《提升日本国民英语交际能力》规划方案的不足，在实施一段时期之后，日本政府又颁布了《发展英语国际沟通能力的五项建议》。日本政府为改善日本国民的整体英语交际能力而颁布的行动计划是史无前例的。此后，为迎接2020年的东京奥运会，日本政府还颁布了《因应全球化英语教学改革》❹，要求自2014年起在初、高中阶段英语教师要全英语授课，从“教英语”（teach English）转为“以英语教英语”（teach English in English）。

习得多语能力的国民代表着人力资源，为一个国家的经济、外交等方面带来了巨大的价值❺，因此，一个国家的多语能力能带来社会、经济和

---

❶ 教育部．普通高中英语课程标准［S］．北京：人民教育出版社，2018.

❷ 牟宜武．全球化时代背景下的日本当代外语教育战略——培养日本国民的英语交际能力［J］．外语教学理论与实践，2016（2）：54－60.

❸ Hato Y. Problems in top－down goal setting in second language education：A case study of the “Action Plan to Cultivate ‘Japanese with English Abilities’”［J］．JALT Journal，2005，27（1）：33－52.

❹ MEXT. English Education Reform Plan Corresponding to Globalization［S］．2014.（March－12－2015）

❺ Cummins J，Danesi M. Heritage languages：the development and denial of Canada’s linguistic resources［M］．Toronto：Our Schools/Our Selves Education Foundation，1990.

政治利益。外语能力在让国家获益的同时，学习者个人也获得巨大收益。因为语言与文化知识可以转化为语言与文化资本[1]，语言学习实质就是一种投资[2]。然而，与日本不遗余力提升国民英语交际水平相比，2013 年下半年，中国国内却掀起一股“英语退出中高考”的呼声，引发了各界有识之士的担忧。一方面，反映出国民对英语学习成效低下，尤其是不能进行交际的不满；另一方面，反映出国民对于过于热衷英语而威胁到汉语的担忧。鉴于全球化的加速推进以及我国“走出去”战略的实施，“中国的英语教育不仅不应该削弱，反而应该进一步加强”[3]，尤其是要加强英语交际能力，对此，我们可以进行以下改革。

### （一）将培养中国国民的英语交际能力作为重点政策，并配备相应行动计划

我国的英语教育并非不重视英语交际能力，例如教育部早在 2004 年就明确指出：“大学英语的教学目标是培养英语综合应用能力，特别是听说能力，使他们在今后工作和社会交往中能用英语有效地进行口头和书面的信息交流”[4]。然而，2014 年的托福成绩显示，在亚洲参考的 32 个国家和地区里，中国学生听力处于第 22 名，口语处于第 23 名。听说能力的教学成效不尽如人意主要原因在于我国听说的教学没有真正落到实处。由于中考、高考英语试题不涉及口语测试，大学英语四、六级口语考试采取学生自愿参加的原则，在实际教学中教师普遍不重视口语教学。不仅口语教学被“边缘化”，甚至一部分省份的高考英语试题中不涉及听力测试导致听力教学也被“边缘化”。我国应借助全球化和高考改革这一契机，将培养中国国民的英语交际能力提升为一项国家战略，统筹规划，拟定初中生、高中生、大学生在各学段应当达到的交际能力标准，并开发一套全面评测听、说、读、写等能力的社会化考试予以量化测评，既有利于对各学段英语教学成效的评估，也有利于各学段的衔接教学。同时，由于我国是以英语为外语

---

[1] Bourdieu P. Language and symbolic power [M]. Cambridge, MA: Harvard University Press, 1991.

[2] Peirce B. Social identity, investment, and language learning [J]. TESOL Quarterly, 1991 (1): 9-31.

[3] 程晓堂．关于当前英语教育政策调整的思考 [J]. 课程教材教法，2014 (5): 58-64.

[4] 教育部高等教育司．大学英语课程教学要求（试行）[J]. 中国大学教学，2004 (1): 8-10.

的国家，缺乏英语交际环境，仅靠修订《英语课程标准》和《大学英语课程教学要求》还远远不够，而是要在国家主导下，增加财政投入，实施一系列行动计划，如增加英语师资开展小班化教学、将外籍教师引入到中小学、资助中学生海外访学、鼓励中学生到中国海外分公司见习等。这些行动计划将会弥补缺乏英语交际环境的先天劣势，激发学生提升英语交际能力的学习动机。

### （二）推进课程改革，正确处理英语与汉语的关系

汉语是中国国民进行语言活动的母体，要提高英语交际能力，也首先要提高国民的汉语交际能力。试想学生用母语都无法进行辩论、演讲、陈述（presentation），那怎能期望他们用外语来完成这些认知能力较高的交际任务？时值新一轮高考改革之际，也应对语文学科的教学与考试进行改革，适当提高交际性内容所占的比例。在英语教学内容方面，应思考如何在英语教育中融入汉语和中国文化的表述，例如在开发英语教材的时候，加大中华文化所占比例，适当减少英美文化所占比例，维持汉语文化的主体地位，解决提高外语水平和维护母语及文化认同的矛盾。此外，还要适当增加有关日常生活交际、解释观点、进行有理据的辩驳、开展各种谈判等英语交际的授课内容和授课时数，并创造更多的英语活动，如中华文化英译比赛、介绍家乡美景和历史的英语导游比赛等[1]。

### （三）以英语为主，小语种为辅；工具性与人文性兼顾

尽管英语在日本的外语教育中占据主导地位，但日本政府在初中和高中里也大力推进除英语之外的其他语言的教学，强调多语言学习在当今社会环境下的重要性。日本政府认为，在中学或者高中阶段接触除日语（母语）以外的语言是十分重要，因为这有利于培育理解跨文化的生活和交流以及培育开放的姿态。2018 年 6 月日本内阁召开第 3 次教育振兴计划会议，决定了“配以牵引社会可持续发展的国际化人才”的基本方针，力推强化除英语以外的各外语科目的学习。

---

[1] 高一虹．投射之“屏幕”与反观之“镜子”——对中国英语教育三十年冷热情绪的思考［J］．外语教学理论与实践，2015（1）：1－7.

日本在中学外语教育中开设了近20种外语。这些外语主要包括英语、汉语、法语、德语、西班牙语、俄语、意大利语、泰语、印度尼西亚语、波斯语、菲律宾语、古典拉丁语、尼泊尔语、阿拉伯语、世界语等。从这些外语中可以看出，亚洲国家的语言在日本的中学外语教育中占有重要地位，主要原因在于日本与亚洲各国的政治、经济、文化等领域的往来不断增多，在日本强化亚洲语言（主要为汉语、越南语）的教学十分必要。

从开设的语种来看，汉语学习人数已超过德语、法语等其他外语，成为仅次于英语之外学习人数最多的一门外语，在2018年排在汉语之后的其他外语的开设情况分别是：韩语，开设学校342所，学习者人数为11265人；法语，开设学校201所，学习者人数为6782人；西班牙语，开设学校96所，学习者人数为2863人；德语，开设学校96所，学习者人数为2860人；俄语，开设学校23所，学习者人数为628人；意大利语，开设学校14所，学习者人数为305人；印度尼西亚语，开设学校3所，学习者人数为88人。其余语言学习人数甚少，学习者人数均低于80人。例如，葡萄牙语，开设学校7所，学习者人数为65人；越南语，开设学校4所，学习者人数为60人；泰语，开设学校3所，学习者人数为40人；菲律宾语，开设学校4所，学习者人数为39人。

日本政府加强对汉语等英语以外的其他语言的学习，也得到了媒体与公众的大力支持。在2019年前后，日本的“朝日新闻”“读卖新闻”等多家媒体都争相报道了力推除英语以外的外语科目学习。“朝日新闻”专栏作者认为，为应对国际化社会的发展，在中学或者高中阶段接触和学习除日语（母语）以外的语言是十分重要的。日本的“读卖新闻”也曾连续5次刊登了以“教育复兴，多语言教育”为主题的专题报道。这些报道围绕力推除英语以外的外语学习，并引用权威专家的言论，向读者介绍多语言学习在当今社会环境下的重要性。特别是在2019年8月19日即第四次报道中，“读卖新闻”专门探讨了汉语作为第二外语学习的重要性[1]。

尽管日本基础教育阶段的《学习指导要领》没有明确规定汉语的教学标准，但随着日本20世纪90年代开始实行外语教育多样化政策，加强开

[1] 山崎吉朗．高等高校における複言語教育の現状・展望と大学教育との連携について［R］，2020.

展英语以外的外语教育，尤其是强调亚洲邻国语言教育的重要性，为汉语教学标准的制定开启了机遇。在20世纪90年代末，日本开始针对汉语的教学目标、教学方法、教学内容制定课程指南。在1999年6月，全国高等学校中国语教育研究会首次颁布了中学汉语教学大纲，即《高中汉语教学指南》，包括语法和词汇两部分。在此基础上，公益财团于2007年制定了《高中汉语和韩语学习指南（试行版）》[1]，将汉语和韩语并置在同一指南下开展教学，相较之前的版本，试行版更加侧重对语言交际和跨文化理解能力的培养。在2012年3月，《高中汉语和韩语学习指南》（简称《学习指南》）正式在全日本发行，并沿用至今。《学习指南》的正式发行，为日本高中汉语教育的开展提供了翔实的、专业的参照标准，成为日本基础教育阶段开展汉语教育的纲领性文件。

《学习指南》提出了明确的教育目标，即“通过学习语言和文化，促进学习者的人生成长，培养在21世纪生存的能力”。不仅如此，《学习指南》还提出“外语教育不仅仅是让学生把学习语言作为一种工具，我们的目标是培养学生在21世纪生存的品质和能力”。这是因为，学生作为语言学习者，不能仅仅只是培养学生通过语言掌握社会生存能力，还要通过学习未知的语言去接触、了解不同的文化，与具有多种语言和文化背景的人士进行沟通和交流，从而磨砺学习者的个人秉性。

《学习指南》还将高度抽象的教育理念和教育目标具体化为学习目标，即外语科目应该注意的方面有哪些，希望学习者掌握的能力是什么。具体而言，《学习指南》提出了“3领域×3能力+3联系”（表1）的学习目标，即在语言、文化和全球化社会三个领域里培养语言知识、语言技能、语言运用三种能力，并使汉语课和学习兴趣、其他学科、课堂内外的学习三方面建立起联系。“三个领域”分别是语言领域、文化领域和全球化社会领域。在这三个领域里要有听懂、运用对方语言的能力，并能与他人进行沟通，理解多元文化背景下的行为以及与国际化社会衔接的能力。“三联系”分别是要与学习热情、学习态度、学习方式相联系；与相关学习经验、其他科的内容相联系；与社会方面的信息、人、物相联系。

---

[1] 公益財団法人国際文化フォーラム．高等学校の中国語と韓国朝鮮語のめやす（試行版）［S］，2007．

**表 1　　“3 领域×3 能力＋3 联系”内容及措施**

| 教学目标 | 领域 | 能力 | 目　标 | 措　施 |
| --- | --- | --- | --- | --- |
| 3 领域×3 能力＋3 联系 | 语言领域 | “明白” | ①掌握客观地看待母语结构的能力；②加深对母语的理解，提高母语的能力 | ①理解语言的表层结构，如词汇，语法表达，语音等；②意识到语言内部构成规则 |
| | | “运用” | ①进一步学习语言结构；②为语言结构困难的情况提供定型句教；③保持语言与实际的交流的连续性；④了解母语和目标语的共性和差异性；⑤帮助学生掌握交流的策略 | ①增加与母语者交流机会，通过交流活动来学习语言的结构；②学习过程中适当导入作为目标的交流行为所需的表达和词汇；③在教室里制作现实或与之相近的场景；④将外语和母语进行比较分析 |
| | | “联系” | ①建立人与人之间的“联系”；②拓展人际交往圈；③实现自我提升 | ①与他人交流，积极对话；②与他人交流的过程寻求对自我的发现，理解他人，加深互相理解 |
| | 文化领域 | “明白” | ①加深目标语文化知识理解；②获得正确理解和寻求母语者文化的途径 | ①学习并处理语言所表现的文化，以及从语言的学习中分离出文化；②重视学习者注意和发现文化现象的学习过程；③利用各种媒体，大量收集母语者文化信息 |
| | | “运用” | ①保证顺利地与母语者进行交流；②形成多元文化的资质；③解释文化现象之间的异同和文化现象背后的因素等，进行不同文化之间的调整 | ①理解母语者文化背景；②考虑母语者个人因素；③学习动态文化知识，学习如何应对文化的洒力；④培养动态，多视角的语言文化观；⑤关注学习者自身和其他文化的差异和共性 |
| | | “联系” | ①提高多角度看待文化的能力，建立自身与文化见的联系；②学会调整各种想法，创造新的共享价值 | ①从多个角度看待文化，积极参与与同龄母语者的直接交流和利用网站的间接交流；②以尊重的态度面对对方背后的文化，并在回顾自己的同时建立关系；③在互动中培养与不同的他人交往的能力 |

续表

| 教学目标 | 领域 | 能力 | 目　　标 | 措　　施 |
| --- | --- | --- | --- | --- |
| 3 领域×3 能力+3 联系 | 全球化社会领域 | "明白" | 掌握 21 世纪社会中生存的必要技能 | 认识到作为社会成员的责任，了解 21 世纪全球社会的特点和重要挑战 |
| | | "运用" | ①提高协作能力，高级思考能力和信息利用能力和内省能力；②树立具有创造力，灵活性和责任感的教育目标，提升自身素质 | ①摒弃传统的记忆或背诵事物的学习，而是取舍和利用知识和信息的能力，培养发现和解决问题的思考能力；来修改标记元素的显示属性；②不拘泥于现有事物的独创性，积极应对新事物的创造力 |
| | | "联系" | ①认识到我们生活的社区与国家，广域社区和全球社会的联系；②建立能共用的相互连通、相互交流的方式；③实现地球村、全球社会的建立 | ①通过一个可靠的网站，与世界上的同龄人用母语和外语进行信息交流和相互理解；②通过积极接触人、物和信息，进入全球社会的网络，提供自己的能力，知识和时间，并与成员合作采取行动 |

在教育理念（表 2）方面，《学习指南》摒弃了"重技能，轻知识"的教育理念，提出了"他人的发现，自我的发现，联系现实的发现"的新教育理念。就"他人的发现"这一教育理念而言，"他人"是指学习者的个体身份以及其所处的语言、文化和社会。个体在与他人的密切交流中，学习邻国语背后的文化乐趣能够增加文化认同感。就"自我的发现"这一教育理念而言，其强调只有通过与他人相遇、关联才能看到自我。例如，通过与其他语言的对照后，去重新发现自己的语言；通过与其他文化的比较后，去重新认识自己的文化。就"联系现实的发现"这一教育理念而言，是指在加深自己和他人理解的同时，共同生活，建立关系，创建一个协作社会。

日本基础教育阶段的汉语教育总体上属于外语入门教育，因此，在教学中强调以会话为主，侧重于情景教学和任务教学，重视在有限的课时内培养汉语实用能力；对于文化学习，则强调通过汉语教学，扩大学生视野，对学生本人和他人、对日本本国文化和他国文化进行重新审视[1]。为实现

[1] 侯红玉．日本高中汉语教育研究［J］．海外华文教育，2016（5）：618－623．

**表 2　　《学习指南》的教育理念**

| 外语学习目标 | 三方面建议 | 理　　念 |
| --- | --- | --- |
| “为了培养具有作为 21 世纪全球公民”和“为社会建设做出贡献的人” | “参与建设多语言、多文化的全球社会” | 通过建设多文化、多语言的社会，使具有不同文化背景和生活习惯的人们共生合作，打造积极向上的社会氛围，创设全球社会 |
| | “培养掌握解决问题关键的对话能力” | 通过培养全面的沟通能力，与他人建立联系，与各种文化建立联系，并与全球社会建立联系 |
| | “创造学习多种语言的机会” | 通过增加外语学习机会，在日本的学校中创造学习多种语言的教育环境，促进外语学习者与新语言、新环境的接触，加深与他人的交往，做到从课本联系现实 |

《学习指南》的教学目标与教学理念，《学习指南》还设置了 15 个教学主题，每个主题分 4 个层次，每个层次都从提高口语能力出发，涵盖了听、说、读、写四个方面，并按照外语课程从初级到更为常用的顺序加以列举。《学习指南》所设定的这 15 个主题（表 3）分别是：自己与身边的人、学校生活、日常生活、食、衣品和时尚、住、身体与健康、爱好和游戏、购物、交通和旅行、与人交往、行事惯例、地区社会和世界、天气环境和语言学习。

**表 3　　《学习指南》的主题设置**

| 主题 | 内　容 | 目　　标 |
| --- | --- | --- |
| 自己与身边的人 | 关于自己的话题、朋友和家人等身边的人、宠物的话题等 | 可以简单介绍或书写介绍自己和身边人的基本情况和个人特征；能够阅读并理解关于家庭的文章 |
| 学校生活 | 关于自己所在学校的情况和学校的生活的话题 | 能够介绍自己的学校和学习中的经验，讨论自己喜欢的科目课原因；可以制作刊登有关学校的介绍和活动通知等的资料；能够阅读报纸上关于考试的报道并发表感想和意见；能够口头或书面说明日本高中生活的特点和教育制度 |

续表

| 主题 | 内　容 | 目　　标 |
|---|---|---|
| 日常生活 | 关于学校时间以外的日常生活的话题 | 可以介绍一天日常的行为，能够使用问候语；能写下自己与朋友的生活经历；能够将自己的困难、烦恼、不满等倾诉或倾听；阅读关于不同人的生活方式的文章和看节目 |
| 食 | 关于食物的好恶和饮食习惯等饮食生活的话题 | 能在饭店中点餐，表明自己饮食的好恶；读懂料理相关文章，了解制作过程；能够口头或书面介绍自己的饮食习惯、自己国家和目标语国家饮食文化；能阅读关于饮食文化和粮食问题的文章，并口头发表意见 |
| 衣品和时尚 | 关于衣服、饰品、化妆等的话题 | 能够谈论服饰和自己穿着上的喜好；能够谈论时尚和喜欢的偶像，口头发表自己的看法，能够对相关礼仪着装进行询问；能看懂洗脸、洗头、美发的商品标签，知道使用方法；能够阅读关于服饰流行的文章；能够了解不同国家传统服饰并能够总结 |
| 住 | 家庭话题 | 能够说出、听懂并理解不同房间的名称；能够介绍自己的住址和居住地；能够口头或书面介绍自己房屋和家具的情况；能够阅读和理解关于设备、器具的使用方法和注意事项的文章；调查日本和对方国家的家庭结构，可以互相交流共同点和不同点；能够阅读有关日本和对方国家住房问题的报道，并就其解决方法进行交谈 |
| 身体与健康 | 关于身体的部位、特征、健康等的话题 | 能够口头或书面表达自己的身体特征，并与他人或自己以前进行对比；能够口头或书面介绍身体状况并表达自己的需求；能够使用探视的惯用语；能够应对就医过程医生的提问和介绍自己患病经过；可以阅读健康方面的文章；能读懂关于中药和中医的文章；能够总结日本和对方国家的传统健康维持方法和疾病治疗方法 |
| 爱好和游戏 | 关于放学后、休息日、打工、兴趣等的话题 | 能够谈论自己的休息日和喜欢做的事情；能够口头或书面介绍自己喜欢的名人；能够口头或书面对朋友进行邀约；能够阅读游戏和游戏规则等说明书，理解大意；能够口头或书面谈论对方国家的流行文化，谈论度假方式；能够阅读有关现代社会多种生活方式的报道，并将自己对劳动和业余时间的意见汇总 |

续表

| 主题 | 内容 | 目标 |
|---|---|---|
| 购物 | 关于实际购物场景、购物行为的话题 | 能够看懂商场指南、广播和店内销售，找到卖场，询问自己要买的物品；能够口头或书面介绍购物信息；能够通过询问付款地点或付款方式来付款；能够进行物品选取和价格谈判；能够听懂商品的使用方法和保存方法等；能够介绍零花钱及其使用方法；能够看懂有关年轻人消费行为等方面的电视报道或报纸杂志并总结 |
| 交通和旅行 | 关于城市状况和上学时使用的交通工具的话题 | 可以口头或书面表达自己想去的地方；可以询问平时上学时使用的交通工具；能够询问座位信息，订购车票，确认车票数量；能够询问酒店服务和入住信息；能够看懂地图，与他人进行简单的行程交流；能够谈论旅行中的经历；能够听懂机场、车站的广播；能够阅读和理解如何使用酒店内的设备和设备的说明；能够口头处理在旅行途中发生的交通工具和酒店的麻烦和变更；能够阅读关于日本和对方国家的交通系统的文章，整理成书面或口头报告 |
| 与人交往 | 日常问候等 | 能够说、听、理解与人交往中经常使用的基本寒暄表达；可以口头传达电话、传真的号码和邮件地址；可以在电话中进行简单的交流，可以口头或书面表达祝贺之情；能够处理电话的转接和打错电话的情况；能够说、听、理解与人交往顺利进行的表达；阅读和理解互联网，电话和传真操作所需的基本术语和指示；能够使用能让对方接受的表达方式，口头上进行忠告和拒绝等；能够用口头或书面形式介绍礼仪和规则；能够阅读关于日本和对方国家的人们的喜好、日常习惯、交往方法的文章 |
| 行事惯例 | 年度活动、个人、家庭纪念日等话题 | 能够阅读、听懂、理解相关节日、纪念日的措辞；能够口头或书面表达特殊节日的祝福；能够口头或书面介绍自己在节假日的习惯和经历；能够阅读和理解节假日贺卡和邮件的信息；能够阅读并总结不同国家节假日的习俗的文章；能够就日本和对方国家的活动进行说明，并写出自己的想法 |

续表

| 主题 | 内　容 | 目　　标 |
| --- | --- | --- |
| 地区社会和世界 | 关于地理、历史、时事问题等相关知识的话题 | 能够阅读、听懂、理解对方国家的主要城市名和地区；能够口头介绍自己所在城市及其相关信息；可以口头或书面介绍日本或对方国家的名人或建筑物的名字或特征；可以就身边的社会制度进行对话；能够介绍和他人的关系和相关信息；能够口头或书面谈论日本和对方国家的生活习惯；能够阅读关于日本和对方国家制度、风俗习惯、历史环境的文章；能够讨论国际和社会问题，作出口头或书面报告 |
| 天气环境 | 关于四季和天气的简单问候，关于气候的话题 | 知道天气方面相关用语；能够通过阅读报纸等方式了解天气信息；可以就季节的好恶及其理由进行对话。能够讨论日常天气和季节以及自然现象的特征；能够听懂自然灾害的避难广播；能够阅读有关中国季节性事件的指南；能够阅读关于自然灾害的文章；能够口头或书面描写关于自然灾害的经历；能够口头或书面讨论并总结国际社会对自然灾害和环境问题做出的努力 |
| 语言学习 | 关于母语和外语的话题，包括简短的问候 | 能够讨论自己的语言学习和原因及意义；能够询问单词和句子的读法以及用法；能够在不懂对方谈话时进行提问；能够口头或书面介绍日语和对方语言的文字种类和使用区别；能够听懂日本和对方国家经常使用的谚语和惯用句，并说明其意思；能够简单地口头说明日语与汉语的关系、相同点和不同点；能够阅读和理解有学习对象语言的文字的构成和特征的文章；能够口头或书面介绍与日本在对方国家表现相似但意思不同，或者表现不同但意思相似的谚语；阅读关于语言教育的文章；能够调查总结世界上使用学习语言的地区及其历史背景 |

为了便于教学实践工作的开展，这些主题被设定在日常生活题领域里，教师可以依据教学需要进行合理选取或根据具体情况进行组合使用，从而从单个或多个话题领域中选择指标来设计课程。《学习指南》着重强调对学生交际能力的培养（表 4），根据 15 个主题以及与汉语教学的主管部门所

开发的指标进行核对与比较，进而对学生的汉语口语交际能力进行了指标量化。在参考欧美语言水平测试的指标基础上，结合日本国情，采用了从1到4级（表4）的标准进行测评。其中，“1级”是指运用所学基本词汇和表达来执行一些简单的语言功能的水平；“2级”是指通过使用所学词汇和语法来执行假定范围内的语言活动的水平；“3级”是指在一些出乎预想的情况下，学生进行语言活动的水平；“4级”是指在一些出于预想的情况下，学生创造性地使用语言、进行复杂的语言活动的水平。

**表4　《学习指南》的交际能力指标测评**

| | |
|---|---|
| 1级 | • 在自己设想的范围内，使用基本的措辞，如果得到对方的协助，就可以进行简单的对话。对于自己身边的事情，能用简短的语句或句子来表达。<br>• 能够理解经常听到或看到的语句和句子中最基本的东西 |
| 2级 | • 在自己设想的范围内，从学到的语句和句子中选择，如果得到对方的协助就可以进行交流。<br>• 对于自己身边的事情，可以用简短的语句或句子并列表达。<br>• 能够理解经常听到或看到的语句和句子 |
| 3级 | • 即使在自己没有预想到的情况下，如果能使用学到的语句和句子得到对方的帮助，也能在一定程度上进行创造性的交流。<br>• 对于自己的周围和关心的事情，能够在某种程度上表达出总结的内容，使其主旨相通。在某种程度上总结的内容，可以借助辞典，或者事先获得相关信息，进行理解 |
| 4级 | • 即使在自己没有预想到的情况下，也能在一定程度上进行创造性的交流。<br>• 对于范围更广的事情，可以用更准确、更恰当的语句或句子来表达稍微复杂、抽象、在某种程度上总结的内容。<br>• 能够在某种程度上理解总结的内容 |

日本多数学校在开展汉语教学时，还注重提倡沟通交际能力，课程联系生活实际，创造多语言环境。《学习指南》指出，“汉语对日本人而言就是邻国语，是日本国内多元文化共生的交流语言之一。汉语学习者如果想要进行交流的话，就要使用邻国语与操邻国语者进行对话”。依据《学习指南》，针对交际能力的提高，基础教育阶段的汉语课程设置主要集中于口语

交流上，并在教学环节内使说、读、写的内容实现交叉。不仅如此，在汉语教学过程中，还十分重视多语言环境，即在“多语环境中获得素养的教育框架”❶下进行学习，从而使学习者能够同时获得两种语言素养，这可以从《学习指南》中第1个主题（即初级汉语课程）和第15个主题（即高级汉语课程）的内容对比中得以管窥（表5）。

从表5可以看出，在主题1与主题15中，都分为4个层级，对应每个主题在每个阶段所应该达到的学习目标和能力要求。纵观整个表格，每个主题都以口头交流为主，结合语言学习者在实际生活中可能遇到的经历，追求语言的实际运用。再辅以读、写技能训练，以达到语言水平全面的提升。从主题内容看，内容由谈论个人的经历到讨论语言本身特征及学习中

**表5　　《学习指南》教学内容对比**

| 名称 | 层级1 | 层级2 | 层级3 | 层级4 |
| --- | --- | --- | --- | --- |
| 主题1 | 1-a. 可以说或询问姓名和属性。<br>1-b. 可以就家庭构成进行对话，并写下来进行说明。<br>1-c. 可以简单地通过口头或书面形式进行自我介绍。<br>1-d. 可以口头传达手机号码和邮件地址 | 2-a. 可以通过口头或书面形式介绍家庭的职业和宠物的信息。<br>2-b. 可以口头描述你或你身边的人的外观。<br>2-c. 可以就毕业后的去向以及将来想从事的职业和想工作的地方进行交谈。<br>2-d. 可以口头交流对方国家是否有亲戚或熟人居住 | 3-a. 能够以口头或书面形式就自己或身边人的特征进行互相介绍。<br>3-b 可以用口头或书面的形式对于自己喜欢的事情、事物、人，及其理由进行介绍。<br>3-c. 能够就自己的经历进行交谈，并写下来进行说明。<br>3-d. 写下自己关于人生的规划并与他人交谈。<br>3-e. 能够以书面或口头形式介绍自己的人生目标和座右铭 | 4-a. 能够将自己的成长经历和回忆总结成文章。<br>4-b. 阅读生活故事和手记，理解概要。<br>4-c. 阅读关于家庭的文章，并就家庭的存在交换意见。<br>4-d. 可以阅读和比较关于朋友交往的文章 |

❶ 田慧昕，櫻井千穗．日本の公立学校における化粧中国語教育［J］．母語・継承語・バイリンガル教育（MHB）研究，2017：132-155.

续表

| 名称 | 层级 1 | 层级 2 | 层级 3 | 层级 4 |
| --- | --- | --- | --- | --- |
| 主题15 | 1－a. 能询问他人正在学什么样的语言。<br>1－b. 能够听懂对方对自己所说的目标语言的评价。<br>1－c. 可以询问或回答在哪里学习目标语。<br>1－d. 能够互相表达学习目标语言后的简单感想。<br>1－e. 能够询问事物的名称用目标语怎么说，并教其用日语怎么说。<br>1－f. 能够口头传达对方说的话是否被理解。<br>1－g. 不明白对方在说什么的时候，可以反问对方，或者请求对方慢慢地说。<br>1－h. 能够询问不懂的汉字的读法。<br>1－i. 能看懂，听懂并理解不同的汉语的表达方式。<br>1－j. 可以询问听到的声音和知道的单词，用汉字和拼音怎么写，然后让他们写出来 | 2－a. 能够说出或询问学习目标语的理由。<br>2－b. 可以口头或书面交流外语的学习情况。<br>2－c. 在学习汉语和日语的过程中，可以说出或询问自己或他人喜欢的语言。<br>2－d. 可以口头介绍，关于日语文字的种类和使用区别 | 3－a. 能写出学习语言过程中有趣的地方和困难的地方以及原因。<br>3－b. 能够听懂日本和对方国家经常使用的谚语和惯用句，并说明其意思。<br>3－c. 能够阅读和理解关于目标语语言特征的文章，并进行简单的文章总结。<br>3－d. 能够阅读和理解写具有目标语特征的文字和特征的文章。<br>3－e. 能够简单地口头说明日语与汉语的关系。<br>3－f. 对于汉字的写法，可以使用部首，引用使用相同汉字的词语进行口头说明或询问 | 4－a. 能够在互联网上调查字典中没有的词语，并理解其意思。<br>4－b. 能够将日语的特点与汉语进行比较，并用口头或书面形式进行说明。<br>4－c. 可以对于与日本在对方国家表现相似但意思不同，或者表现不同但意思相似的谚语进行口头说明。<br>4－d. 能够调查日本和中国的民族语言和方言，并将其内容整理成报告。<br>4－e. 在书信或演讲中，能够恰当地使用对方国家的谚语或惯用句。<br>4－f. 阅读关于彼此语言教育的文章，并交换意见。<br>4－g. 调查世界上使用学习目标语言的地区，包括其历史背景，以口头或书面形式发表。<br>4－h. 能结合背景，思考学习外语的意义，交换意见。<br>4－i. 用书面语和口语形式谈全球化下的语言变化。<br>4－j. 能思考语言的意义 |

存在的问题，逐渐向文化交流方向靠拢；从学习目标看，目标由能够简单介绍个人生活经历演变到能够对汉语文字结构和特征进行询问描述，进一步加深学生对中日文字之间相似性和差异性的理解；从语言运用看，由阅读简单的个人生活经历文章转变到了能阅读并总结具有目标语特征的文章以及运用多媒体手段进行国际交流，加大了培养全球化公民的力度。

大山万容[1]指出，文科省的政策文件表明，外语教育作为国际理解教育的目标，并鼓励处理多种语言和文化的活动，而不限于英语。在提倡多语言文化的学习背景以及多方机构共同努力下，日本的其他外语，如汉语，在中小学教育中也得到了飞速发展。以汉语为例，从整体上看，日本开设有汉语课的学校较多，且日本汉语教育历史已久，汉语教学方面已有了一定的理论基础。在汉语教学大纲的指引下，汉语课程设置日趋规范化、系统化。

在我国的中小学外语教育的改革中，在注意工具性与人文性的平衡的同时[2]，外语教育政策应服从国家安全战略，要保证国家经济可持续发展。随着我国“一带一路”倡议的推出，我国的外语教育要以英语为主，其他小语种为辅，尤其是“一带一路”的语种以及重要邻国语言的教学，从而推动我国外语教育的生态发展，为国家战略服务。对于中小学的其他外语教学，要制定系统、全面的《课程标准》或《学习指南》，加强教材的开发以及教学法的创新，注重各学段之间外语衔接教学，提高我国中小学外语教学质量。

## 三、全英语学位课程规划借鉴

尽管“全英语学位课程”由日本政府自上而下的推动，但“全英语学位课程”的快速推进得益于国家层面、大学机构、学习者个人三个方面的利益相关者的共同作用。在整个国家层面，“全英语学位课程”可以成为日本高校的国际品牌，提升大学国际形象，增强日本的全球软实力，因为高等教育也是日本软实力的重要投射对象；在大学层面，“全英语学位课程”与大学自身在全球的排名息息相关，通过“全英语学位课程”，以英语作为

---

❶ 大山万容．国際理解教育としての小学校「外国語活動」と日本における「言語への目覚め活動」導入の可能性［J］．言語政策，2013（9）：43－64.

❷ 程晓堂．关于当前英语教育政策调整的思考［J］．课程教材教法，2014，34（5）：58－64.

教学媒介语在诸多学科的课程中普及开来，借此日本的这些“精英”大学得以从全球招收到更多的优质学生与知名研究学者，这反过来推动了这些大学在全球教育市场上的知名度与影响力。在个人层面成为具有全球胜任力的人才，离不开运用国际通用语在自己未来从事的专业领域开展磋商、谈判、辩论、演讲、陈述等，因此，无论是日本本国学生，还是日本高校所针对的外国留学生，都有着通过以英语作为教学媒介语的课程的学习，来提高学科专业知识以及英语能力的强烈需求。

“全英语学位课程”是日本政府与日本高校应对全球化发展态势所作出的创新之举，在日本国内外产生了重要的影响。参与国际化试点的 13 所大学所开设的全英语学位课程极大地带动了日本其他高校，他们纷纷效仿，开始新设并增加英语授课课程的比例。据日本学生协助协会（JASSO）的专项调查显示，在 2008 年时全国仅有 6 所大学（1 所公立、5 所私立）开设了全英语本科学位课程，仅 47 所大学（38 所公立、9 所私立）开设了全英语研究生学位课程，2014 年，开设全英语本科学位课程的大学上升到 28 所，开设全英语研究生学位课程的大学上升到 76 所[1]。

对于这些取得的成果，日本文部科学省在评估“留学生 30 万人计划”时高度肯定了“全英语学位课程”所发挥的作用，并认为“全英语学位课程”有效解决了外国留学生赴日留学所面临的最大问题，即语言障碍问题，从而使外国留学生可以不用通过日语就进入日本高校学习，这给外国留学生提供了一条更为便捷的求学路径。需要指出的是，尽管是通过英语作为入学语言进入日本学习和生活，但并不意味着这些外国留学生就不必学习日语。日本对此的措施是，无论外国留学生修读的是文科专业还是理科专业，日本高校在“全英语学位课程”体系中的文科通识课程中，通常会设置日本语言与文化课程，从课程体系中推动外国留学生对日语的学习、对日本社会文化的认知与了解。不仅如此，日本还着手推动大学与社会培训机构的合作，充分利用社会培训机构在课余时间为“全英语学位课程”的外国留学生培训日语语言与文化。因此，政府、高校、社会机构合作采取的这些措施有力地帮助了“全英语学位课程”的外国留学生，使他们在毕

[1] Ota H，Horiuchi K. Measuring the accessibility of study in Japan utilizing international admissions procedures of English - taught degree programs [J]. Higher Education Forum，2016 (13)：91 - 107.

业时，不仅能较好地掌握学科知识和英语技能，还能推进他们对日语语言与文化的了解，从而利于日本文化的全球推广。

日本高校“全英语学位课程”的开设，在国际上产生了明显的吸引力。这可以从日本学生协助协会（JASSO）2014年的统计数据中得以证实。自“全英语学位课程”开设以来，日本13所国际化试点大学的国际留学生的数量日渐增多。在2008—2013年期间，这13所试点大学的国际留学生从2008年的16178名增长至2013年的22883名[1]，而同志社大学、大阪大学2009—2013年与2005—2009年招收的国际留学生相比，增长率分别高达195.1%和260.6%[2]。

值得欣喜的成绩不仅如此，伴随赴日国际留学生数量的增长，这些留学生的来源地也日益呈现出多元化。仅以2012年为例，赴日留学生的来源国家排名依次为中国（86324人，占62.7%）、韩国（16651人，占12.1%）、越南（4373人，占3.2%）、尼泊尔（2451人，占1.8%）、马来西亚（2319人，占1.7%）、印度尼西亚（2276人，占1.7%）、泰国（2167人，占1.6%）、美国（2133人，占1.5%）、缅甸（1151人，占0.8%）。多元化的留学生极大提升了日本高校的国际化办学水平，同时也推动了日本高校与这些留学生的来源国家或地区之间的交流与合作。

日本13所国际化试点大学也提高了日本其他高校对外国留学生的吸引度与接收量。随后，“全英语学位课程”在13所试点高校取得的一定建设经验被推广到日本的各地高校，从而使赴日留学生的数量不断创新高。例如，在2008年实施“全英语学位课程”之后，日本高校的外国留学生的总数量迅速由2008年的123829人增长至2010年的141774人。这些外国留学生经过在日本的四年本科学习之后，在日本工作或继续学习的意愿也得到了增加。根据日本学生协助协会（JASSO）的统计表明，在2010年对35117名毕业留学生的调查中，有6663人自愿留在日本工作，同前年相

---

[1] Hennings M. Japan’s measures to attract international students and the impact of student mobility on the labor market [J]. Journal of International and Advanced Japanese Studies, 2015, 7: 241-251.

[2] 好宣大西．実験装置としてのグローバル30プロジェクト：大阪大学インターナショナルカレッジにおける広報および入試の経験から［J］．多文化社会と留学生交流：大阪大学国際教育交流センター研究論集，2015，19：43-56.

比，增加了9.7%[1]。由此可见，“全英语学位课程”对日本全球化战略的推动发挥了重要的作用，不仅越来越多的外国学生前往日本留学，他们还日益成为日本政府实施全球战略、提升日本国际竞争力的潜在人力资源。

尽管有少数日本高校认为，需要将“全英语学位课程”保持在较小规模，这出于两个方面的考虑：一方面，较小规模更便于管理和控制，从而使“全英语学位课程”成为真正的“精英人才”的培养项目；另一方面，“全英语学位课程”保持在较小规模，可以避免与更广泛的教师发生冲突或政治纠葛。但不管怎样，在一个日益全球化的时代，日本要参与国际的合作与竞争之中，而这必须提升日本高校的国际化办学水平，日本也必须使用更广泛的全球化的时代大背景。正是由于“全英语学位课程”已经成为日本高校国际化的一个重要品牌，这就需要日本的英语教育改革从基础教育阶段就要着手进行，而不仅仅只是在高校层面。有鉴于此，日本在2014年颁布了《因应全球化英语教学改革》，要求自2014年起在日本的初、高中阶段，英语教师要采用全英语授课，从“教英语”（teach English）向“以英语教英语”（teach English in English）的模式进行转变，通过这种基础阶段的全英语授课模式，学生可以更好地“沉浸”于相关课程的学习中，在这些课程中，学生的目的不是学英语，而是以英语去学习课程内容，而与此同时以课程内容去驱动学生的英语听、说、读、写等方面的技能[2]。此项英语教育的重大改革，势必为在大学阶段开展“全英语学位课程”夯实基础。

随着全球不断走向融合，对具备全球素养的高级人才的培养与争夺成为各国应对全球化的一项核心战略。日本政府充分意识到，要保持日本在全球化时代的国际竞争力，面对少子化、老龄化的日本社会现状，日本高校必须加强改革，增强日本高校的内部活力，适应当今瞬息万变的全球世界[3]。对此，日本政府认为，必须吸引外国留学生赴日留学，并力争使优

---

[1] 申育诚，阙百华．论日本高等教育之留学生政策——以东京大学之国际化推进计划析述［J］．教育资料与研究，2013（110）：151－188．

[2] 牟宜武．全球化时代背景下的日本外语教育战略——培养日本国民的英语交际能力［J］．外语教学理论与实践，2016（2）：54－61．

[3] Yukiko I. English medium instruction as internationalization strategy in Japanese higher education：Review of the literature［J］．Annals of Educational Studies，2015，20：3－16．

秀的留学生毕业后留在日本，成为日本的人力资源。正是在此背景下，日本政府全力制定并实施了“G30计划”，在该计划下，“全英语学位课程”的创建，成为日本快速推进高校国际化、吸引国际留学生的一项创新战略[1]。“全英语学位课程”对日本高校国际化具有重要意义，在关联日本“G30计划”国家战略的同时，大力实施“全英语学位课程”使得日本的高等教育得以重铸，日本高校的国际化步伐加快，日本高校在全球教育界中的国际品牌得以更好树立。日本“全英语学位课程”的实施经验具有重要的启示与借鉴意义。

### （一）针对“一带一路”沿线国家，设置“全英语学位课程”，增强中国高校的国际影响力

在2013年，中国提出了在全球具有重大影响力的“一带一路”倡议，“一带一路”倡议共涉及东亚、东南亚、南亚、中亚、西亚、中东欧等区域的60多个国家，全球63%的人口。

要推进“一带一路”倡议，就需要中国大力加强与“一带一路”沿线国家的民众交往，吸引“一带一路”沿线国家学生赴华留学成为一个重要的路径。针对外国留学生，我国政府制定了明确的计划。其中，早在2010年由中国教育部制定的《留学中国计划》中明确表示，我国政府将中国高校接受来华留学生的规模拟在2020年时达到50万人。据统计，2014年，我国高校接受的来华留学生的规模已经达到了38万人。在这些留学生中，来自“一带一路”沿线国家的人数高达17万人，排名前15名的生源国包括泰国、印尼、老挝、马来西亚等10个“一带一路”沿线国家[2]。这些数据总体表明，“一带一路”沿线国家的留学生成为我国高校推动国际化的重要着力点。对此，在2016年8月，中国政府还专门设置了“丝绸之路”奖学金，该奖学金主要面向“一带一路”沿线国家，计划每年从“一带一路”沿线国家中，筛选一万名留学生予以来华留学资助[3]。

需要指出的是，“一带一路”沿线国家语言资源丰富，其官方语言共计

---

[1] Chapple J. Finally feasible or fresh façade? Analyzing the internationalization plans of Japanese universities [J]. International Journal of Research Studies in Education, 2014, 3 (4): 15-28.

[2] 王辉耀，苗绿．中国留学发展报告（2016）[R]. 北京：社会科学文献出版社，2016.

[3] 教育部．推进共建“一带一路”教育行动 [EB/OL]. 2016.

53种，并分属九大语系。这些庞大群体学生在中国留学，其中一大困难就是语言问题。对此，我国高校可以设置类似日本高校的“全英语学位课程”，但这并不是说所有来华留学生都参加“全英语学位课程”，而是针对那些英语基础较好、有意愿参加“全英语学位课程”的潜在留学生，为来华留学生提供在常规的以汉语授课的学位课程体系之外，可以选择使用全球通用语即英语进行学习的学位课程。这对增加中国高校同英语系国家争夺国际留学生资源的竞争力，增强中国高校的国际化，提升中国高校的办学水平等方面，具有重要的战略意义。当然，建设“全英语学位课程”仅靠高校自身的努力还不足够，而是需要我国政府从上至下的制定一系列政策，并给予专项资金资助，从而真正使我国高校的“全英语学位课程”得以真正建立和完善，并成为中国高校在国际上的一个教育品牌。

### （二）建构“语言”与“内容”高度融通的课程体系，培养具有全球胜任力的新时代国际化人才

正如在前文所述，在一个非英语国家开展针对外国留学生的“全英语学位课程”，其并非只是制定政策而已，而更多的则是要在教学体系中予以贯彻全英语教学，这不仅涉及入学考试，入学后的各课程的教材选择、授课语言、课程考试、教学评估等，还涉及到学生的实习、毕业设计/毕业论文等各个层面。因此，在日本高校开展“全英语学位课程”，并不只是简单地将授课语言由日语改为英语，而是要将英语贯穿于从招生到毕业的整个教学环节与体系之中。

入选“G30计划”的13所日本试点高校，在“全英语学位课程”教学中，进行了精心的课程体系的设计。日本高校的“全英语学位课程”体系对中国高校的“全英语学位课程”建设具有一定的借鉴作用。本质上，就是要使课程体系实现“语言”与“内容”的高度融通。对此，日本高校的“全英语学位课程”体系中，在招生环节，不再完全参考外国学生的日语水平考试成绩，而是外国留学生也可以参加国际化英语水平考试如托福或雅思，当申请者的托福或雅思考试达到一定水平时，便可以不用参加日语水平考试。在教学环节中，对于大学一年级的学生，主要开设英语交际课程（例如辩论、陈述、讨论）和学术英语基础课程、文科通识课程、理科

基础课程（例如计算机信息处理、数学、物理、化学、概率与统计、定量和定性研究方法）；大二和大三阶段则重点开设专业学科课程；大四阶段完成毕业设计。在整个四年的本科学习期间里，还要推动校、企之间的合作办学，培养学生理论联系实际、加强学以致用、解决问题的实践能力。

日本高校“全英语学位课程”的课程体系可以作为我国高校打造“全英语学位课程”的课程体系的参照。对此，我国高校在针对“一带一路”沿线国家的学生实施“全英语学位课程”时，对其入学要求除参考汉语水平考试成绩以外，也可以参考其托福或雅思的考试成绩或者我国自行开发的大学英语四级、六级考试以及国家英语能力等级考试的成绩。在入学后，还可以参考这些英语考试的成绩，对学生进行一定的分层，从而使教学更具有针对性，做到因材施教。同样，针对大学一年级的学生，主要开设英语交际课程（例如辩论、陈述、讨论）和学术英语基础课程、文科通识课程、理科基础课程（例如计算机信息处理、数学、物理、化学、概率与统计、定量和定性研究方法）；针对大二和大三阶段的学生，应重点开设专业学科课程，如土木工程专业的学生就可以重点开设土木工程施工、土木工程概预算、建筑材料、工业厂房设计原理、砌体结构设计原理、钢结构设计原理等；大四阶段完成毕业设计。此外，为了给学生提供一个在课外更多使用英语的社会环境，使“全英语学位课程”的留学生的受益最大化，还可以与英、美等国家的名校开展合作办学，留学生在求学期间里，可以前往位于英国、美国等合作学校进行长短期的交流学习并获得互认学分。

重中之重的则是在具体的课程教学之中做到以下几点。①对于教材的选取，可以采用原版英文教材，也可以采用根据教学需求的选编教材；②对于教学法的使用，要采用内容语言融合法，即以学科内容为教学的出发点和关照重点，在进行学科内容教学的同时，促动学生进行这些学科内容的听、说、读、写、译等技能的提高；③对于课堂活动或教学项目，授课教师要充分发挥课堂上来自世界各地的学生的国际性，使课堂活动或教学项目要基于国际化的视角进行展开，推动学生之间、师生之间的讨论、交流与互动等；④对于课程的评估，也不应再只是传统单一考试，而是要结合“内容”“语言”“国际素养”三个方面共同对学生进行评估，而其中“内容”应当占据较大份额，而“语言”“国际素养”占据其余份额。例如，对于“国际素养”，可以设计“一带一路”的合作、交流、共建等话题，考察学生的相关国际素养。

### （三）推动各学段的内容语言融合教学，为高校全英语学位课程的开展夯实基础

在入选“G30 计划”的 13 所试点高校中，参与全英语学位课程的教员，主要由外国教师（主要是西方国家的教师）和日本教师组成。但总体来看，为全英语学位课程配备教学人员，通常会遇到很多困难，因为全英语学位课程的开展需要综合内容、语言技能和教学经验的专业知识，以及愿意承担比母语进行内容课程教学或语言课程教学而需要更大的工作量。事实上，在一些实行全英语学位课程的高校中，全英语学位课程的工作量超出了常规教师的教学负担，因此，要为全英语学位课程配备愿意承担额外工作的教师常具有挑战性。

日本高校教职员工的结构性问题也常常使全英语学位课程的人员配备面临困难。在日本，通常新进教师签署的是限期合同，这使得全英语学位课程在吸引优质候选人时变得困难，缺乏长期、稳定的全英语学位课程的师资队伍，可能会导致整个全英语学位课程处于不稳定的状态。当师资队伍不稳定、流动性较大时，开展全英语学位课程的主管机构和连贯性的课程开展以及维护均可能会受到较大影响。

归结起来，全英语学位课程其最大的困难就是师资的问题。由于全英语学位课程对专业课采取的是全英语授课，也即“内容”与“语言”的融合式授课，从而同时兼具两种能力的师资在母语为非英语的国家十分匮乏。在日本、韩国等东亚国家，内容与语言在大、中、小各学段的教学中，常常是处于相互分离、彼此独立的态势。例如在大学里，英语课程主要以社会文化等内容为文本，进行英语写作、口语、听力、阅读等技能的训练，而在具体的专业课程里，如经济学、教育学、工程学、环保学等领域里，其授课教师通常为专业教师，尽管他们也在开展一些英语授课的尝试，但其在英语语言技能的教学方面缺少专业训练，从而存在诸多不足。可见，“语言”与“内容”的分离式教学，使学习者也欠缺将“语言”与“内容”的有效融合，开展“全英语学位”课程，必须着力解决教师师资的建设

问题。

尽管可以从国外引进一些外籍教师来解决师资的问题，但是这也是一柄“双刃剑”。一方面，引进外籍教师其工资、保险、起居等方面的费用高昂，而“全英语学位课程”的项目经费有一定的限度；另一方面，各高校通常也会对外籍教师的总体数量作出一定限制。对此，可以从多种路径解决师资不足的问题。①可以引进适当数量的外籍教师，对本国的“全英语学位课程”的教师开展培训；②可以开展“语言”教师与“内容”教师的合作教学，在具体的课程中，由英语教师负责语言技能如相关内容的听、说、读、写的教学，由专业教师负责专业内容的具体教学；③可以选派“全英语学位课程”项目的本国教师前往英国、美国、澳大利亚、新西兰、加拿大等英语系国家的高校进行继续学习，提升自身使用英语进行专业课程的授课能力。

从长远来看，要解决“全英语学位课程”的师资问题，则要从小学、中学的英语课程教学中，就要开展内容语言融合教学。通过在小学、中学等中小学中开展内容语言融合教学，可以给学生创建一个全英语、沉浸式的教学环境，学生在学习学科课程内容的同时，使得英语的听、说、读、写等技能也得到全方位的有效提高。学生的语言与内容知识的同步增长，为未来学生的学术英语能力、职业英语能力的提高夯实了基础。这不仅推动学生综合能力的发展，也为未来开展“全英语学位课程”提供了师资保障。

## 四、教材文化规划借鉴

从日本 *Sunshine English Course* 的编写情况来看，日本的中学英语教材在平衡英美文化、本国文化、国际文化方面，颇具日本特色，揭示出日本政府要将新时代国民培养成为全球公民的深远战略。正所谓“他山之石，可以攻玉”，在我国英语教材新一轮编写改革的过程中，应当多加考察与我国英语教学环境类似的国家的英语教材的改革经验，而日本的教材编写经验对我国的英语教材编写改革具有一定的借鉴意义。

新世纪以来，我国陆续实施的“高铁出海”“一带一路”“孔子学院”

“中华文化走出去”等都具有一个重要的共同特征——“走出去”。显然，“走出去”的成功实施必须得到语言的助力。除了加强对汉语、“一带一路”沿线国家语言和文化的教育教学以外，我国还应及时对英语教育进行改革。作为一门全球通用语，英语无疑在今后一个较长时期里依然对我国“走出去”的推进发挥重要的作用。与此同时，身处“人类只有一个地球，各国共处一个世界”处境的“地球村”公民，以“命运共同体”的新视角，寻求人类共同利益和共同价值的新内涵，并解决全球面临的共同问题。因而，对于新一代国民，在英语教育中要践行全球公民教育的理念，英语教材相应要植入培养英语交际能力、跨文化知识、全球意识的知识内容。日本 *Sunshine English Course* 在这些维度上的实践，对我国英语教材的编写改革，可以提供一定的参照。

在文化导向方面，本国文化与外国文化究竟如何设置，常常引发学界的争议。纵观日本的英语教材史，可以看出，认为“英语教材不受政治的影响”是与现实不相符合的，日本的英语教材史印证出英语教材与一个国家所处的时代社会政治背景是密切相关的。总体来看，无论是在明治维新时代，还是全球化的今天，以英国、美国为代表的西方国家依然是全球科技和学术最发达的国家，在教材编写中，英美文化始终占据一定的地位，但是，也必须要设置其他国家和本国的文化，增强国民的全球化视野，以及表达、传播本国文化。事实上，该理念不仅在日本 Sunshine English Course 教材中得到有效践行，在日本的其他中学教材中也同样得到有效践行，例如在 New Crown 教材中，也有大量传播日本文化的内容：

**例 1：*Rakugo* Goes Overseas**

I：I'm David Jones from the Crown News. Kimiesan，today's performance was really great!

K：Thank you，David. I'm glad to hear that.

I：I'd like to ask you a few questions. <u>Why did you begin to perform *rakugo* in English</u>?

K：When I lived in the United States，many people said，“I've never heard a Japanese joke. Could you tell me one?”

I：Is that true?

K：Yes. They thought Japanese never laughed. So I wanted to share Japanese humor with people all over the world.

I：How long have you performed *rakugo* in English?

K：For about twenty years. I've been to many countries to give *rakugo* shows. These tours have been very exciting.

I：Have you ever had problems on these tours?

K：Yes. I've had a few. Some Japanese habits are different from other cultures'. For example, we make sounds when we eat noodles. In other cultures, this is bad manners. So sometimes I have to explain Japanese habits like this. Then everyone can enjoy the show.

I：I see. What's your next plan?

K：To continue spreading laughter all over the world. This will make a more peaceful world.

I：Thank you for your time. I've enjoyed talking with you.

K：My pleasure.

**例 2：France ——Then and Now**

This picture was painted in 1876. There are many Japanese images in it. For example, you can see a kimono and many Japanese fans. However, it was not painted by a Japanese artist. It was painted by the French artist, Claude Monet.

In the middle of the $19^{th}$ century, Japanese *ukiyoe* shocked French artists. Monet was among them. He was fascinated by *ukiyoe* prints and collected more than 200 of them. He studied ukiyoe and painted this picture. Japanese art has influenced French artists since this period.

Today young French people experience Japanese art in new ways. Many French bookstores sell DRAGON BALL, NARUTO and so on. These manage are new and interesting to young French people. Characters' faces clearly express their feelings. Their movements are shown in many ways. The stories are simple and clear. For these reasons, manga has become very popular in the last few decades.

In these ways, French people have enjoyed Japanese art for hundreds of years. Maybe you know where to find examples of French culture in Japan. If you do, please contact me at my blog.

**例 3：A Farmer**

I am a rice farmer in Niigata. When I was in school, I thought I would never use English.

In early June of last year, I got an e - mail form a man in Dubai. I didn't know what he wanted.

At first, I asked my daughter to help me with the e - mail. In it, he said, " I compared rice from your fields with other rice. Yours has a special taste. I want rice just from your fields to use in my restaurant. "

Now my English is better. I use it every week. I read and write e - mails. English is very important to me and to my family business.

近年来，从中央政府到民间都意识到了促进学生坚守中国文化立场、增强文化自信的重要性。十七届六中全会指出，文化是民族的血脉，是人民的精神家园。随后，教育部指出："发展中国特色社会主义文化，在语文、历史、外语等课标中，要求学生树立正确的历史观、国家观、民族观、文化观，理解中国特色社会主义文化，能够在跨文化交流中讲好中国故事，坚守中国文化立场。"《普通高中英语课程标准（2017 年版）》在其第四章的"课程内容"里，使用了较大篇幅对文化知识的内容要求进行了具体拟定，其明确指出："文化知识包含中外文化知识，是学生在语言学习活动中理解文化内涵，比较文化异同，汲取文化精华，坚定文化自信的基础。掌握充分的中外多元文化知识，认同优秀文化，有助于促进英语学科核心素养的形成和发展。"

众所周知，英语课程使用的教材是学生学习和教师教学的重要内容和手段，是英语课程资源的核心部分，也是学习者学习文化知识的最重要的来源。然而，多年来，我国英语教材重视英美文化，中国文化长期处于失衡状态，这与"中华文化走出去"明显不相符合。因此，把中国文化的教学与传播落到实处成为我国英语教材新一轮编写改革的重要任务之一。日本 *Sunshine English Course* 不仅设置了适当比例的日本本土文化，而且对日本本土文化，编写者更是以褒扬本土文化、传播本土文化、外国人接受本土文化的方式来对日本基础教育阶段的学生开展教育。这对在我国的外语教材中植入、传播中国特色文化具有重要的借鉴意义。

但是，需要指出的是，英美文化、本国文化、国际文化三者在中学英语教材中需要以合适的比例进行配置，如果配置不合适，则会导致文化的失衡，从而引发一系列问题。例如，如果英美文化一家独大，则会助推“英语霸权主义和语言帝国主义”；如果本土文化一家独大，则会导致极端狭隘的民族主义的过度滋生。任何极端地推崇某一种文化或极端地鄙视某一种文化，都会引发严重的社会问题。对此，英美文化、本国文化、国际文化必须取得一定程度的平衡，教材文化内容的配置要与 EIL 的理念相符合，各种文化要在没有偏见的情况下获得平等对待的地位，这样才能真正培养下一代国民的跨文化交际能力和跨文化交际意识，使下一代国民具备全球公民素养，成为全球公民，参与全球事务。

## 五、外籍教师教学规划借鉴

借助软实力途径在国际社会里塑造良好的富有感召力的国家形象是各国政府公共外交的重心，而开展文化外交则是公共外交的关键，它是对一个国家自身的最好展示。为了解决“日本威胁论”的舆论与形象危机，让国际社会尤其是美国民众真正认识日本，日本于 1987 年推出了 JET 文化外交项目，引进外国青年到日本担任语言助理教师、国际交流员、体育交流员。JET 项目呈现出三大特色：①以美国优先，其他国家次之；②以交流优先，教学次之；③以日籍教师优先，外籍教师次之，维系日本教师的主导地位。同时，JET 项目注重对引进的外国青年的日语语言和文化培训，并支持建设同窗会，吸引参与该项目的外国青年归国后加入同窗会，继续保持与日本的联系。JET 项目对我国规划外籍教师教学项目以及孔子学院的开展，改善与美国的关系，提升中国的国际形象具有重要的战略借鉴意义。

在当今全球化加速推进的时代里，语言能力代表着重要的竞争能力。在推行策略方面，日本从自身国情出发，推出了 JET 项目，探索出适合自身在21世纪发展的外语教育战略。JET项目所招募的母语人士并非都有合格的教师资格证明，而且该计划并非以语言教学为优先，引进外籍教师的目标是为了消化贸易逆差、协助该国外国语教学以及促进外国人士对日本的了解，因此引进的外籍教师人数多，且强调期满后不能重复录用。JET项目的实施基于特定的时代政治背景，通过大批量、多元化将外籍青年“引进来”，加强了国际社会对日本的理解，扩大了日本在国际社会的影响力。截至目前，JET项目已经实施了35年，成为日本“软实力”战略的重要组成部分。总体上，日本JET项目耗资巨大，尽管如此，日本政府认为，JET项目在部分削减与美国之间的贸易顺差的同时，由于受聘的外方人员（主要来自美国）在日本生活和工作，JET项目支出的薪酬其大部分最终也会花费在日本，因而最终对日本不会带来太大的损失。JET项目不断得以延续，一方面，日本政府认为学习英语和英美文化能让日本国民增强在全球市场的竞争力；另一方面，地方政府也乐意大力推行，因为不必使用地方政府的财政就能推动“国际化”教育。

尽管JET项目也存在一些问题，但这些问题的存在不足以成为中止JET项目的理由。随着时间的推移，这些问题将会得到解决。在经济、社会等均朝全球化推进的环境下，要在21世纪生存，必须具备使用国际共通语言的能力，而英语被公认为国际交流最重要的沟通工具，因此，为了提升国际竞争力，英语能力是一项不容忽视的核心重点，这也是现代国家的教育趋势。JET项目的实施对推动日本的“国际化”、提升日本的软实力发挥了重要的作用。JET项目对我国开展类似的引进外籍教师开展文化外交、在提高国民英语水平的同时提升我国的国际化和软实力具有以下几个方面的启示作用：

首先，我国应当制定类似于日本的JET项目，将外籍教师的“引进来”提升为一项文化外交的国家战略进行统一规划和实施。这一战略需要教育部、外交部、财政部、文化和旅游部等多个部门进行协作。通过统筹规划，战略实施，开辟一条进一步推动中国“国际化”，提升中国“软实力”的新路径。

其次，在实施将外籍教师“引进来”的战略时，要对外籍教师的资格严格把关，建立一套评鉴制度，对优秀的外籍教师予以奖励，对于不胜任的外籍教师则应制定明确迅速的退出机制。重点考察外籍教师的工作经验和教学水平，而不是仅仅以是否是操母语者为引进标准。

再次，长久以来，我国的外语教育界盛行语法翻译法，外语课程体系和考试体系对交际能力的重视不足。在实施将外籍教师“引进来”以培养师生的交际能力时，要相应对传统的教学方法、课程体系、考试体系等进行改革，确保“引进来”战略的实施成效。

最后，我国幅员辽阔，学校众多，引进的外籍教师的数量仅只能满足部分教学需求，要切实改善我国的整体外语教育，其根本之道在于“让每个学校都有合格的本国英语师资，才是落实本国英语教育的长远之计”，因此，在实施将外籍教师“引进来”战略的同时，要采取各种措施，加大力度培养我国本土外语教师的外语水平和教学素养。

## 六、CLIL 教学规划借鉴

在“全球人力资源工程”实施五年时，日本政府对该项目进行了评估。在入选该项目的 42 所大学中，其中有 19 所还被选定为“建设超级国际化大学支援事业”。具体的评价结果为：共 5 所大学达到 S 级，即完美完成预定目标；共 24 所大学达到 A 级，即大致完成预定目标；共 13 所大学达到 B 级，即完成部分预定目标。

各大学为完成目标根据自身特色开展各种措施，所选定的共 42 所大学中，毕业时已拥有海外留学经验的人数约为往年 1.8 倍（2011 年 6578 人；2016 年 11577 人）；毕业时已具有各大学所规定的外语语言能力的学生数量增加 1.6 倍（2013 年 5552 人；2016 年 8613 人）。另外，大学教学课程数与 5 年前相比增加 2.4 倍（2012 年 8904 课；2016 年 21191 课），效果显著。

“全球人力资源工程”项目具有重大意义，其旨在推进大学教育国际化，克服青少年内向心理，提升国际产业竞争力以及强化国家合作交流，培养在国际舞台上积极迎接挑战的人才。在这五年间，各大学提出各自的挑战目标，虽然实现过程中伴随着大量的困难，但是都克服了困难，基本实现了预定的目标。日本“全球人力资源工程”项目的实施经验，对我国当前的人才培养改革具有重要的借鉴意义。

### (一) 适时启动“全球人力资源”专项工程，培养各关键领域的全球高端人才，维护我国的国家利益

自新世纪以来，全球化浪潮加速推进，全球对人才的争夺日趋白热化，全球化跨越了时空、语言、国家等物理疆界，匮乏全球化人才资源的国家在这场史无前例的全球化竞争中将处于失利地位。对此，我国高等教育在新世纪启动了重大改革，2015 年 10 月 24 日，国务院印发《统筹世界一流大学和一流学科建设总体方案》(简称“双一流”)，成为当前和今后一段时期我国高等教育改革发展的指导方针和行动纲领。其中，入选一流大学建设高校 42 所（A 类 36 所，B 类 6 所），入选一流学科建设高校 95 所。然而，纵观我国的“双一流”建设，主要以一流大学和一流学科为建设目标[❶]，但在人才培养方面还没有明晰的战略定位，尤其缺乏类似日本依托“全球人力资源工程”培养“全球人力资源”人才的项目。

日本 42 所“全球人力资源工程”建设高校中，近半数高校打造了“全球高端人才”的人才培养项目，例如，北海道大学旨在培养“活跃在国际社会的令人骄傲的日本领导人”，东京牙科齿科大学、九州大学、山口大学则分别在医疗、农业、工程领域里培养未来全球领导人。另一半高校则打造了在重点领域里的“全球活跃者”的人才培养项目。由此，我国政府应适时启动“全球人力资源工程”专项建设，面向国内所有高校开放，对申报方案进行评估后确定入选高校，进行为期 5 年的示范建设，予以资金资助，并定期进行考核。需要指出的是，我国的“全球人力资源工程”尤其要着重培养我国未来在各关键领域的“全球高端人才”，是一项高端人才培养战略，这关乎中国的重大国家利益。

各关键领域的“全球高端人才”不仅需要具备扎实的专业知识，还必须得到语言的大力助力[❷]，尤其是作为全球通用语的英语，其已被公认为是以英语为外语国家的“全球化”人才培养的必备素养。鉴于英语办学水

---

❶ 戴伟栋，王雪梅．“双一流”背景下的我国外国语言文学学科发展战略［J］. 北京第二外国语学院学报，2016（5）：1-13.

❷ 牟宜武．全球化时代背景下的日本外语教育战略——培养日本国民的英语交际能力［J］. 外语教学理论与实践，2016（2）：54-61.

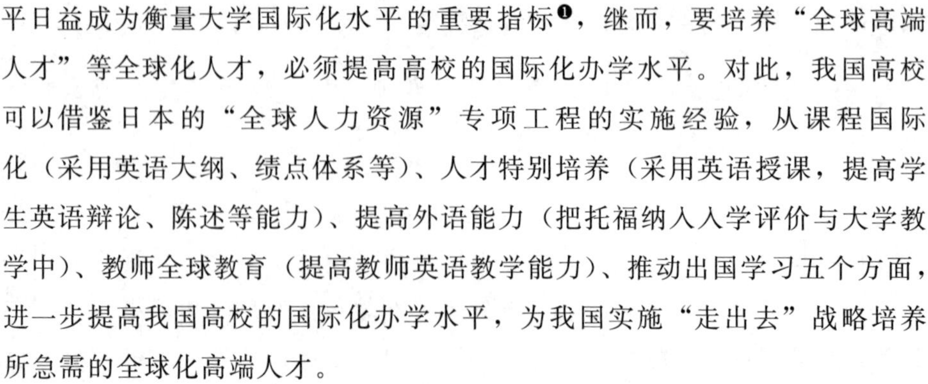

平日益成为衡量大学国际化水平的重要指标[1]，继而，要培养“全球高端人才”等全球化人才，必须提高高校的国际化办学水平。对此，我国高校可以借鉴日本的“全球人力资源”专项工程的实施经验，从课程国际化（采用英语大纲、绩点体系等）、人才特别培养（采用英语授课，提高学生英语辩论、陈述等能力）、提高外语能力（把托福纳入入学评价与大学教学中）、教师全球教育（提高教师英语教学能力）、推动出国学习五个方面，进一步提高我国高校的国际化办学水平，为我国实施“走出去”战略培养所急需的全球化高端人才。

### （二）推动我国大学英语教学改革，以 CLIL 教学为主体，提升人才的全球适应能力

随着全球化的不断推进，英语已经衍变为供全球各地相互交流的一门通用语，也即“国际语言”[2]，使用英语进行专业活动成为提高国际竞争力的重要能力。据统计，全球讲英语者的人数在 21 世纪初叶已经达到 20 亿人，占全球总人口的三分之一，其中，有 75 个国家和地区以英语为母语（3.29 亿人）或第二语言（4.3 亿人），非英语本族语者成为英语使用最庞大的群体，将英语作为国际语从而开展跨文化交流[3]。可见，要培养未来各关键领域的“全球高端人才”，必须要培养他们使用全球通用语即英语主导全球事务的能力，英语能力是“全球高端人才”的必备素养之一。日本“全球人力资源工程”在实施的过程中，秉持以 CLIL 教学为主体，实现英语与内容的融合，从而切实提高高端人才在各专业领域的英语运用能力，其全球适应能力得以增强。

在我国，尽管大学英语是高校必修的一门基础课，但大学英语教学长期以来存在结构不合理、学生满意度低的问题[4]。在具体的教学实践中，

---

[1] 牟宜武．全球化时代日本高等教育之国际化战略——全英语学位课程［J］．外语界，2017（5）：90－96．

[2] Smith L. English as an international auxiliary language［J］. PELC Journal，1976，7（2）：38－43.

[3] Jenkins J. Global Englishes（3rd ed.）［M］. New York：Routledge，2015.

[4] 蔡基刚．宁波诺丁汉大学和复旦大学的大学英语教学模式差异研究［J］．中国大学教学，2011（1）：19－23．

大学英语开课时长达到四个学期，低年级（大一、大二）围绕《大学英语》教材，以社会、文化知识为依托，开展听、说、读、写技能训练，通常由语言教师授课；高年级（大三、大四）则开设专业英语课程，由专业教师授课。这一模式存在一个十分突出的问题——重语言，轻内容，语言与内容是“两张皮”，没能有效融合[1]。近年来，我国学界开始倡导内容教学法（content-based teaching），以专门用途英语直接取代大学英语，亦即所谓的以英语教授专业课程（English Medium Instruction）。显然，舍弃语言基本技能的教学而直接推行以英语教授专业课程，不会取得真正的成功。日本高校实施的 CLIL 教学范式，由“语言驱动为主”向“内容驱动为主”过渡，逐步实现语言与内容的融合，对我国高校培养全球化高端人才进行英语教学改革更具参考价值。

CLIL 教学并不是只在英语课程中加入少量内容，而是要统合英语与内容的具体方式与技能[2]。要有效开展 CLIL 教学，必须基于科学的教学框架，进行精心设计，尤其要防止低质量的所谓全英语专业授课。否则，对内容浮浅的学习，只会造成学习者对内容及语言的学习形成负面态度，损害学习者的学习动力[3]。依据日本的实施经验，在一年级，即第一层级，设定入选者的英语资格（例如，可以设定英语四六级的笔试和口试分数线），实施“以语言驱动为主”的 CLIL 教学，以学科入门材料取代传统的社会文化材料，培养学生围绕学科主题进行听力、口语、写作、陈述、辩论等方面的技能；在二年级，即第二层级，设定入选者的英语资格和成绩绩点，实施“语言内容同时驱动”的 CLIL 教学，一方面，继续开设学术英语基础课程，培养学生的听力、口语、写作、陈述、辩论等语言技能，另一方面，开设由英语授课的专业入门课程，学习专业入门知识；在三四年级，即第三层级，面向中国学生及留学生，设定入选者的英语资格和成绩绩点，实施“内容驱动为主”的 CLIL 教学，修读一系列由英语授课的

---

[1] 李成华．大学英语“语言——内容”连续体教学模式初探［J］．大学英语教学与研究，2014（1）：25-29.

[2] Wiesemes R. Developing theories of practices in CLIL：CLIL as post-method pedagogies［A］. In R. Yolanda & R. Jimenez（eds）. Content and Language Integrated Learning：Evidence from Research in Europe［C］. Bristol，UK：Multilingual Matters，2009.

[3] Iyobe B，Brown H. The positioning of bilingual education initiatives of Japanese universities：the global context and local possibilities［J］. JISRD，2011（2）：177-192.

专业课程，中外学生共处同一课堂，置身于国际化场景，有利于培养学生的合作、协商、解决问题的能力，提升全球化胜任力。

### （三）在提升英语能力推动本科生出国留学的同时，还要加强保持对中国的文化认同的教育

时任工业和信息化部部长苗圩在全国政协十二届常委会第十三次会议上对《中国制造 2025》进行全面解读时指出，全球制造业划为四级梯队：第一梯队是以美国为主导的全球科技创新中心；第二梯队是高端制造领域，包括欧盟、日本；第三梯队是中低端制造领域，主要是一些新兴国家；第四梯队主要是资源输出国，包括 OPEC（石油输出国组织）、非洲、拉美等国。尽管中国位列世界第二大经济体，但目前依然处于第三梯队，这种格局在短时间内难有根本性改变，要成为制造强国至少要再努力 30 年。

总体上，美英仍以无可匹敌的实力和压倒性的技术优势雄居世界之首，依然是我国人员留学旨在学习其先进科学技术的主要对象国。尽管 2019 年新冠肺炎疫情对当前我国人员出国留学造成了一定的冲击，但教育部在 2020 年 6 月 18 日颁布的《教育部等八部门关于加快和扩大新时代教育对外开放的意见》中重申，将继续通过出国留学渠道培养我国现代化建设需要的各类人才，落实“一带一路”倡议，以“双一流”建设为重点，发挥国家公派出国留学引领作用，培养更多复合型、创新型高层次国际化人才。

随着我国综合国力的增强，留学回国人员就业政策和创业政策的不断完善，以及各级政府对国际人才的日益重视，近年来留学人员加速回流，2015 年我国留学人员数量比上一年增长 12.1%，达到 40.91 万人，1978—2016 年，留学回国人员累计总数已突破 221 万人，占我国留学出国累计人数的半数以上❶。尽管如此，“双一流”重点高校留学生的回国比例却较低，每年回国的清华、北大毕业生还没达到三分之一。全球化也是一把双刃剑，非英语系国家在快速提高本国国民的全球通用语即英语能力的同时，英语自身承载的英美文化价值观也随之而盛行，不断蚕食、侵吞非英语系

---

❶ 王辉耀，苗绿．中国留学发展报告（2016）[M]．北京：社会科学文献出版社，2016．

国家的本土文化[1]，乃至一些学者担忧英美文化借助文化帝国主义、文化殖民的新形式而形成文化霸权。因而，我国高校在推动英语教育改革、培养高端国际化人才的过程中，要加强保持对中国文化认同的教育，既要学习西方的先进文化，又要弘扬中国民族文化，在增强文化自信的同时，克服狭隘的民族主义，从而鼓励留学人员传播中国声音、中国文化，同世界各国青年一道，增进了解、互助互信，为推动构建人类命运共同体贡献力量。

---

[1] 牟宜武．全球化时代背景下的日本外语教育战略——培养日本国民的英语交际能力［J］．外语教学理论与实践，2016（2）：54－61．